Matrix der Welt

Ludwig Siegele schrieb für *Die Zeit* als Korrespondent in Paris und für *Süddeutsche Zeitung, Frankfurter Rundschau* und *Le Monde.* Für den *Economist* war er Technologiekorrespondent im Silicon Valley und Deutschlandkorrespondent in Berlin. Derzeit ist er Technologiekorrespondent des *Economist* in London.

Joachim Zepelin schrieb unter anderem für die *Neue Zürcher Zeitung* und die *Süddeutsche Zeitung,* bevor er 1999 Silicon-Valley-Korrespondent der *Financial Times Deutschland* wurde. Heute arbeitet er im Berliner Büro der Zeitung.

Weitere Informationen über dieses Buch und die Autoren finden Sie unter www.matrixderwelt.de.

Ludwig Siegele
Joachim Zepelin

Matrix der Welt

SAP und der neue globale Kapitalismus

Campus Verlag
Frankfurt / New York

© 2009 Ludwig Siegele und Joachim Zepelin

Bibliografische Information der Deutschen Nationalbibliothek.
Die Deutsche Nationalbibliothek verzeichnet diese Publikation in der
Deutschen Nationalbibliografie. Detaillierte bibliografische Daten
sind im Internet unter http://dnb.d-nb.de abrufbar.
ISBN 978-3-593-38574-7

Das Werk einschließlich aller seiner Teile ist urheberrechtlich geschützt.
Jede Verwertung ist ohne Zustimmung des Verlags unzulässig. Das gilt
insbesondere für Vervielfältigungen, Übersetzungen, Mikroverfilmungen
und die Einspeicherung und Verarbeitung in elektronischen Systemen.
Copyright © 2009 Campus Verlag GmbH, Frankfurt am Main
Umschlaggestaltung: Anne Strasser; Hamburg
Satz: Campus Verlag, Frankfurt am Main
Druck und Bindung: CPI – Ebner & Spiegel, Ulm
Gedruckt auf säurefreiem und chlorfrei gebleichtem Papier.
Printed in Germany

Besuchen Sie uns im Internet: www.campus.de

Inhalt

Für Alix
Für Sophia

Prolog

Hoffenheim – wo alles zusammenkommt

»Das Ziel eines jeden Trainers ist es,
den Faktor Zufall zu minimieren.«

Ralf Rangnick, Trainer TSG 1899 Hoffenheim

Hoffenheim ist Herbstmeister. Auch diese Sensation hat der Verein aus dem 3263-Seelen-Dorf im Kraichgau noch geschafft. Im Jahre 2006 spielte der Klub noch in der Regionalliga. Dann stieg er zweimal hintereinander auf, 2007 in die zweite, 2008 in die erste Liga. Jetzt, zum Jahreswechsel 2008/2009, steht er dort an der Tabellenspitze. Einen solchen Durchmarsch hat es in der Geschichte des deutschen Fußballs noch nicht gegeben. »Hoffenheim ist der einzige Verein, der Bayern München irgendwann gefährlich werden könnte«, meint Robin Dutt, Trainer des SC Freiburg.

Fragt man vor deutschen Stadien nach den Gründen für Hoffenheims Erfolg, dann fallen schnell die Namen Abramowitsch und Chelsea. Hoffenheim sei doch nur eine billige Kopie dessen, was der russische Oligarch mit dem englischen Spitzenclub veranstalte. Dietmar Hopp, dieser Software-Milliardär, habe sich den Verein gekauft, in dem er früher mal gespielt hat, und Spitzenspieler auf der ganzen Welt zusammengekauft. Klar, dass richtige Fußballvereine mit Tradition da keine Chance haben. Aber wenn der Hopp mal die Lust verliert, dann wird Hoffenheim schon wieder dorthin absteigen, wo der Klub hingehört, nach ganz unten.

Im Stadion wurde man deutlicher. »Scheiß Millionäre« und »SG Neureich-Bimbeshausen« gehörten noch zu den harmloseren Sprüchen, die sich die Mannschaft bei Auswärtsspielen anhören musste. Dietmar Hopp wurde als »Sohn einer Hure« beschimpft, oder die Fans skandierten: »Hoppe, hoppe Reiter – wenn er fällt, dann schreit er.« Seitdem zwei Skinheads ihn einmal direkt anpöbelten, geht der SAP-

Gründer nur zu solchen Spielen, bei denen sich unschöne Begegnungen mit Hardcore-Fans vermeiden lassen. »Das muss ich nicht mehr haben«, meint Hopp, »bevor ich ein blaues Auge riskiere, spare ich mir solche Fahrten lieber.«

Doch mit jedem schönen Spiel der Hoffenheimer wird das Gerede über den angeblichen Retortenklub, der auf dem Nährboden des Milliardärs gedeiht, leiser. Das ist angemessen: Die Erfolgsgeschichte der TSG 1899 Hoffenheim lässt sich nämlich auch ganz anders erzählen. Und das ist der Grund, warum dieses Buch, das eigentlich vom drittgrößten Software-Konzern der Welt handelt, mit einem Kurzportrait des Dorfvereins beginnt. Das Projekt Hoffenheim illustriert gleich mehrere Themen der folgenden zwölf Kapitel: die Gründe für den Erfolg von SAP, die Informatisierung von Wirtschaft, ihre Auswirkung auf die Globalisierung und wie Unternehmen und Politik damit umgehen können – und sollten.

Hopp und Hoffenheim sind so ziemlich das genaue Gegenteil von Abramowitsch und Chelsea. Der SAP-Gründer, Jahrgang 1940, hat sich keinen etablierten ausländischen Fußballklub als extravagantes Hobby einverleibt und seitdem Hunderte Millionen Euro für Nationalspieler aus aller Welt ausgegeben. Für Hopp (geschätztes Privatvermögen: 6,3 Milliarden Euro) ist Hoffenheim ein lokales Aufbauprojekt. Sein Ziel: der Metropolregion Rhein-Neckar einen soliden Erstligaverein zu geben. Von den knapp 180 Millionen Euro, die er bis Mitte 2008 in Hoffenheim investiert hatte, waren nur ein Sechstel Ablösesummen. Viel mehr floss in ein neues Stadion und ein Trainingszentrum – für die der Verein eine angemessene Miete zahlen muss. In ein paar Jahren, sagt Hopp, soll Hoffenheim sich selbst tragen.

Überhaupt sind Mäzenatentum und Wohltätigkeit, mit denen er seine Heimatregion reichlich beglückt, nur eine Seite des Unternehmers mit Leidenschaft: Hopp erwartet von seinen Partnern auch Professionalität, Offenheit und ein ausgeprägtes Verantwortungsgefühl. In Hoffenheim herrscht folglich keine Hierarchie mit ihm an der Spitze. Hier kooperiert ein höchst professionelles Netzwerk von Experten, das nicht nur Trainer und Geschäftsführer einschließt, sondern auch einen Psychologen, einen Videoanalytiker und Talentscouts.

Hopp lässt ihnen jeglichen Freiraum – zumindest solange die Dinge nicht eindeutig in die falsche Richtung laufen. Das fängt beim Trainer Ralf Rangnick an: Der hatte den Traditionsverein Schalke 04 in die Champions League geführt und wechselte 2006 zum Erstaunen vieler zum damaligen Regionalligisten Hoffenheim. Der Schwabe Rangnick ist nicht nur »Übungsleiter oder eine temporäre Erscheinung«, wie er selbst die Rolle von vielen Bundesligatrainern beschreibt, sondern Herr im eigenen Haus. »Ich habe pro Saison ein Budget. Darüber kann ich frei verfügen«, erklärt er.

Wie weit dieser Managementstil Hoffenheim noch bringt, bleibt abzuwarten. Aber SAP, einst eine kleine Software-Schmiede im benachbarten Walldorf, führte er damit in die Weltliga. Wären Hopp und SAP-Mitgründer Hasso Plattner Technologie-Egomanen vom Schlage eines Bill Gates (Microsoft) oder Larry Ellison (Oracle) gewesen, die Firma hätte wahrscheinlich nicht zum einflussreichsten Unternehmen Deutschlands aufsteigen können, ohne dessen Programme in den meisten Großunternehmen der Welt nichts mehr liefe – von der Deutschen Bank über IBM bis zu Coca-Cola.

Technik spielt bei Hoffenheim ebenfalls eine große Rolle – nicht nur die am Ball. »Wir wollen innovative Themen aufgreifen, wir wollen sogar in der Buchhaltung *best of class* sein«, sagt der kaufmännische Leiter Frank Briel. Klar, das kleine Fußballunternehmen ist SAP-Kunde und gehört zu den ersten Nutzern von Business ByDesign, dem Online-Angebot für Mittelständler. Es soll in einer Kooperation zwischen SAP, der TSG Hoffenheim und dem kalifornischen Eishockeyklub San Jose Sharks zu einem Spezialdienst für Sport- und Unterhaltungsveranstalter erweitert werden, dank dessen die Vereine enge Bande mit den Kunden schließen können. Über den Online-Verkauf von Karten und Fanartikeln lassen sich Informationen sammeln, die individuell zugeschnittene Angebote möglich machen: Reservierung des Stammplatzes im Stadion, Vorkaufsrechte und Rabatte für Dauerkartenbesitzer, Sonderangebote in Zusammenarbeit mit Sponsoren. »Ich kann den Markt sehr viel effektiver bearbeiten, die Technologie liefert die Grundlage dafür«, sagt Briel.

Doch der Einsatz von Informationstechnologie geht längst über die Grenzen des reinen Geschäfts hinaus. Wenn Trainer Rangnick seinen ganzheitlichen Ansatz beim Fußball erläutert, dann redet er viel von Technik. Das fängt bei der klassischen Videoanalyse an, die er mit einem hauptamtlichen Videoanalytiker und einem gut ausgestatteten Videostudio im Trainingszentrum perfektionieren will. »Es gibt nichts Wichtigeres für einen Spieler, als wenn er sieht, wo und wie er sich verbessern kann«, sagt er. Auf Dauer will Rangnick zu jeder Position auf dem Spielfeld ein »Hoffenheim-Lehrvideo« produzieren. Es soll zeigen, wie ein Torwart, ein Linksaußen oder ein Mittelstürmer aus Hoffenheim spielt. In der Wirtschaft würde man so etwas Best Practices oder vorbildliche Geschäftsprozesse nennen.

Aber selbst damit gibt sich der Trainer nicht zufrieden. Gemeinsam mit SAP ist er dabei, ein Internetportal zu entwickeln, das über jeden Spieler auf einer individuellen Seite umfassend Auskunft gibt: Fitnessdaten, sportliche Leistungen, ein individueller Ernährungs- und Trainingsplan, gute und schlechte Videosequenzen aus vergangenen Spielen und von künftigen Gegenspielern, taktische Hinweise. Sogar die sozialen Mannschaftsprozesse werden über dieses Netz gesteuert. Die Fußballer sollen jederzeit erkennen können, wie sie sich entwickelt haben, »auf allen Ebenen und bei allen leistungsrelevanten Parametern«, wie Rangnick sagt. Im »nächsten Innovationszyklus« ist eine Handy-Version dieses Programms geplant. »Natürlich sind wir da detailversessen, denn der Teufel steckt im Detail«, weiß der Perfektionist Rangnick.

Dinge zu digitalisieren, Prozesse und Entwicklungen transparent, messbar und dadurch verbesserbar zu machen – das ist auch die Mission von SAP. Die ersten Produkte des Software-Hauses waren nicht viel mehr als die Fortsetzung der doppelten Buchführung mit den neuen Mitteln der Informationstechnologie: Sie schufen ein digitales Abbild der grundlegenden Prozesse eines Unternehmens wie Finanzen, Einkauf und Materialwirtschaft. Doch sie legten damit gleichzeitig das Fundament für eine weitreichende Automatisierung und Rationalisierung der Wirtschaft und letztlich auch ihrer Globalisierung. Denn erst diese Programme machen es globalen Konzernen möglich, weltweit den Überblick zu behalten und nach einheitlichen Regeln zu funktionieren.

Seitdem hat die Software von SAP, aber auch die seiner Wettbewerber, immer mehr betriebliche Bereiche informatisiert und sie damit steuer- und optimierbar gemacht – auch jene Dinge, die nicht ohne weiteres messbar sind, wie etwa Rechtsvorschriften oder der E-Mail-Verkehr unter Mitarbeitern. Und die Programme werden immer mehr zu einer Kombination von Diensten, die sich nicht nur innerhalb, sondern auch zwischen Unternehmen immer wieder neu verweben lassen. Die Branche schafft damit die Infrastruktur für eine neue Form der Globalisierung, die über den weltweiten Einkauf von Vorprodukten oder die Auslagerung von Teilen der Produktion aus Kostengründen hinausgeht. Diese nächste Stufe der Globalisierung wird bestimmt von weltweit integrierten Unternehmen und weltumspannenden, sich ständig verändernden Produktionsnetzen von spezialisierten Anbietern aller Art.

Auch Fußball ist längst ein globalisiertes Geschäft. In Hoffenheim ist mehr als die Hälfte der Spieler des 24-köpfigen Kaders nicht in Deutschland geboren. Drei sind Brasilianer, jeweils zwei Bosnier und Österreicher und jeweils ein Spieler stammt aus Ghana, Nigeria, Schweden, dem Senegal, Spanien und Ungarn. »Ohne Spieler aus dem Ausland könnten wir uns in der Bundesliga nicht halten«, erklärt Rangnick, »aber das ist eines der spannendsten Dinge für uns Fußballtrainer: In keiner Sportart ist die Zusammensetzung von Mannschaften heterogener.«

Hoffenheims bunte Mischung ist kein Zufall. Rangnick hat klare Vorstellungen. Er kauft nicht teure Stars ein, sondern hat es auf junge Talente abgesehen. Und er bevorzugt die Spieler bestimmter Nationalitäten. Deswegen beschäftigt Hoffenheim drei hauptberufliche Talentscouts, einen davon in Brasilien. Mindestens zwei Spieler sollen zudem aus einem Land oder einer Region kommen, weil sie sich sonst zu einsam fühlen könnten. Aber mehr als fünf sollten es nicht sein –

wegen der »Grüppchenbildung«, meint Rangnick: »Bei einer globalen Mannschaft muss man auch auf so etwas achten.«

Bei SAPs Entwicklerteams kommt es ebenfalls immer mehr auf die richtige internationale Mischung an. Denn die Walldorfer erlebten im eigenen Haus, was die Globalisierung bedeutet, die sie mit ausgelöst haben. Innerhalb von wenigen Jahren musste sich SAP von einem Unternehmen, das fast ausschließlich in Deutschland Software entwickelte, in einen global integrierten Konzern verwandeln. Ob Bangalore, Silicon Valley oder Tel Aviv – in allen wichtigen High-Tech-Regionen betreibt SAP mittlerweile Entwicklungszentren mit Hunderten von Programmierern. Während früher die meisten Mitarbeiter der Software-Schmiede in Deutschland saßen, sind es heute weniger als ein Drittel.

Doch ohne Eigengewächse wäre auch Hoffenheims Erfolg nicht dauerhaft. Deswegen investiert der Verein viel in Jugendarbeit. Rund 1000 Talente aus der Region betreut das Ausbildungszentrum des Vereins. Viele davon unterstützt er auch in der Schul- und Berufsausbildung. Geleitet wird die Jugendarbeit von dem ehemaligen Hockeybundestrainer Bernhard Peters, der als einer der klügsten Köpfe des deutschen Sports gilt; Jürgen Klinsmann wollte ihn schon zum Sportdirektor des Deutschen Fußball-Bundes machen, scheiterte aber an den Traditionalisten des Verbandes. Zwar haben es bisher nur zwei aus der Peterschen Talentschmiede in den Bundesligakader geschafft, doch Hoffenheims B-Junioren wurden 2008 deutscher Meister. Sollte 2010 bei der Weltmeisterschaft ein Nachwuchstalent aus Hoffenheim mitspielen, wäre das für Hopp das Größte: »Dann«, meinte er in einem Interview, »würde ich mich zu meinem siebzigsten Geburtstag beglückwünschen.«

Wie kein anderer Bundesligaverein setzt Hoffenheim zudem auf Aus- und Weiterbildung. Sprachkurse, Ernährungskurse und, wenn nötig, auch Lebensberatung werden seinen Spielern geboten. »Leistung im Fußball besteht aus 100 Puzzlestücken. Wir wollen alle 100 anbieten und nicht nur 70«, sagt Rangnick, denn »das Ziel eines jeden Trainers – egal in welcher Liga – ist es, den Faktor Zufall zu minimieren.« Nicht nur das scheint ihm in Hoffenheim gelungen zu sein:»Ich habe mich hier in den vergangenen zwei Jahren so entwickelt wie in den zehn Jahren zuvor nicht.«

Talente von außen anzulocken, die eigenen konsequent zu fördern und die Chancen einer heterogenen Unternehmenswelt zu nutzen – das wird in Zukunft eine der größten Herausforderungen für SAP, aber auch für andere Unternehmen und Deutschland insgesamt sein. Die wichtigsten Rohstoffe in der neuen Form der Globalisierung sind Wissen und Kreativität. Denn es ist ständige Innovation, die in die Champions League der Weltwirtschaft führt.

Genauso wie es bei Hoffenheim nicht nur um Fußball geht, dreht sich dieses Buch nicht nur um Informationstechnologie (IT), komplexe betriebswirtschaftliche Programme und das führende Unternehmen in diesem Markt. Es handelt vor allem auch davon, wie diese Technik Wirtschaft und Gesellschaft immer weiter durchdrungen sowie verändert hat – und in den nächsten Jahren, so glauben wir, weiter verändern wird. Nur wer IT und ihre Folgen versteht, kann sie beeinflussen oder sich zumindest auf eine veränderte Welt vorbereiten.

Auch die Wirtschaftskrise nach dem Zusammenbruch der Finanzmärkte im Herbst 2008 wird die zunehmende Informatisierung der Wirtschaft nicht stoppen. Im Gegenteil: Sie wird dazu führen, dass der Einsatz von Technologie noch schneller voranschreitet. Wer die Finanzindustrie stärker regulieren und vor allem kontrollieren will, braucht ebenfalls mehr Software, um größere Transparenz zu schaffen und Gefahren zu erkennen. Gleiches gilt für die Klimakrise: Wer die Erderwärmung und den Energieverbrauch nachhaltig reduzieren will, der braucht Programme, die den Kohlendioxidausstoß in einer Zulieferkette genauso wie den Finanz- und Materialfluss optimieren.

Die Geschichte von SAP ist das Gerüst dieses Buches – die »Plattform«, im Jargon der Branche gesprochen: die Gründung (Kapitel 1), die revolutionäre Verbindung von Elektronischer Datenverarbeitung und Betriebswirtschaft bei der Entwicklung der ersten Programme in einer Nylonfaserfabrik (Kapitel 2), der Erfolg in den Vereinigten Staaten

(Kapitel 4) und ein Ausblick, in dem auch der neue Vorstandsvorsitzende des Unternehmens, Léo Apotheker, vorgestellt wird (Kapitel 11). Darauf bauen die beiden anderen Erzählstränge auf, mit denen die Technik (Kapitel 3, 8, 9 und 10) und die Folgen der Globalisierung für SAP (Kapitel 5, 6 und 7) beleuchtet werden sollen. Im Schlusskapitel diskutieren wir die Konsequenzen der fortschreitenden Informatisierung für die Zukunft der Wirtschaft. Der Epilog gibt schließlich einige Hinweise, wie Deutschland darauf reagieren sollte.

Dabei sind Offenheit, internationale Vernetzung und Bildung die wichtigsten Stichworte. So sah schon bei Trainer Ralf Rangnick die Diagnose aus: »In Deutschland haben wir sehr lange geglaubt, dass wir Vorreiter sind, dass wir die beste Trainerausbildung und das beste Spielermaterial haben und auch in der Ausbildung des Nachwuchses nichts korrigieren müssen.« Weil er das für falsch hielt, hat sich Rangnick permanent im In- und Ausland umgeschaut, gelernt und dann fast alles geändert, was jahrzehntelang Bestand hatte. »Wenn du immer nur im eigenen Saft schmorst und denkst, das ist der beste Saft, den es gibt«, fragt er, »wie soll da Entwicklung stattfinden?«

Kapitel 1

Venedig – wo alles anfing

»Welche Vorteile gewährt die doppelte Buchhaltung dem Kaufmanne!
Es ist eine der schönsten Erfindungen des menschlichen Geistes,
und ein jeder guter Haushalter sollte sie in seiner Wirtschaft einführen.«

Goethe, Wilhelm Meisters Lehrjahre

Auf der Giudecca brennt die Hölle am heißesten. Jedenfalls in Dantes *Inferno*. In Wirklichkeit bietet die Insel vor Venedig ein beschauliches Kontrastprogramm zur hektischen Lagunenstadt. Gestresste Reisende kommen hierher, um den Massen auf dem Markusplatz und der Rialto-Brücke aus dem Weg zu gehen. Wer es sich leisten kann, nächtigt im Hotel Cipriani, der bekanntesten Adresse der Giudecca, wo auch die Prominenz aus dem Showbusiness absteigt.

In Östringen, eine halbe Stunde südlich von Heidelberg gelegen, ist es noch ruhiger als auf der Giudecca. Kaum jemand pilgert auf den idyllischen Kirchberg der badischen Kleinstadt mit seiner lebensgroßen Marienstatue, die erst vor ein paar Jahren aufgestellt wurde – dank einer Spende der örtlichen CDU. Eine größere Attraktion steht vor den Toren des Ortes: zwei Schornsteine und ein riesiger Flachbau, so groß wie drei Fußballfelder. Ende der sechziger Jahre war dies eine der modernsten Nylonfaserfabriken der Welt. Heute arbeiten hier noch fast 1000 Menschen.

Doch die Giudecca und Östringen haben weit mehr gemeinsam als die Beschaulichkeit abgelegener Orte am Rande der Touristenströme. Beides sind zentrale Orte der Wirtschaftsgeschichte, unsichtbar verbunden durch eine wegweisende Entwicklungslinie der Ökonomie. Auf der Insel vor Venedig begann Ende des 15. Jahrhunderts etwas, das ein halbes Jahrtausend später in dem badischen Dorf zu seinem vorläufigen Höhepunkt kam: der unaufhaltsame Trend, Unternehmen und ihre Art zu wirtschaften, immer transparenter, steuerbarer und gleichzeitig weltumspannend zu machen.

Auf der Giudecca lebte Luca Pacioli, der italienische Universalgelehrte. Er schrieb im 15. Jahrhundert eine bahnbrechende Abhandlung über die doppelte Buchhaltung und schuf damit eine der Grundlagen für kapitalistische Unternehmen schlechthin. In der Faserfabrik in Östringen, damals in Besitz des britischen Chemiekonzerns ICI, entwickelten die Gründer des Software-Start-ups SAP die erste Version ihres erfolgreichen Programmpakets zur Unternehmenssteuerung – ohne das wirtschaftliche Globalisierung, wie wir sie heute kennen, kaum möglich gewesen wäre. Mit ein wenig Übertreibung lässt sich auf der Giudecca die Geburtsstätte des Kapitalismus ausmachen. In Östringen steht die Wiege der Globalisierung.

Paciolis Werk und das der SAP-Gründer – obwohl historisch und zeitlich weit voneinander entfernt – weisen in ihrer Entstehung und Verbreitung erstaunliche Parallelen auf. Pacioli hat mit seiner Art der Buchführung auf vielfältige Weise vorgemacht, was SAP mit seiner Software 500 Jahre später tat: die Wirtschaft verändern. Es sind solche Parallelen, die am besten zeigen, wie bedeutend die Programme des derzeit wichtigsten deutschen Unternehmens sind – und noch sein werden. Deswegen beginnt dieses Buch mit dem Versuch, wenn man so will, einer doppelten Geschichtsführung.

War das alles nur eine Verkettung von glücklichen Ereignissen? Hasso Plattner, einer der Gründer von SAP und späterer Vorstandssprecher des Unternehmens, beantwortet diese Frage mit einem knappen »Ja«. Pacioli hätte wohl genauso reagiert. Aber der Siegeszug der Buchhaltung aus Venedig und der Software aus dem deutschen Südwesten lässt sich auch anders erklären. Sowohl Pacioli als auch Plattner und die vier anderen SAP-Gründer waren zur richtigen Zeit am richtigen Platz, um von einer günstigen Konstellation, vom produktiven Zusammenspiel verschiedener Entwicklungen zu profitieren. Hätten sie es nicht getan, wären wahrscheinlich andere an ihre Stelle getreten.

In welchem Jahr Pacioli geboren wurde, ist nicht bekannt. Historiker nehmen an, dass es 1445 war – also mitten in der Frührenaissance, dem italienischen Quattrocento, als Europa aus dem Mittelalter mit seinen grausamen Kriegen und ebenso todbringenden Epidemien erwachte. Die Übermacht der Religion begann in dem Maße zu schwinden, wie Wissen und rationales Denken antraten, zum Maß aller Dinge zu werden. Adlige und die Gelehrten in ihren Diensten entdeckten die Antike wieder. Wissenschaftliche Erkenntnisse setzten sich durch, vor allem in der Mathematik. Der Handel blühte auf, Zins wurde nicht mehr durchweg verdammt, sondern als Quelle einer prosperierenden Wirtschaft akzeptiert. Die Gesellschaft begann, sich vorsichtig zu öffnen.

Es war auch die Zeit, in der eine große technische Erfindung die Wissensverbreitung erleichterte und beschleunigte wie keine zuvor. Um 1450 druckte Johannes Gutenberg erstmals mit beweglichen Lettern aus Metall. Das machte die Produktion von Büchern, die bis dahin meist von Hand geschrieben wurden, wesentlich einfacher. Ähnlich wichtig für die Wirtschaft war die Verbreitung der arabischen Ziffern. Sie setzten sich langsam durch – eine Voraussetzung für eine Transparenz schaffende Buchhaltung, die mit römischen Zahlzeichen kaum möglich war.

Pacioli kam im heutigen Sansepolcro, einem toskanischen Bergort, rund 100 Kilometer östlich von Florenz zur Welt. Er wuchs nahe jenem Kloster auf, in dem Piero della Francesca lebte, einer der bekanntesten Maler der Renaissance, der gleichzeitig auch als einer ihrer fähigsten Mathematiker galt. Der Renaissancemensch Piero wurde Paciolis Lehrer, und er machte ihn mit anderen einflussreichen Personen dieser Epoche bekannt. Darunter war Federico da Montefeltro, Herzog von Urbino, in seiner Zeit einer der wichtigsten Förderer von Wissenschaft und Kunst. Sein Palast in der kleinen Marken-Stadt Urbino beherbergte eine Bibliothek, die es mit der des Papstes aufnehmen konnte und zu der Pacioli offenbar freien Zugang hatte. Aber wichtiger noch war die Begegnung mit Leon Battista Alberti, einem weiteren Universalgelehrten der Frührenaissance, der seiner Zeit voraus war. Der gebürtige Genuese verfasste neben literarischen Schriften vor allem Standardwerke der Kunst- und Architekturtheorie. Von ihm stammt auch die erste Grammatik der italienischen Sprache. Akademiker, predigte er, sollten so viel wie möglich lehren – und das nicht auf Latein, das nur die Eliten verstünden, sondern in der damaligen Umgangssprache.

Alberti war es auch, der Pacioli die erste Stelle in Venedig verschaffte, die den damals 20-jährigen weltoffenen Nachwuchsgelehrten mit einem für ihn ganz neuen Wissensgebiet in Berührung brachte. Seine Aufgabe dort war, den drei Söhnen von Antonio Rompiasi, einem bekannten Kaufmann auf der Giudecca, das beizubringen, was diese wissen mussten, um in die Fußstapfen ihres Vaters treten zu können. Und dazu gehörte auch die Buchhaltung, die sich in ihrer doppelten Form in den modernen Handelshäusern bereits durchgesetzt hatte. Jeder Einnahme wurde hier eine Ausgabe beziehungsweise ein Abgang an Waren entgegengestellt. Jede Ausgabe auf der Sollseite produzierte andererseits einen Eingang auf der Habenseite. Die Sollseite gab Auskunft darüber, wie Finanzmittel verwendet wurden, die Habenseite, woher sie stammten. Auf diese Weise ließen sich die Geld- und Warenströme in einem Unternehmen und in seinen Abteilungen viel genauer als mit den bis dahin üblichen Methoden verfolgen. Das Ergebnis war eine rationalere Betriebsführung, mit der ein Kaufmann Verlustgeschäfte leichter aufdecken und den Gewinn steigern konnte.

Gerade die Geschäfte von Rompiasi boten ausreichend Anschauungsmaterial für Paciolis Unterricht. Über das Handelshaus ist noch weniger bekannt als über seinen Hauslehrer, aber es muss zu den erfolgreicheren gehört haben. Rompiasis Handelsbeziehungen reichten weit, auch nach Istanbul, wo er eine Niederlassung unterhielt. Historiker spekulieren, dass Pacioli damals viel herumgekommen sei, etwa auch in der arabischen Welt, und dabei weiteres Wissen gesammelt habe. Er selbst äußerte nur ganz allgemein, er sei im Auftrag von Rompiasi auf Güterschiffen weit gereist.

Solches Wissen aus erster Hand, sei es aus praktischer Erfahrung oder aus direkter Anschauung, war damals ungemein wertvoll. Denn gedruckte Lehrbücher gab es noch nicht. Gelehrte schrieben sich ihre eigenen Werke – und diktierten sie ihren Studenten. So brachte Pacioli in seiner Zeit als Tutor in Venedig vieles von dem zu Papier, das er 1492 als *Summa de Arithmetica, Geometria, Proportioni et Proportionalità* veröffentlichte – heute hätte er das Werk wahrscheinlich »Was Sie schon immer über Mathematik wissen wollten« genannt. Nacheinander werden darin die verschiedenen Disziplinen der Rechenkunst abgehandelt und anhand lebenspraktischer Beispiele erläutert – bis ein Abschnitt folgt, den man heute kaum in einem mathematischen Lehrbuch erwarten würde. Es ist das legendäre Kapitel über die doppelte Buchhaltung mit dem Titel *Particularis de Computis et Scripturis*, frei übersetzt: »Die Aufzeichnung, die besonders von der Buchhaltung handelt«. Die praktische und pädagogische Absicht dieses Abschnitts wird deutlich, wenn man den Titel der ersten separaten Auflage dieser Schrift aus dem Jahr 1504 liest: *La Scuola Perfetta dei Mercanti* oder: »Die vollkommene Ausbildung des Kaufmanns«.

Es war sicher nicht die erste Abhandlung dieser Art. Aber es war die erste, welche – ganz im Sinne von Paciolis Freund Alberti – nicht in Latein geschrieben war. Auch sonst legte Pacioli größten Wert auf Verständlichkeit. »Und damit man dieses Verfahren gut begreift«, schreibt er in der *Summa*, »werden wir jemanden auftreten lassen, der von vorn anfängt zu handeln, und ordnungsmäßig in der Führung seiner Konten und Buchungen fortfahren soll, damit er jede Sache an ihrem Platze leicht auffinden kann.«

Wichtiger ist aber, dass Paciolis Text über die doppelte Buchhaltung der erste Fachaufsatz war, der auch gedruckt wurde. Und deswegen verbreitete sich die neue Technik der Unternehmensführung ähnlich schnell wie 25 Jahre später Martin Luthers Thesen, welche die kirchliche Reformationsbewegung begründeten. In ganz Europa wurde das Buchhaltungskapitel gelesen, übersetzt, abgeschrieben, umgeschrieben und den lokalen Gegebenheiten angepasst. In Deutschland etwa erschien die erste Abhandlung über die doppelte Buchhaltung unter dem Titel *Zwifach Buchhalten*. Der Autor, Wolfgang Schweiker, ein Nürnberger Kaufmann, hatte dafür kräftig bei einem anderen Italiener namens Manzoni abgekupfert, der sich zuvor für sein *Quaderno doppio* wiederum ausgiebig bei Pacioli bedient hatte.

Pacioli ist also nicht der Vater der doppelten Buchführung, als der er oft gilt, sondern eher der Pate dieser Neuerung: derjenige, der sie zu Papier gebracht und für ihre Verbreitung gesorgt hat. Es war wie häufig in der Geschichte. Die Idee der doppelten Buchführung lag zu Beginn der Renaissance in der Luft. Banken und Handelshäuser hatten ihren Aktionsradius deutlich erweitert und waren zu einer Größe herangewachsen, die mit den herkömmlichen Methoden kaum noch zu überschauen und zu organisieren war. Es konnte nicht lange dauern, bis der neu erwachte Erfindergeist Lösungen für dieses praktische Wirtschaftsproblem liefern würde. Einzelne Kaufleute oder ganze Städte, wie etwa Genua schon 150 Jahre vor der Veröffentlichung der *Summa*, verfeinerten ihre Buchhaltungstechniken. Sie gaben ihre Erfahrungen weiter, bis schließlich der Mönch Pacioli systematisch aufschrieb, was mancherorts schon gängige Praxis war.

Zu allen Zeiten treffen Faktoren aus unterschiedlichen Lebens- und Wissensbereichen auf historische Bedingungen, welche die Welt reif für einschneidende Veränderungen machen. Oft gehen solchen Neuerungen dunkle Stunden der Geschichte voraus. So folgte dem stark religiös und mystisch geprägten Mittelalter die weltliche und wissenschaftsfreundliche Renaissance, und im vergangenen Jahrhundert, nach dem Ende des Zweiten Weltkrieges, hofften die Menschen wie nie zuvor in der Geschichte auf ein friedliches und kooperatives Europa. Daraus entwickelte sich eine so machtvolle Bewegung, dass schließlich aus den früheren vermeintlichen Erbfeinden Deutschland und Frankreich der Motor einer europäischen Integration wurde, die inzwischen die 27 Staaten der Europäischen Union einschließt.

Ausgerechnet für Deutschland, das Land der selbst ernannten Herrenmenschen und der Judenverfolgung, brachte das Nachkriegszeitalter einen Aufschwung, über den man bald weltweit als »Wirtschaftswunder« staunte. Deutsche Unternehmen konnten an die wissenschaftlich und wirtschaftlich produktiven Jahre vor dem Nationalsozialismus anknüpfen und feierten mit ihren technisch und handwerklich hochwertigen Produkten Erfolge im In- und Ausland. Wenn heute über Globalisierung gesprochen wird, denkt kaum jemand an diese Wachstumsphase der Weltwirtschaft, von der kein Land wirtschaftlich, politisch und gesellschaftlich so profitiert hat wie die alte Bundesrepublik.

In dieser Umbruchphase wuchsen die fünf SAP-Gründer auf: Dietmar Hopp, Hasso Plattner, Klaus Tschira, Hans-Werner Hector und Claus Wellenreuther wurden während des Zweiten Weltkrieges geboren. Sie gehörten zu einer Generation, die nach neuen Chancen suchte. Es war auch die Zeit, in der aus den ersten, hoch spezialisierten Computern für Militär und Wissenschaft zunehmend nutzbringende Werkzeuge für Unternehmen wurden. Als erster kommerzieller Rechner füllte 1951 der UNIVAC (»Universal Automatic Computer«) mit Tausenden von Kathodenröhren ganze Räume. Doch es war nicht dieser Vorreiter, sondern eine Firma namens IBM, welche diesen jungen Markt dominieren sollte. Bereits Anfang der sechziger Jahre prangte auf neun von zehn neu gebauten Großrechnern das Logo von »Big Blue«, wie IBM schon damals genannt wurde.

Der Name hatte einen Klang wie heute der des schnell wachsenden kalifornischen Online-Unternehmens Google. Davon waren auch die SAP-Gründer angezogen, die allesamt bei der deutschen Tochter des Technologievorreiters aus Amerika landeten. Hopp und Plattner hatten zuvor Elektrotechnik studiert, damals ein Studiengang sowohl für Elektroingenieure als auch für Informatiker. Wellenreuther war zwar Betriebswirt, doch den promovierten Kaufmann faszinierten die neuen Rechenmaschinen, und er wollte betriebswirtschaftliche Prozesse mithilfe von Computern optimieren.

Dass sich Hopp und Co. bei IBM überhaupt mit Software beschäftigten, passte ebenfalls zu dieser neuen Epoche der Branche. In den ganz frühen Jahren der Computerindustrie zählten nur die Rechner, Programme galten als wertlos, man bekam sie in der Regel einfach dazu. Der Begriff »Software« als Gegensatz zur Hardware der Rechenmaschinen tauchte erst Ende der 50er Jahre auf. Bei IBM sah man in der kostenlosen Beigabe nicht viel mehr als ein Marketinginstrument, mit dem sich der Verkauf von Großrechnern ankurbeln ließ. Wer wirklich betriebswirtschaftliche Software brauchte, der schrieb sie sich selbst oder beauftragte einen Dienstleister damit.

Eine eigenständige Branche um die Computerprogrammierung entwickelte sich erst Anfang der siebziger Jahre. Die Ursachen dafür waren vielfältig: technische Neuerungen, eine sich entwickelnde Nachfrage nach derartigen Produkten, wirtschaftlicher Wandel. Aber als Auslöser gilt das große »*unbundeling*« bei IBM. Um ein drohendes Kartellverfahren abzuwenden, entschied sich der Computerkonzern

1969, Hardware und Software fortan getrennt zu verkaufen. Diese Spaltung lag auch in der Natur der Sache, argumentiert Martin Campbell-Kelly in seinem Buch *From Airline Reservations to Sonic the Hedgehog*, der bisher besten Zusammenfassung der Geschichte der Software-Industrie.

Computer verbreiteten sich in Unternehmen weit schneller als von ihren Herstellern vorausgesagt. Howard Aiken, einer der Pioniere, glaubte etwa, dass die USA niemals mehr als eine Hand voll von Großrechnern brauchen würden. Selbst Thomas J. Watson, jener Manager, der IBM groß machte, schätzte die Zahl nicht viel höher ein. Doch Anfang der siebziger Jahre gab es weltweit in Unternehmen bereits 100 000 Computer. Wäre jede Software weiter als Unikat entwickelt worden, müsste heute wohl die gesamte Menschheit rund um die Uhr programmieren, um die Nachfrage nach Programmen zu erfüllen.

Die Lösung war »Standard-Software«, die von vielen Unternehmen genutzt werden kann, weil sie mit ihren Computern dieselben Aufgaben erledigen, sei es in der Buchhaltung, im Einkauf oder im Vertrieb. Dieser entscheidende Wendepunkt in der Software-Industrie markiert genau die Zeit, in der sich die SAP-Gründer bei IBM ihre Sporen verdienten. Wellenreuther hatte Ende der sechziger Jahre bereits ein Programm für die Finanzbuchhaltung entwickelt, das quasi von der Stange verkauft und dann in unterschiedlichen Unternehmen installiert werden sollte.

Die SAP-Gründer profitierten von einem weiteren technologischen Entwicklungssprung. Im Vergleich zu heute waren Bildschirme noch sündhaft teuer, doch wurden vor knapp 40 Jahren die ersten Monitore zumindest für Unternehmen erschwinglich. Zusammen mit Tastaturen und Datenleitung machten sie möglich, was heute als Selbstverständlichkeit gilt: direkt und in Echtzeit – *real-time* – mit einem Computer zu kommunizieren, also auf eine Taste zu drücken und im selben Augenblick einen Buchstaben auf dem Bildschirm zu sehen. Damals dominierte noch die Stapelverarbeitung, auch *Batch*-Verfahren genannt. Bevor ein Computer Daten überhaupt bearbeiten und ausschließlich per Drucker wieder ausspucken konnte, mussten diese umständlich auf Lochkarten gestanzt werden, mit welchen wiederum der Rechner gefüttert wurde.

Für beide technologische Durchbrüche gab es Experten im Mannheimer IBM-Team. Während Wellenreuther als Pionier der Standard-Software galt, wurden Hopp und Plattner als Virtuosen der *Real-Time*-Technik geschätzt. Damit hatten sie beispielsweise die Auftragsabwicklung des ICI-Faserwerks in Östringen derart verbessert, dass dessen Manager gleich weitere Programme von ihnen haben wollten. Doch die IBM-Oberen hatten andere Pläne für die beiden: Sie sollten weiter von Unternehmen zu Unternehmen ziehen, um für die Kunden Einzelprogramme zu schreiben und damit den Verkauf von Computern anzukurbeln. Wellenreuther wurde sogar übergangen, als IBM nach Führungskräften für ein ambitioniertes Projekt für Finanz-Software suchte: Als Betriebswirt fehlte ihm die nötige Qualifikation für einen Aufstieg im Computerkonzern.

Einerseits frustriert über die Unbeweglichkeit der IBM-Manager, andererseits voller Zuversicht über die Chancen in der neuen Branche kündigten die SAP-Gründer Anfang der siebziger Jahre nacheinander bei »Big Blue«. Erst machte sich Wellenreuther selbstständig und gründete eine Firma namens »Systemanalyse Programmentwicklung« (was, da es selbst für deutsche Zungen schwer auszusprechen war, schnell zu SAP verkürzt wurde). Ein halbes Jahr später stießen Hopp, Plattner und die beiden anderen dazu. Wann genau sie entschieden, gemeinsame Sache zu machen, ist nicht bekannt; als offizielles Gründungsdatum der SAP gilt der 1. April 1972.

SAP war damals keineswegs das einzige Jungunternehmen, das Standard-Software verkaufen wollte. Und wie viele andere wäre es vielleicht auch schnell wieder eingegangen – wenn Hopp und Plattner bei ICI in Östringen nicht einen so guten Ruf genossen hätten. Die Manager des Werks zögerten nicht lange, als die SAP-Gründer ihren Plan vorstellten, die Programme für ICI auf eigene Rechnung weiterzuentwickeln. Als erster Kunde des Start-ups orderte ICI gleich Software für 638 000 D-Mark. Auch sonst war der Auftrag eine glückliche Fügung: Das Faserwerk war nicht nur technisch, sondern auch betriebswirtschaftlich eines der modernsten seiner Branche.

So wie Pacioli 500 Jahre zuvor im Handelshaus Rompiasi auf der Giudecca heimisch wurde, nisteten sich die SAP-Gründer bei ICI in Östringen ein. Ein eigener Großrechner war für SAP zu dieser Zeit schlicht unerschwinglich, er hätte das Vielfache der Auftragssumme gekostet. Also nutzten die SAPler den Rechner von ICI, um ihre Programme zu testen – nachts, wenn der Computer sonst nichts zu tun hatte. Tagsüber programmierten sie ihre *Real-Time*-Anwendungen, weshalb sie ihr erstes Software-Paket später auch »System R« nannten (die heute geläufigen Namen für die Produktgenerationen – R/1, R/2 und R/3 – entstanden erst später).

Wichtiger für den späteren Erfolg von SAP war allerdings, dass die ICI-Manager dem Unternehmen vertraglich erlaubten, aus der für das Werk entwickelten Software ein Produkt zu machen und es weiterzuverkaufen. Aus heutiger Sicht mag diese Freigiebigkeit erstaunlich wirken, doch wer konnte sich damals schon vorstellen, dass Software-Unternehmen einmal zu den teuersten Firmen der Welt aufsteigen würden? Diese Art der Zusammenarbeit war damals in Deutschland zudem durchaus üblich, weil sich junge Software-Firmen nur so finanzieren konnten.

Die Kooperation mit ICI ließ die SAP-Gründer endgültig zu Söhnen Paciolis werden. Genauso wie der italienische Universalgelehrte die venezianische Art der Buchhaltung zum weltweiten Vorbild machte, formulierte SAP einen über die Jahre immer weiter verfeinerten Standard für die Unternehmensführung mit Computern. Der Siegeszug von SAP dauerte allerdings nicht mehrere Hundert Jahre, die Walldorfer Software eroberte in wenigen Jahrzehnten die Welt. Allein zwischen 1988, als SAP an die Börse ging, und 2006 hat sich der Umsatz des Unternehmens mehr als versechzigfacht. Fast zwei Drittel aller Großunternehmen weltweit nutzen mittlerweile SAP-Programme.

»Falls R/3 über Nacht verschwinden würde – die Wirtschaft der westlichen Welt wäre gelähmt. Und es würde Jahre dauern, bevor Ersatz die Löcher in der vernetzten Wirtschaft schließen könnte«, schreibt Campbell-Kelly in *From Airline Reservations to Sonic the Hedgehog*. Microsofts Macht sei dagegen sehr begrenzt: Die Produkte des Software-Monopolisten wären in ein paar Wochen, wenn nicht Tagen zu ersetzen und die wirtschaftlichen Folgen wären vergleichsweise gering.

Was ist es nun eigentlich, das die doppelte Buchhaltung und Enterprise Resource Planning (ERP), wie Fachleute das SAP-Programmpaket nennen, miteinander verbindet? Die kurze Antwort: Beides sind Systeme zur Verarbeitung von betriebswirtschaftlichen Informationen. Sowohl Paciolis Abhandlung als auch die SAP-Software sind nichts anderes als eine Sammlung von Regeln, wie mit Geschäftsdaten umzugehen ist, wobei die einen für Buchhalter, die anderen für Buchungsmaschinen geschrieben worden sind.

Aber gehen wir für einen Moment etwas in die Tiefe und folgen den Darstellungen, die in dem späteren Franziskanermönch aus Venedig und den Programmierern aus Östringen die genialen, gar göttlichen Schöpfer der doppelten Buchhaltung und der betriebswirtschaftlichen Software sehen. Wie sähe ihre Schöpfungsgeschichte aus, was hätten sie, dem Vorbild der biblischen Genesis folgend, in den ersten sechs Tagen geschaffen, um dann am siebten Tage zu ruhen?

Paciolis geschichtsträchtige Woche begann mit einer Art Inventur, einer Bestandsaufnahme des Geschäfts eines idealtypischen toskanischen oder venezianischen Kaufmanns, meint Michael Bitz, Professor für Betriebswirtschaft an der Fernuniversität Hagen. Und was Pacioli vorfand, schreibt der Wissenschaftler in einem amüsanten Aufsatz, kam tatsächlich der Welt in ihrem Rohzustand gleich, »war wüst, dem die Bibel einleitenden ›Tohuwabohu‹ recht nahe«. Viele Kaufleute führten zwar gleich mehrere Bücher, etwa eins für Schulden oder das über die Einnahmen, aber das alles sehr unsystematisch und wenig zusammenhängend. Um Ordnung in dieses vorgeschichtliche Chaos zu bringen, schied Pacioli die kaufmännische Welt am ersten Tag in zwei Teile: Alle Schulden wurden auf der einen Seite, alle Vermögen auf der anderen Seite angehäuft.

Diese Zweiteilung erlaubte es ihm, dem herrschenden Zahlenwust während der folgenden drei Schöpfungstage weiter Gestalt zu geben. Zunächst schuf er eine Tabelle mit zwei Spalten, die jeweils durch Kategorien unterteilt wurden. In die linke Spalte kamen die Vermögens-werte, strikt nach Oberbegriffen wie Immobilienvermögen, Waren-vorräte oder Bargeld geordnet. Die rechte Spalte war den Schulden vorbehalten. So hatte Pacioli bereits nach vier Tagen eine Art Bilanz geschaffen, die auch heutige Buchhalter noch verstehen würden.

Doch von einer göttlichen Ordnung war das Ganze noch weit ent-fernt, vor allem in der linken Spalte. Da schlugen so unvergleichbare Dinge wie Ackerland in »Campi« zu Buche, Ingwer aus Mekka in »Pfund« und Forderungen gegen einen Weinhändler in Venedig in »Dukaten«. Um alles auf einen gemeinsamen Nenner zu bringen, führte Pacioli ein heute selbstverständliches gleichmachendes Prin-zip ein: Alle Positionen sollten von nun an »in derselben Geldsorte« in die Tabelle eingetragen werden. Damit entstand am fünften Tag praktisch die Bilanz, wie wir sie heute kennen – was bereits eine große Leistung war.

Doch Pacioli schaute noch einmal, glaubt Bitz, und war noch nicht zufrieden. Denn einer solchen Bilanz fehlte »noch viel von der Sym-metrie, dem Gleichklang und der Harmonie, die ansonsten das neue Weltbild seiner Zeit bestimmten«. Nur in den seltensten Fällen war eine Gegenüberstellung von Vermögen auf der einen und Schulden auf der anderen Seite ausgeglichen. Und es war äußerst unwahr-scheinlich, dass sich eine solche symmetrische Balance im täglichen Geschäft jemals einstellen würde. Zwar gab es viele Vorfälle, bei de-nen sich Veränderungen von Bilanzpositionen vollständig ausglei-chen, etwa bei der Aufnahme eines Kredits: Vermögen und Schulden erhöhen sich um den gleichen Betrag. In diesen Fällen ließ sich um-setzen, was heute als das Grundprinzip der doppelten Buchhaltung gilt: Jeder zu buchende Geschäftsvorfall wird wertmäßig im Soll und in der gleichen Höhe im Haben erfasst.

Was aber passierte mit den vielen anderen Geschäftsvorfällen, bei denen beide Seiten nicht ausgeglichen waren, etwa wenn Ware mit Gewinn verkauft wird oder das Warenlager niederbrennt? Um die nö-tige Harmonie herzustellen, schuf Pacioli am sechsten Tage neben Vermögen und Schulden ein drittes Element: den Saldo. Wenn immer sich Änderungen von Vermögen und Schulden nicht automatisch ausgleichen, entschied er, muss ein positiver oder ein negativer Saldo in Höhe der Differenz verbucht werden. Damit hatte Pacioli ein geschlossenes Informationssystem geschaffen, das den Kaufleuten die Arbeit wesentlich einfacher machte: Fehler fielen schnell auf, wenn beide Spalten der Tabelle aus dem Gleichgewicht gerieten. Und alle wichtigen Geschäftsdaten waren jetzt in einem Buch zusammengefasst oder »integriert«, wie es heute heißt.

Stellt man sich nun die Schöpfer von ERP-Systemen vor, stößt man unweigerlich auf Ähnlichkeiten. Diese Erfinder hatten am ersten Tag ebenfalls mit einem Chaos zu kämpfen. Die umständliche Stapelverarbeitung führte dazu, dass die elektronischen Daten der Geschäftsrealität immer hinterherhinkten. Wenn etwa im Lager neue Ware ankam, musste die dazugehörige Rechnung erst erfasst, mit der Bestellung verglichen und schließlich auf einem Sachkonto verbucht werden. Um diese Ware überhaupt in elektronischer Form buchen zu können, musste aber zusätzlich zu allen üblichen Verwaltungsarbeiten eine Lochkarte hergestellt und damit der Rechner gefüttert werden, was nicht nur lange dauerte, sondern auch sehr fehleranfällig war. Und jedes Mal, wenn etwas mit der Ware geschah, forderte der Rechner eine neue Lochkarte, um den neuen Zustand abbilden zu können. Nicht selten war das Material darum schon verbraucht, bevor es endlich ordnungsgemäß in den Büchern stand.

Um diese umständlichen Prozesse zu vereinfachen, schufen Hopp und Kollegen in den folgenden drei Tagen die grundlegenden Werkzeuge, damals »Basis-Software« genannt. Auch sie begannen mit einer Art Tabelle. Allerdings hatte diese weit mehr als zwei Spalten: Es war eine Datenbank, in der man Rechnungen und andere Belege elektronisch abspeichern konnte. Dann brauchten sie einen »virtuellen Stift«, also Software für Bildschirmmasken, mit denen sich Daten am Monitor eingeben, abrufen und verändern lassen. Doch das wichtigste Werkzeug war eine Programmiersprache, mit der man dem Rechner sagen konnte, was er mit den Daten überhaupt machen soll. Die SAP-Gründer tauften sie »Allgemeiner Berichts-Aufbereitungs-Prozessor«, kurz ABAB, was die immer internationaler werdende Firma später in *advanced business application programming* umdeutete.

Am fünften Tag nahmen die SAP-Gründer ihre Werkzeuge in die Hand. Mit ihnen digitalisierten sie Paciolis Hinterlassenschaft: die Finanzbuchhaltung, das im Verborgenen pochende Herz jeder Firma. Danach waren die anderen Glieder des Firmenorganismus an der Reihe: Einkauf, Lagerhaltung, Produktion, Personalverwaltung, Verkauf und Vertrieb. Am Ende des Tages hatten Hopp und seine Kollegen das elektronische Abbild eines Unternehmens zwar noch nicht ganz geschaffen, aber doch eine digitale Darstellung der Abteilungen und ihrer Finanz- und Materialflüsse.

Aber damit waren die SAP-Gründer nicht zufrieden. Auch diesem System mangelte es an Harmonie. Wie Paciolis Vermögenswerten, fehlte den Abteilungen dieses digitalen Unternehmens der gemeinsame Nenner. Um dieses Unternehmen wirklich zu einem rechenbaren Ganzen zu machen, musste jeder Gegenstand und jeder Geschäftsablauf genau und einheitlich definiert werden. Gleichgültig wo im Betrieb etwa ein Kunde oder eine Ware auftauchte, musste klar sein, dass es sich um einen Kunden oder eine Ware handelt und welche besonderen Daten wie der Name oder die Warennummer dazugehörten. So war es möglich, diese Daten nur noch an einer Stelle – in der zentralen Datenbank – zu speichern und sie für jede Abteilung einheitlich nutzbar zu machen. Zudem entwickelten die SAPler der ersten Stunde Programme, die festlegten, wie solche Informationen verarbeitet werden, wie sie miteinander zusammenhängen, was beispielsweise geschehen muss, wenn neue Ware hereinkommt. Heute klingt es selbstverständlich, doch Anfang der siebziger Jahre kam es einer Sensation gleich, wenn am Firmentor eingehende Produkte erfasst und dadurch die notwendigen Buchungen in der Software der Finanzabteilung ausgelöst wurden.

Genauso wie Pacioli konnten sich die SAP-Gründer am siebten Tage zurücklehnen und auf ein in sich geschlossenes Informationssystem blicken. Es war integriert wie Paciolis doppelte Buchhaltung: Alles hing mit allem zusammen. Und es funktionierte in Echtzeit, zumindest fast. Änderungen in einer Abteilung des Unternehmens schlugen sich schnell in anderen Abteilungen nieder. Außerdem konnten Nutzer auf dem Bildschirm sofort die Richtigkeit ihrer Eingaben überprüfen. Bei der Stapelverarbeitung mit Lochkarten fielen Fehler immer erst am nächsten Tag auf, wenn alle Daten verarbeitet waren.

Für Buchhalter ebenso wie für Programmierer sind solche Informationssysteme schon an sich Ausdruck einer fast göttlichen Harmonie – und damit Objekte der Begierde. Für den Rest der Welt ist eine andere Frage interessanter: Was passierte nach den beiden Schöpfungswochen, welchen Nutzen konnten diese Anwendungen stiften, und vor allem: Wie haben sie die Unternehmenswelt verändert, die sie eigentlich nur beschreiben wollten? Sowohl die doppelte Buchhaltung als auch ERP-Systeme sind alles andere als langweilige Werkzeuge, um geschäftliche Vorfälle zu dokumentieren. Beide haben Unternehmen, ja die gesamte Wirtschaft tiefgreifend verändert. So wie Messungen in der Physik das Ergebnis einer Untersuchung notwendigerweise beeinflussen, schafft die größere Transparenz der Finanz- und Warenströme eines Unternehmens veränderte Geschäftsprozesse und Geschäftsstrategien.

Der Einfluss dieser Techniken auf ihren Gegenstand ist unbestritten. Experten sind sich darüber einig, dass die doppelte Buchführung überhaupt erst eine überschaubare Ordnung in Unternehmen geschaffen hat. Genau das war auch Paciolis erstes Ziel. Er legte den allergrößten Wert auf Genauigkeit und Transparenz: »Dem Kaufmann können die Dinge niemals zu klar sein infolge der unzähligen Fälle, die im Handel vorkommen können«, schreibt er in seiner *Summa*. Richard Macve, ein britischer Wirtschaftshistoriker, erklärt, dass Paciolis Art der Buchhaltung eines »jener disziplinierenden Systeme [war], die der moderne Mensch jetzt internalisiert hat«.

Doch hatte die Einführung der doppelten Buchhaltung darüber hinaus eine so grundlegende Bedeutung, dass sie den Kapitalismus überhaupt erst möglich machte? Diese Frage war Gegenstand einer der großen akademischen Kontroversen des vergangenen Jahrhunderts. Bei diesem eminent politischen Thema zeigten sich nicht nur inhaltliche Unterschiede zwischen den Meinungen der Gelehrten, sondern auch Fachegoismen und vor allem ideologische Beschränkungen. Historiker machten sich über Soziologen her; Betriebswirte verbaten sich die fach- und sachfremde Einmischung in ihr ureigenes Terrain. Einige kämpfen sogar heute noch. Dieter Schneider, der Doyen der deutschen Betriebswirtschaft, warnt die Leser eines seiner zahlreichen Lehrbücher, sie würden nach der Lektüre der Thesen einiger Soziologen zum Thema doppelte Buchführung »den Kopf schütteln«.

Schneider meint damit vor allem Werner Sombart, den deutschen Soziologen und Volkswirt, der später wegen seiner Nähe zum Nationalsozialismus in Verruf geriet. Für ihn war Kapitalismus nicht von allgemein gültigen ökonomischen Gesetzen bestimmt, sondern eingebettet in seinen besonderen historischen und nationalen Kontext. Deswegen interessierte er sich auch besonders für die doppelte Buchhaltung und ihre Bedeutung für die Wirtschaft: »Man kann schlechthin Kapitalismus ohne doppelte Buchführung nicht denken: sie verhalten sich wie Form und Inhalt zueinander«, schrieb er in *Der moderne Kapitalismus*, seinem 1902 in der Erstfassung erschienenen Hauptwerk.

Wie kommt Sombart zu einer so eigenwilligen These? Wer ihn verstehen will, muss sich zunächst mit einem seiner zentralen Konzepte auseinandersetzen, nämlich der fortschreitenden »Vergeistung« des Geschäfts. Ursprünglich waren Betriebe »beseelt«, gebunden an die Personen, an das Geschick des Kaufmanns oder Handwerkers und ihrer Angestellten, meint Sombart. Mit der Entwicklung des Kapitalismus »vergeistigten« sich die Beziehungen: »An die Stelle menschlicher Beziehungen treten ›Systeme‹. In sie fallen gleichsam Menschen und Sachen, die in den Betrieb wie in einen Trichter geschüttet werden.«

Die Buchhaltung, das ist für Sombart so ein Trichter, durch den alles durch muss, der alles gleich und abstrakt macht. Kaufleute führten schon lange Bücher, so genannte »Memorials« oder »Journale«, aber nur als Hilfsmittel, um sich bestimmte Zustände im Geschäft in Erinnerung zu rufen; alle wesentlichen Prozesse vollzogen sich in ihren Köpfen, waren mit ihnen eins. Doch schon mit der Einführung von einfachen Konten, glaubt Sombart, »wurde erstmalig die unge-

gliederte und auf die Person des Schreibers zugeschnittene Notizen-
sammlung entzweigebrochen, und in das Chaos wurde ein festes Ge-
dankengefüge hineingebaut, an das alle weitere Rechnung sich
anlehnen konnte«.

Ist die doppelte Buchhaltung als abstraktes System erst in den betrieblichen Alltag eingeführt, beginnt sie auch den wirtschaftlichen
Geist zu formen, den sie rief, argumentiert Sombart. Rechnerische
Ordnung und Klarheit schaffen ökonomische Rationalität. Und da
die doppelte Buchführung darauf angelegt ist, alle wirtschaftlichen
Vorgänge berechenbar zu machen, reduziert sie Wirtschaften auf den
quantitativ erfassbaren Wert, den es zu vermehren gilt: »Mit dieser
Betrachtungsweise wird der Begriff des Kapitals überhaupt erst geschaffen. Man kann also sagen, dass vor der doppelten Buchführung
die Kategorie des Kapitals nicht in der Welt war, und dass sie ohne sie
nicht da sein würde.«

Sombarts Kritiker halten seine Thesen schon historisch für nicht
haltbar, allen voran der südafrikanische Wirtschaftshistoriker Basil
Yamey. Die doppelte Buchhaltung kann gar nicht so wichtig für die
Entwicklung des Kapitalismus gewesen sein, argumentiert er. Sie
habe sich erst Ende des 19. Jahrhunderts durchgesetzt; erst dann sei
Gewinn und Verlust regelmäßig berechnet worden. Überhaupt werde
Pacioli maßlos überschätzt. Ein angehender Kaufmann des 15. Jahrhunderts hätte nach Lektüre des maßgeblichen Kapitels seine Bücher
wohl kaum doppelt führen können. Pacioli lasse seine Leser in zentralen Fragen allein, zum Beispiel bleibe offen, an welchen Stellen sie
bestimmte Geschäftsvorfälle eintragen müssen.

Bei aller gerechtfertigten Kritik an Sombart ist es eine interessante
Frage, wie sein Urteil über ERP-Systeme ausfallen würde. Für ihn wären sie zweifellos ein weiterer großer Schritt hin zur vollendeten Vergeistung des Geschäfts. Schließlich macht die Software nicht nur die
Buchhaltung, sondern viele andere Bereiche in einem Unternehmen
berechen- und bewertbar. Ein mikroskopischer Blick wird möglich,
der den gesamten ökonomischen Organismus durchdringt und so
ein immer vollständigeres digitales Abbild des Unternehmens in
Echtzeit liefert. Doch wie bei der doppelten Buchführung handelt es

sich um viel mehr als nur um ein Abbild. Auch hier liefern die neuen Analysemöglichkeiten dem Kapitalismus neuen Brennstoff: Gewinn und Verlust können nun praktisch jederzeit auf Knopfdruck berechnet werden, die Software schafft eine nie dagewesene Transparenz sowohl in den vertikalen Verästelungen der Geschäftsprozesse als auch in den horizontalen über Abteilungen, Niederlassungen und sogar Landesgrenzen hinweg. Aber würde Sombart auch folgenden Satz schreiben? »Man kann schlechthin Globalisierung ohne ERP-Systeme nicht denken: sie verhalten sich wie Form und Inhalt zueinander.«

Auch die neue Version der »Sombart-These« scheint historisch nur schwer haltbar. Schließlich gibt es so etwas wie Globalisierung schon seit langer Zeit. Multinationale Konzerne spannten ihre Netze schon Jahrzehnte, bevor SAP seine erste Software verkaufte, um den Globus. Viele dieser Weltunternehmen haben ERP-Systeme nur unvollständig und unsystematisch eingeführt. Geschäftsinformationen stecken nicht nur in einer Datenbank. Der Fluss von betriebswirtschaftlichen Bits und Bytes macht häufig immer noch an Landes- und selbst Abteilungsgrenzen halt. Und wegen der Komplexität der Software haben ERP-Systeme sogar in vielen Unternehmen zu weniger Transparenz und Kontrolle geführt.

Aber dass sich Informationstechnologie und Strukturen in Unternehmen sowie Wirtschaft spiegeln, lässt sich kaum bestreiten – und ist auch von Soziologen wie Manuel Castells von der University of Southern California und Rudi Schmiede von der Technischen Universität Darmstadt thematisiert worden. »Beispielsweise deutet die Netzwerkmetapher, die sowohl moderne technische als auch organisatorische Strukturen beschreibt, auf einen tieferen, inneren Zusammenhang zwischen technischen und sozialen Strukturen hin«, schreibt jüngst auch Sebastian Remer in seiner 2008 veröffentlichten Dissertation, welche diese Beziehung von Technik und Organisation untersucht.

Die große Frage ist freilich: Was ist Henne und was Ei? Im Detail zu analysieren, wie sich soziale und technische Strukturen bedingen, würde den Rahmen des Buches sprengen. Für seine Zwecke reicht es, von einem Wechselverhältnis auszugehen. Sicher haben der globale Wettbewerb und auch die von den Kapitalmärkten geforderte Verschlankung der Unternehmen die Verbreitung von ERP-Programmen ungemein beschleunigt. Dennoch ist die Internationalisierung von Unternehmen und die Globalisierung, wie wir sie heute kennen, ohne betriebswirtschaftliche Software nicht denkbar. Software ist dabei nicht nur Werkzeug, sondern sie formt Unternehmen auch, schafft sich manchmal sogar Organisationen nach ihrem Antlitz.

Anders als bei einem Textverarbeitungsprogramm oder einem Internet-Browser ist es nicht damit getan, ein ERP-System einfach auf einen Rechner aufzuspielen, um fortan die Buchhaltung zu digitalisieren und zu automatisieren. In so gut wie keinem Fall passt diese Voreinstellung zu den Voraussetzungen und den besonderen Erfordernissen eines einzelnen Unternehmens. Einerseits muss daher die Standard-Software passend gemacht, andererseits müssen aber auch die Organisation und die internen Geschäftsprozesse des Unternehmens an die interne Logik des Software-Systems angepasst werden.

Das Hin und Her zwischen Software und Organisation dauert Monate, manchmal sogar Jahre. Und meist folgt die Unternehmensorganisation danach eher der Software als umgekehrt, argumentiert Brita Hohlmann, eine frühere SAP-Beraterin, in ihrer 2007 veröffentlichten Doktorarbeit. »*Ça passe ou ça casse?* – Geht es oder bricht es?« war ihre Ausgangsfrage. Und die Antwort der Diplom-Mathematikerin nach der Untersuchung von einem Dutzend Installationen: »*Ça change.* – Es ändert sich.«

Genau das ist auch, was häufig mit der Einführung von ERP-Systemen beabsichtigt wird, meint Hohlmann. Die Chefetage verordne dem eigenen Betrieb die Programme von SAP nicht nur um Geschäftsabläufe zu digitalisieren, sondern um organisatorischen Wandel zu erzwingen. Hohlmann untersuchte in ihrer Dissertation – eine der wenigen empirischen Studien zur Einführung des Programmpakets – auch den Fall einer Behörde. Die Leitung entschied sich für SAP-Software, um eine Verwaltungsreform durchzusetzen. Das Resultat war, dass sie die gesetzlich verankerte kameralistische Haushaltführung auf ein notwendiges Mindestmaß beschränkte und an deren Stelle die doppelte Buchführung einsetzte.

Vor allem in der amerikanischen Wirtschaft ging die Einführung von SAP in den neunziger Jahren oft einher mit dem Business-Reengineering, jenen groß angelegten organisatorischen Reformprogrammen, mit denen Manager ihre Unternehmen schlank machen und auf Effizienz trimmen wollten. Die Software war dafür gleich auf zweierlei Weise das perfekte Werkzeug. Zum einen half sie, Abläufe gleichzuschalten, und das nicht nur abteilungsübergreifend innerhalb eines Unternehmens, sondern auch zwischen Geschäftspartnern – weltweit. Zum andern konnte das Topmanagement seine Kontrollmöglichkeiten deutlich ausdehnen und praktisch in Echtzeit erfahren, wie es um die Geschäfte des Unternehmens bestellt war.

Aber ERP-Systeme wirken weiter. Einmal installiert, kann man sie sich als ein abstraktes elektronisches Abbild von dem vorstellen, was in einem Unternehmen konkret geschieht. Es spiegelt die allgemeinen Regeln, Erfahrungen, Informationsflüsse und Geschäftsprozesse der betrieblichen Alltagspraxis. Diese durch ein ERP-System geschaffene »zweite Realität« eines Unternehmens wirkt zurück auf die erste – ganz ähnlich, wie die Präsentationen mithilfe von Microsofts Powerpoint-Programm den Vortragsstil prägen. Mit den überzeugend wirkenden bunten Projektionen im Rücken wird häufig nicht mehr argumentiert, stattdessen werden oft nur noch *bullet points* aneinander gereiht.

ERP-Systeme drücken einer Organisation also nicht nur bei der Einführung ihren Stempel auf. Sie entfalten eine Eigendynamik, indem sie bestimmte Verhaltensweisen nahelegen, sie teilweise überhaupt erst möglich machen. Sind Daten über Kunden, Produkte oder Personal erst einmal weltweit vereinheitlicht, lassen sich Leistungen anhand zahlreicher verschiedener Parameter international viel besser vergleichen und gleichzeitig standardisierte Geschäftsprozesse durchsetzen. Je besser ein Unternehmen intern verdrahtet ist, desto schneller lassen sich auch Zulieferer und Kunden anschließen. Diese Vereinheitlichung ist letztlich die in der Technologie von SAP verborgene Kraft, die auch die Globalisierung von Unternehmen vorantreibt.

Luca Pacioli träumte von Ordnung und Transparenz in Unternehmen. SAP hat diesen Traum weitgehend verwirklicht – und wesentlich dazu beigetragen, aus der Globalisierung 1.0, geprägt vom einfachen Welt-

handel und Unternehmen mit weitgehend selbstständigen Auslands-
töchtern, die Globalisierung 2.0 zu machen, die von multinationalen
Konzernen dominiert wird. Aber ist damit das Ende der Geschichte er-
reicht? Wie könnte die nächste Stufe der Globalisierung aussehen?
Diese Frage soll im Laufe dieses Buches beantwortet werden. Ein erster
Schritt ist die Klärung, warum SAP überhaupt so erfolgreich werden
konnte – das Thema des folgenden Kapitels.

Kapitel 2

Östringen – ein Pilgerort

»Hört denen zu! Wenn wir auftreten wie Zauberlehrlinge,
dann erfahren wir nie, was die brauchen.«

Dietmar Hopp, SAP-Gründer

Walther Rothermel traute seinen Augen nicht. Als sich der junge Textilkaufmann 1971 auf der Hannover Messe nach den neuesten Technologien für den Wareneinkauf umsah, stieß er auf einmal auf einen Bildschirm. Es war kein Fernseher, sondern ein Monitor, der an einen Computer angeschlossen war. So etwas war ungewöhnlich, denn bei Computern dachte man zu Beginn der siebziger Jahre noch nicht an Bildschirme, sondern nur an riesige Rechenungetüme mit vielen Knöpfen und drehenden Scheiben. Sie fraßen auf der einen Seite kleine Lochkarten und schieden auf der anderen Seite endlose Schlangen von gestreiftem, dünn bedrucktem Papier mit Lochraster an den Seiten aus.

Rothermel staunte noch mehr, denn was er da sah, stammte aus seinem eigenen Unternehmen, dem Östringer Nylonwerk der ICI. Zwei IBM-Leute hatten auf diesem neumodischen Computer ein Programm zur Auftragsabwicklung geschrieben, das anders funktionierte als alles, was der gelernte Textilkaufmann, der inzwischen im Einkauf angestellt war, bisher gesehen hatte. Man tippte etwas in eine Tastatur, die aussah wie eine Schreibmaschine, und das Geschriebene erschien sofort auf dem Bildschirm. Man konnte Text oder Zahlen dazufügen, man konnte Daten verändern, löschen, Befehle eingeben, und man konnte bei einem Auftrag sofort prüfen, ob das Teil auf Lager war, ob der Besteller noch Schulden hatte und was er in den Monaten zuvor alles bestellt hatte. Dieses Programm schrieb sogar von allein die Vorlagen für Rechnungen, wenn man die Nummer des Bestellers eingab.

Ein solches System, bei dem man alle Daten nur noch einmal eingeben musste und das den ganzen Betriebsablauf quer durch alle Abteilungen dokumentierte, ein solches System würde seine Einkaufsabteilung von Bergen unnötiger Doppelarbeit befreien, dachte Rothermel. Er hatte die Zukunft gesehen und wollte nicht mehr in die Gegenwart zurück. Rothermel, der später selbst zum Einkaufsleiter aufstieg, ging zu seinem Chef und sagte: »Sie können machen, was Sie wollen, ich gebe diesen ganzen Quatsch nicht mehr ein.«

Über »diesen ganzen Quatsch« ärgerte sich jeder, der bei ICI – und in zahlreichen anderen Firmen – im Lochkartenzeitalter der Informationstechnologie mit Computern arbeiten musste. Die Rechenmaschinen galten unter den Anwendern nicht nur als technologischer Segen. Die Verbindung der handgeschriebenen Bestellungen mit der elektronischen Datenverarbeitung war höchst kompliziert und extrem fehleranfällig. Schauen wir den ICI-Beschäftigten Ende der sechziger Jahre einmal über die Schulter: Das Nylonwerk braucht ein Ersatzteil. Das meldet die Produktion an das Lager. Der Lagerarbeiter prüft den Lagerbestand, und wenn das Teil bestellt werden muss, schreibt er eine Bedarfsmeldung. Die von Hand verfasste Meldung auf Papier geht in die Einkaufsabteilung im zweiten Stock des ICI-Werks, wo ein Sachbearbeiter ein rundes Dutzend weiterer Daten hinzufügt, von Lieferantenadressen über Kostenstellen bis zu Rabattregelungen. Dieses datenreiche Papier wandert nun in den Schreibsaal, wo Schreibkräfte die Bestellung abtippen und schließlich versenden. Gleichzeitig entsteht im fortschrittlichen Schreibsaal ein Durchschlag, der das erste untrügliche Zeichen für den Einsatz von Informationstechnologie darstellt. Aus diesem Durchschlag lässt sich nämlich eine Lochkarte herstellen, und diese Lochkarte wird in den Rechensaal geschafft, wo sie in einem Stapel von Aufträgen verschwindet, der erst viel später Stück für Stück vom Computer erfasst und weggerechnet wird.

»Zwei Tage danach bekamen wir eine Liste, aus der die verschiedenen Daten wie Kostenstellen, Teilenummern oder Warengruppen zu ersehen waren«, erinnert sich Einkäufer Rothermel. Diese vom Computer produzierten Listen mussten jedoch noch einmal kontrolliert werden. Denn weil die Daten zuvor durch so viele Hände gegangen waren, schlichen sich dauernd Unkorrektheiten ein, die aus jedem Buchhalter einen verärgerten Detektiv machen. »Es war eine saublöde Arbeit, wir sind dauernd Fehlern nachgelaufen.« Übrigens: Der ganze umständliche Prozess wiederholte sich in ungekehrter Reihenfolge, wenn das bestellte Teil samt Rechnung schließlich im Werk ankam. Und dann sah Rothermel in Hannover, was die beiden IBMler für seine Kollegen von der Auftragsabwicklung programmiert hatten. Wer hätte da nicht sehnsüchtig in den Bildschirm gestarrt!

War das der Beginn der Erfolgsgeschichte von SAP? Es gibt sicher viele Momente, in denen sich die Umstände für das Unternehmen glücklich fügten. Aber es gibt auch tiefergehende Gründe, warum gerade aus dem badischen Jungunternehmen einer der weltweit wichtigsten Software-Konzerne wurden. Darum geht es in diesem Kapitel, das versucht, den ungewöhnlichen Erfolg der SAP zu rekonstruieren. Die hier vertretene These lautet: Hopp, Plattner und die anderen Gründer waren zur richtigen Zeit am richtigen Ort, sie lebten im richtigen Land, sie brachten die richtigen Voraussetzungen mit und sie landeten mit ihrem ersten Kunden einen Glückstreffer.

Firmen in der Informationstechnologie sind selten allein. Meist leben sie im Rudel, auf Neudeutsch »Cluster« genannt. Das Silicon Valley im amerikanischen Bundesstaat Kalifornien ist das bekannteste Beispiel. Aber mittlerweile gibt es viele andere – und nicht nur in den Vereinigten Staaten: Bangalore, Dresden, Tel Aviv. Strukturell ähneln sie sich alle. Da gibt es eine oder mehrere Spitzenuniversitäten, die für den unternehmerischen und technischen Nachwuchs sorgen. Da gibt es Hochrisiko-Kapitalisten, die das nötige Geld investieren können. Und da gibt es all jene Dienstleister, die ein Start-up braucht: PR-Agenturen, spezialisierte Anwaltskanzleien, Immobilienmakler.

In Walldorf gibt es nichts dergleichen, jedenfalls nicht gleich nebenan. Das Hauptquartier der SAP steht auf der »grünen Wiese« – frühere Spargelfelder, auf deren noch nicht von dem Software-Konzern überbauten Resten heute bestenfalls noch Mais wächst. Walldorf selbst, eine Kleinstadt mit knapp 15 000 Einwohnern, ist ein paar Kilometer entfernt. Die überdimensionierte Fußgängerzone mit chicen Designerläden deutet darauf hin, dass hier ein schwerreiches Unternehmen seinen Sitz hat. SAP ist nicht ganz allein, sein direkter Nachbar sagt schon einiges aus über die Gründung der High-Tech-Firma an diesem Ort: eine Fabrik der Heidelberger Druckmaschinen AG, dem Inbegriff des deutschen Präzisionsmaschinenbaus. Und in dieser Tradition muss SAP in erster Linie gesehen werden – und erst in zweiter Linie als IT-Unternehmen.

Schon die ursprüngliche Geschäftsidee von SAP zeugt von einer systematischen Herangehensweise, die den deutschen Ingenieur verrät: »Standard-Software« zu schreiben. SAPs Programme sollten nicht ein einzelnes, überschaubares Problem lösen, sondern möglichst allgemeine Geschäftsprozesse automatisieren und in vielen Unternehmen weitgehend unverändert eingesetzt werden können. »Wir wussten zwar, dass ICI eine Faserfabrik, also etwas sehr Spezifisches war«, beschreibt Dietmar Hopp, SAPs Gründervater, den ersten Kunden, »aber vieles war doch sehr allgemein, wie etwa die Buchhaltung.« Je allgemeiner die Aufgaben waren, desto eher haben sich die Walldorfer damit beschäftigt. An speziellere Programme zur Produktionssteuerung oder für Verkaufsabteilungen, die sich weniger leicht standardisieren lassen, hat sich SAP erst viel später gewagt.

Voraussetzung für diesen langsamen und durchdachten Aufbau war, dass Hopp und Co. schon von Anfang an eine Vorstellung davon hatten, wie sich das SAP-System einmal entwickeln könnte – auch das ist ein Ergebnis des klassischen Ingenieursdenkens. »Wir haben es von vornherein so angelegt, dass man Baustein für Baustein hinzufügen konnte – ohne das Bestehende zu destabilisieren«, erklärt Hopp, »als Ingenieur denkt man so. Da konstruiert man und wurschtelt nicht so einfach hin.«

Die vielleicht wichtigste Konstruktionsentscheidung trafen die SAP-Gründer, indem sie ihre Programme von Anfang an streng in zwei Klassen unterteilten: »Basis-Software« und betriebswirtschaftliche Anwendungen. Die Basis-Software lieferte mit Programmiersprache, Datenbank und einem Programm für die Bildschirmdarstellung sozusagen die Grammatik, die Buchstaben und die leeren Bücher. In sie trugen dann die Anwendungsprogramme ihre Daten ein und werteten sie nach eigenen Regeln aus. Diese Trennung machte später für SAP auch die Anpassung an neue Technologien oder neue Betriebssysteme vergleichsweise einfach. Die SAP habe dieses Konstruktionsprinzip als erstes Unternehmen überhaupt umgesetzt, sagt Hopp: »Andere Unternehmen mussten ihre Anwendungen komplett neu schreiben, wenn sich in der Technologie etwas änderte.«

Die deutschen Softwerker tickten aber auch sonst anders als die Konkurrenz, vor allem die amerikanische. Im Silicon Valley hatten sich schon Ende der fünfziger Jahre erste Firmen darauf spezialisiert, Kapital in risikoreiche Start-ups zu stecken. Die Gründer dieser innovativen kleinen Unternehmen waren geradezu begierig nach *venture capital* und traten dafür Anteile an ihrem Unternehmen ab. Wer etwas wagte, der sollte auch die Chance haben, etwas zu gewinnen. Längst nicht in jedem Fall ging die Rechnung auf, aber immer wieder feierten solche Start-ups nach wenigen Jahren erfolgreiche Börsengänge, die Investoren und Gründer großzügig für ihren Einsatz belohnten. Diese Form der Finanzierung drängte gerade auch Software-Schmieden dazu, auf Produkte zu setzen, die schnelles Wachstum und als Folge einen schnellen Börsengang versprachen. Mit Macht und höchstem Marketingaufwand wurden darum Programme in den Markt gedrückt, denen eine etwas längere Entwicklungszeit gut getan hätte. SAPs heutiger Erzrivale Oracle ist dafür ein extremes Beispiel. Er wurde mit Datenbankprogrammen groß, die reißenden Absatz fanden, auch wenn sie anfangs oft nicht richtig funktionierten. Das Unternehmen ging 1986, keine zehn Jahre nach seiner Gründung, an die Börse. Erst in dem Jahr begann Oracle auch damit, mit SAP-Programmen vergleichbare Unternehmens-Software zu entwickeln.

Ganz anders in Deutschland. Anfang der siebziger Jahre war *venture capital* im Land des rheinischen Kapitalismus noch ein fremdes Konzept. Auch von Banken hätte SAP wahrscheinlich kein Startkapital bekommen. Aber Fremdkapital oder Schulden waren deutschen Gründern damals noch mehr ein Gräuel als heute: Hopp, Plattner und die anderen wollten sich nicht hineinreden lassen und ihre Software unabhängig von Geldgebern entwickeln können. Sie finanzierten ihr Unternehmen von der ersten Stunde an ausschließlich durch Einnahmen, angefangen mit 638 000 D-Mark für den ersten Auftrag von der ICI. Diesen konservativen Kurs bei der Finanzierung hielt SAP auch noch bei, als es längst eine gestandene Firma war. Das Hauptquartier in Walldorf ist das planerische Denkmal dieser Politik. Gebaut wurde, wenn genügend Geld auf der Bank war. Entsprechend zerstückelt sieht der SAP-Campus heute aus.

An die Börse ging SAP erst 1988, 16 Jahre nach der Gründung. Mit dem Geld sollte das Auslandsgeschäft deutlich ausgeweitet und die dritte Generation des Programmpakets, R/3 genannt, entwickelt werden. Aber selbst dann behielten die vier verbliebenen Gründer rund 80 Prozent der stimmberechtigten Anteile und schworen sich, diese nie aus der Hand zu geben. Der Schwur hielt immerhin bis 1996, als Hans-Werner Hector im Streit aus dem Unternehmen ausschied und seine Anteile verkaufte. Die restlichen drei Gründer kontrollierten damit nur noch 66 Prozent der SAP-Aktien, diese Menge ist heute auf rund ein Drittel der Anteile gesunken.

»Im Unterschied zu den US-Unternehmen konnte die SAP in einem weniger aggressiven Markt ein durch und durch solides Produkt entwickeln«, erklärt Doug Merritt, ein führender SAP-Manager in den Vereinigten Staaten, der früher bei Wettbewerbern wie Oracle und PeopleSoft gearbeitet hat. Hopp und seine Mitgründer drückten zudem noch bewusst auf die Bremse. In den ersten Jahren wurden sogar Aufträge abgelehnt, vor allem, wenn die Kunden zu weit entfernt waren. Und das Wort »Marketing« kam im SAP-Vokabular viele Jahre lang überhaupt nicht vor. »Wenn da einer die Werbetrommel gerührt hätte«, sagt Hopp, »das wäre das Schlimmste gewesen. Wir wären zerplatzt.«

Dann wäre SAP nämlich den eingegangenen Verpflichtungen nicht mehr nachgekommen. Der oberste Grundsatz hieß: immer erreichbar sein, immer da sein, wenn der Kunde einen braucht. Bis zum Börsengang war jeder SAP-Mitarbeiter ein Mädchen für alles: Er programmierte, installierte, hörte Kunden zu, verkaufte, redete gut über das Produkt. Noch heute glaubt Hopp, der Entwickler sei der bessere Verkäufer: »Wenn sie so ein Ding in- und auswendig kennen, wenn sie es selbst gemacht haben, dann können sie den Kunden auch besser überzeugen.«

Das zumindest im Vergleich zu amerikanischen Start-ups gemächliche Wachstum erlaubte es SAP auch, sich neue Mitarbeiter anfangs gründlich aussuchen zu können. Damit potenzierte sich ein weiterer Vorteil, den das badische Unternehmen im Vergleich zu amerikanischen Rivalen genoss: SAP musste nicht mit vielen anderen IT-Firmen um die besten Köpfe ringen. In Walldorf und weit darüber hinaus gab es eben nur einen Parkplatz. Im Silicon Valley reihen sie sich aneinander. Und ein lokaler Witz sagt, dass man mit dem Job eigentlich nur den Parkplatz wechselt. Damit Mitarbeiter ihr Auto woanders abstellen, wird um sie mit Aktienoptionen, Sportangeboten und sogar mit renommierten Küchenchefs in der Betriebskantine geworben.

Überhaupt hat SAP seine Wurzeln viel eher im rheinischen Kapitalismus als im Silicon-Valley-Aktionismus. Außer vielleicht Frankreich ist Deutschland das einzige Industrieland, in dem Betriebswirtschaft an der Universität als Wissenschaft gelehrt wird. Für den japanischen Soziologen Masaya Okada ist dies eine Folge des Gegensatzes zwischen dem Katheder-Sozialismus, der Ende des 19. Jahrhunderts die volkswirtschaftlichen Lehrstühle beherrschte, und dem »kapitalistischen Rhein-Bürgertum«. Dieses gründete deswegen seine eigenen Handelsschulen, argumentiert Okada, aus denen sich dann die deutsche Betriebswirtschaft entwickelte.

Vertreter der Zunft, wie der Betriebswirtschaftsprofessor Dieter Schneider, halten diese »soziologische Erklärung« für zu stark vereinfachend. Aber eines würde er wohl kaum bestreiten: Die Betriebswirtschaft hat wesentlich dazu beigetragen, dass die meisten deutschen Unternehmen lange Zeit besser und vor allem systematischer organisiert waren als etwa die amerikanischen. Und sie boten daher anfangs einen reichen Fundus für das, was IT-Experten heute Best Practices nennen – die besten Lösungen für einen Geschäftsablauf. Dieses Erfahrungswissen schaute sich SAP bei seinen Kunden ab und übersetzte es in Software. In gewisser Weise hat SAP mit seinem Programmpaket darum nicht nur deutsches Ingenieursdenken, sondern auch einen Teil der deutschen Betriebswirtschaft in der Welt verbreitet.

August-Wilhelm Scheer, der Gründer der Software-Firma IDS Scheer und Aufsichtsratsmitglied bei SAP, hält wenig von solchen strukturellen Erklärungen, gerade was die Rolle der Betriebswirtschaft angeht. Der mehrfach ausgezeichnete Universitätsprofessor und heutige Präsident des IT-Branchenverbandes Bitkom gilt als einer der geistigen Väter der Wirtschaftsinformatik in Deutschland. Er kann davon berichten, wie schwer er es anfänglich mit dieser neuen Disziplin auf der akademischen Bühne hatte. Seine alteingesessenen Kollegen standen dem Einsatz von Computern im Rechnungswesen äußerst skeptisch gegenüber. »Wenn ich in meinen Büchern die SAP zitiert und das auch noch positiv herausgestellt habe, dann kamen Briefe mit dem Vorwurf, mein Buch lese sich wie eine Werbebroschüre für SAP«, erinnert sich Scheer.

Noch Anfang der achtziger Jahre argumentierte der damalige Nestor der Kostenrechnung an deutschen Universitäten, Hans-Georg Plaut, Buchführung brauche keine Echtzeitanalyse, weil Buchführung nun einmal an Perioden gebunden sei. Man mache etwa Jahresabschlüsse, eine Auswertung für den Quartalsbericht oder rechne Monatsergebnisse aus. Die Stapelverarbeitung sei darum nicht nur die hergebrachte, sondern auch die richtige Technologie, meinte Plaut, dessen Unternehmen allerdings später eng mit SAP zusammenarbeitete. »Was Plaut damals übersehen hat, war der Zusammenhang zwischen Technologie und Inhalt«, erklärt Scheer, »dass man es nur einmal im Jahr oder im Monat machte, hatte genau den Grund, dass die Technologie nicht weit genug war, um das in Echtzeit möglich zu machen.«

Wenn man Scheer, den Doyen der deutschen IT-Industrie, fragt, was der wichtigste Grund für den Erfolg von SAP sei, dann spekuliert er nicht lange über Theorietrends, technische Innovationen oder gar die deutsche Betriebswirtschaftslehre. Scheer denkt nur kurz nach: »das Gründerteam Hopp und Plattner«. Der eine bodenständig, der andere impulsiv und kreativ, so hätten sie sich ideal ergänzt und immer wieder Charakter und Geradlinigkeit bewiesen. Kamen etwa Branchenriesen wie IBM und Siemens und drohten der jungen Firma mit Vergeltungsmaßnahmen, weil sie die SAP-Software nicht nur auf

Großcomputern der Großkonzerne laufen lassen wollten, reagierte das Gründer-Duo freundlich, aber bestimmt ablehnend.

Hopp war die treibende Kraft. Doch der eigentliche Initiator der SAP ist alles andere als ein Freigeist, der einfach einmal etwas ausprobiert. Er denkt weit voraus, vielleicht sogar über den Horizont hinaus, wägt nüchtern Risiken ab, aber schärfer als alles andere sieht der Ingenieur den Weg, darum fängt für ihn eine noch so große Idee immer im »Hier« an – Visionen sind nicht seine Sache. Er ist heimatverbunden, hält sich am liebsten zu Hause im Kraichgau auf. Als SAP zum *global player* wurde und 1998 in New York zum zweiten Mal an die Börse ging, gab er konsequenterweise seinen Vorstandsvorsitz ab.

Diese Geradlinigkeit zeichnet ihn aus, und sie macht auch vor der eigenen Familie nicht halt. Als zwei jüdische Überlebende aus seinem Geburtsort Hoffenheim ihre Memoiren veröffentlichten, kam auch Hopps Vater darin vor. Der SA-Truppenführer war am 9. November 1938 daran beteiligt, die Synagoge seiner Heimatgemeinde zu zerstören. Hopp sorgte dafür, dass dieses Buch aus dem Englischen übersetzt wurde, und er lud die Opfer von damals in das Hoffenheim von heute ein. »Vadder Hopp« heißt er dort – nicht nur, weil er vollkommen uneitel seine Schatulle öffnet, wenn es irgendwo im Gemeinwesen klemmt, sondern weil er nach wie vor aufbauen will, konstruieren will, Ingenieur sein will, wie sein Engagement beim Fußballverein TSG 1899 Hoffenheim zeigt.

Plattner hatte Hopp in der IBM-Filiale in Mannheim kennen und schätzen gelernt. Beide zusammen hatten im ICI-Faserwerk in Östringen gezeigt, was mit der neuen Bildschirmverarbeitung möglich war. Als Hopp dann Mitstreiter für sein Start-up suchte, stand Plattner ganz oben auf seiner Rekrutierungsliste. Der junge Kollege war sofort im Boot. Ausgebildet als Nachrichtentechniker war Plattner wie Hopp einer der wenigen Experten für Echtzeitprogramme, die es damals in Deutschland gab. Doch sonst war der Arztsohn ziemlich genau das Gegenteil von Hopp, umtriebig, sprühend vor Energie und mit der Lust, auszubrechen aus den Konventionen, jemand, der auch mal ein Strohfeuer abfackelt, ohne sich zu lange über die Kälte danach zu sorgen.

Plattner wird später das von den Medien gefeierte SAP-Gesicht. Alles, was er anpackt, macht er mit einer ungestümen Energie – und er packt sehr viel an, auch privat. Ob er Ski fährt oder surft, auf einer Bühne vor Kunden Rock-Akkorde auf der E-Gitarre spielt, an seinem Handicap im Golf arbeitet, sich auf den schwersten Regatten für Hochseeyachten mit der Konkurrenz misst oder Mountainbike fährt: Überall will er der Beste, Schnellste sein, unter »ferner liefen« läuft dieser Firmengründer nicht mit.

Nach der Wende in Deutschland wollte Plattner seinen eigenen Aufbau Ost und hatte dafür etwas Vergleichbares im Sinn wie einst der Eisenbahnbaron Leyland Stanford. Der setzte sich mit seiner Elite-Universität Stanford in Plattners Wahlheimat Kalifornien ein heute weltbekanntes Denkmal. Als Plattner erfuhr, was so eine Universität 100 Jahre später in Deutschland kosten würde, wurde der Multimilliardär zwar etwas bescheidener, wie er zugibt. Dennoch ermöglichte er 1998 die Gründung des Hasso-Plattner-Instituts der Universität Potsdam, für das er sich bis 2020 mit über 200 Millionen Euro engagiert. Dort lernen die Studenten, wie man Software schreibt und wie man Unternehmen gründet – unter anderem von Professor Hasso Plattner; 550 Absolventen kann das Institut seit seinem Bestehen vorweisen, derzeit erhalten etwa 400 Studenten dort ihre Ausbildung. Auch die Universität Stanford verfeinerte Plattner noch ein wenig. Dort stiftete er im Jahr 2005 immerhin 35 Millionen US-Dollar für das »Hasso Plattner Institute of Design«, an dem Studenten lernen, anwenderfreundlichere Technologien zu entwickeln.

Dieser Unruhepol Plattner, der eigentlich Spezialist für Datenfernübertragung war, passte in den Bauplan für die neue Software-Firma, den Ingenieur Hopp immer klarer vor Augen hatte. Was fehlte noch? Die größte Lücke klaffte ausgerechnet im Zentrum des ganzen Unternehmens. Hopp und Plattner mochten begnadete Computerexperten gewesen sein, doch von Betriebswirtschaft oder gar Buchführung verstanden sie ungefähr so viel wie Buchhalter von Systemprogrammierung. Die Verbindung zwischen Elektronischer Datenverarbeitung und der Unternehmensverwaltung war von beiden Seiten kaum entwickelt. Computer, diese surrenden Metallschränke, galten als riesige

Rechenschieber, die man zwar dafür bestaunte, dass sie automatisch mathematische Grundfertigkeiten wie Addieren und Subtrahieren beherrschten – mehr aber nicht.

Nur ein Mann in der IBM-Filiale in Mannheim hatte früher als alle anderen das Explosive an der Verbindung von Betriebswirtschaft und Informatik erkannt: Claus Wellenreuther, der mit Abstand bunteste Vogel bei IBM. Der studierte Betriebswirt trug seine Haare länger als alle Kollegen, er fuhr Porsche und bevorzugte farbenfrohe Hemden aus exotischen Weltregionen. Während seines Betriebswirtschafts-studiums hatte Wellenreuther sich mit Optimierungsproblemen be-schäftigt. Erst entwickelte er Formeln, mit denen sich errechnen ließ, wie man eine Pappplatte optimal schneiden muss, um möglichst viele Kartons daraus falten zu können. Ein Lieblingsthema von Wel-lenreuther war auch, kürzeste Fahrtrouten für Lieferfahrzeuge auszu-rechen. Dann bediente er sich bei der Wahrscheinlichkeitsrechnung, um zu klären, wie viele Kundenschalter ein Unternehmen bauen sollte, um einem zufälligen Kundenaufkommen optimal gewachsen zu sein.

Solche Probleme hatten den rechnenden Wirtschaftswissenschaft-ler zu Computern und damit fast zwangsläufig zu IBM gebracht. Dort traf er Kollegen, die sich mit ähnlichen mathematischen Tüfteleien beschäftigten. Weil Wellenreuther aber Betriebswirt war und neben dem Studium bei einem Wirtschaftprüfer Geld verdient hatte, über-trug man ihm alles, was mit Finanzbuchhaltung zu tun hatte – eine unter IBMlern und bei Wellenreuther selbst als eher langweilig gel-tende Anwendungsdisziplin.

Im Sommer 1971 war der Sonderling im Mannheimer IBM-Büro endgültig von seinem Arbeitgeber frustriert. Er hatte ein erfolgrei-ches Finanzbuchhaltungssystem entwickelt und schlug vor, daraus ein kommerzielles Software-Programm zu machen, das sich bei ver-schiedenen Kunden anwenden ließ. Doch als der Weltkonzern der Computerexperten dann tatsächlich ein deutschlandweites Projekt zu diesem Thema startete, durfte der Nonkonformist nur seine Un-terlagen und seine Konstruktionspläne abliefern, seine Bewerbung wurde ignoriert. Im Herbst schickte Wellenreuther dann nach fünf

IBM-Jahren den Entwicklungspapieren auch noch seine Kündigung hinterher. Er fürchtete, dass sein Wissen in der gerade erst entstehenden Software-Branche schnell veralten könnte, und machte sich mit einer Firma selbstständig, der er den für Laien unverständlichen Namen »Systemanalyse und Programmentwicklung« gab. Nichts anderes verbarg sich dahinter, als mithilfe von Computern die Buchhaltung und die Unternehmenssteuerung zu automatisieren. Fünf Unternehmen, die sein IBM-Programm bereits einsetzten, nahm er als seine ersten Kunden gleich mit.

Als Hopp und Plattner den Plan für ihr Unternehmen weiter ausformulierten, war Claus Wellenreuther mit seiner wegweisenden Verbindung von Betriebswirtschaft und Datenverarbeitung der Mann der Stunde. Der Quereinsteiger in die Datenverarbeitung kannte sich aus mit Buchungssätzen, er wusste, wie eine Bilanz aussah, aber er hatte auch eine ähnliche Vorstellung wie die beiden anderen Gründer davon, welche Rolle Computer künftig in Unternehmen spielen könnten.

Der eher konservative Hopp schickte den forscheren Plattner vor, um den unkonventionellen Selbstständigen für ihren Plan zu gewinnen. »Ohne Wellenreuther hätte ich das damals nicht gewagt«, sagt Hopp. Wie wichtig Wellenreuther gerade in den ersten Jahren der SAP war, lässt sich unter anderem daran ablesen, dass er 1976 bei der Umwandlung der Firma in eine GmbH neben Hopp zum Geschäftsführer bestellt wurde. Doch nur vier Jahre später musste er aus gesundheitlichen Gründen ausscheiden. Seine Abfindung: 1 Million D-Mark, ein Staubkörnchen verglichen mit den Milliarden, die seine Gründungskollegen mit SAP in den folgenden Jahren verdienten. Nachdem Wellenreuther wieder genesen war, gründete er ein weiteres Software-Unternehmen, das er später an die SAP verkaufte. Heute lebt er unweit von Walldorf und in Marbella.

Sein Abgang bei IBM und die Gründungspläne von Hopp und Plattner rissen Anfang der siebziger Jahre auch andere Kollegen bei IBM in Mannheim mit. Hopp sah auf seinem Bauplan für das Start-up weitere Lücken beim technologischen Fundament für die neue Art von Software, vor allem bei solchen Grundlagen wie Programmiersprachen und Betriebssystemen. Bei IBM galten Klaus Tschira und Hans-Werner Hector als Spezialisten für diese Bereiche. Hopp überzeugte auch sie. Damit hatte er die Fachleute zusammen, mit denen er das Software-Haus im Kraichgau schmieden konnte.

Schon die vorausschauende und systematische Art, wie Hopp dieses Gründungsteam aufbaute, war eine reife Ingenieursleistung. Ebenso wichtig war die außergewöhnliche Unternehmenskultur, die unter ihm heranwuchs. SAP war eigentlich nie nur eine Firma, eher eine lockere Föderation von Unternehmensteilen und vor allem von Individuen. Oft machten diese, was sie für richtig und zukunftsträchtig hielten. Und oft lieferten sie sich mit ähnlichen Projekten interne Wettkämpfe, bis sich ein Sieger herausbildete. Zusammengehalten wurde das »Wuselhaus von Walldorf«, wie es Gerd Meissner in seinem Buch *SAP – die heimliche Software-Macht* nennt, von dem gemeinsamen Programmpaket.

Woher diese Unternehmenskultur kommt, können auch langjährige Mitarbeiter nicht so recht ergründen. Für einige ist sie einfach ein Überbleibsel aus den frühen Tagen, als die meisten SAP-Mitarbeiter noch in nur locker miteinander verbundenen unabhängigen Teams vor Ort bei unterschiedlichen Kunden arbeiteten. Andere sagen, der interne Wettbewerb sei von Plattner bewusst angestachelt worden. Wieder andere halten die SAP-Kultur für ein Hoppsches Produkt, weil dieser Bodenständigkeit auch mit Weltoffenheit und Toleranz verbindet – und einen sowohl sehr klaren als auch indirekten Führungsstil pflegte. Als Henning Kagermann, der spätere Vorstandsvorsitzende, einmal partout nicht auf Kundenwünsche eingehen wollte, weil er die Lösung des Problems für zu aufwändig hielt, zwang Hopp ihn auch nicht dazu. Doch er bestimmte, Kagermann möge dies doch dem Kunden selbst erklären. Kagermann durchlebte eine schlaflose Nacht, die mit einem Meinungswechsel endete.

Auch heute, mit knapp 52 000 Beschäftigten, lässt der innere Organismus des Dax-Konzerns den Geist der Gründer noch erkennen, was gerade Neuzugänge überrascht. »SAP ist wie Google – ein kaum orchestriertes Chaos: offen, egalitär und ungezwungen«, sagt Doug Merritt, der 2005 vom inzwischen von Oracle übernommenen amerikanischen Wettbewerber PeopleSoft zu SAP wechselte und genau das Gegenteil erwartete. Denn im Silicon Valley gilt SAP als typisch deutsch: ein Unternehmen mit vielen Regeln, strenger Hierarchie und jeder Menge Disziplin. Dabei, so Merritt, sind gerade das eher Eigenschaften der kalifornischen Konkurrenten von SAP wie etwa Oracle und seiner Tochter Siebel Systems.

SAP-Mitarbeiter beschwerten sich oft über die vielen parallelen Projekte und die vermeintliche Verschwendung von Ressourcen, berichtet Merritt. Aber gerade die Vielfalt sei ein Grund für den Erfolg von SAP. Der lebendige und vergleichsweise informelle Organisationsstil ziehe brillante Köpfe an und mache das Unternehmen viel überlebensfähiger als etwa Siebel, bei dem alles auf den Gründer Tom Siebel zulief. Merritt: »SAP ist viel schwieriger zu besiegen, da das Ungeheuer tausend Köpfe hat. Man kann sie nicht alle abschlagen.« Anders als Unternehmen, die von ihrem Gründer geführt werden und allein auf ihn zugeschnitten sind, neige SAP auch nicht dazu, alle Eier in den gleichen Korb zu legen.

Vielleicht wäre SAPs Kultur eine ganz andere, wäre nicht das Nylonfaserwerk der ICI in Östringen der erste Kunde des Unternehmens gewesen. Jedenfalls wäre SAP kaum so erfolgreich gewesen. Die Büros dort, in denen Hopp, Plattner und ihre Kollegen ihre Firma erfanden, sind nicht mehr zu besichtigen. Die Fabrik ist längst verkauft, und die neuen Besitzer haben Besseres zu tun, als Besucher durch die Hallen zu führen, in denen Wirtschaftsgeschichte geschrieben wurde. Viele Interessierte wären es wahrscheinlich ohnehin nicht: Was früher ein Pilgerort für IT-Begeisterte war, ist heute ein fast schon vergessenes Industriedenkmal. Ausländische Investoren haben die Fabrik unter sich aufgeteilt.

Diejenigen, die damals dabei waren und erlebt haben, wie aus dem IBM-Projekt der erste Baustein zu einem Weltkonzern wurde, erinnern sich an die Aufbruchstimmung, die in der Faserfabrik herrschte. Als Hopp und Plattner Anfang der siebziger Jahre in das Werk geschickt wurden, war der ICI-Standort Östringen gerade mal ein paar

Jahre alt und galt als einer der modernsten seiner Branche. Östringen stand nicht nur für die neueste Technologie zur Nylonherstellung, auch die Industrieverwaltung arbeitete unter einem innovationsbegeisterten Management mit den neuesten Techniken und Methoden. Die Personalabteilung hatte bundesweit nach jungen qualifizierten Mitarbeitern gefahndet, um diesen Vorzeigebetrieb auf der grünen Wiese aufzubauen. Im Faserwerk galten nicht Befehl und Gehorsam, gefragt waren in dieser Fabrik ohne lähmende, über Jahrzehnte eingespielte Routinen vielmehr Ideen, Initiativen, Selbstständigkeit und ständige Verbesserung der Produktionsprozesse. Der frühere Einkaufschef Rothermel erinnert sich etwa daran, wie jeder leitende Angestellte bei Sitzungen regelmäßig Vorträge halten musste. Anfangs durfte er noch sein Manuskript mitbringen, dann nahm ihm der Chef das auch noch ab.

Als moderner Betrieb nutzte ICI von Beginn an auch die Informationstechnologie. Das brachte auch Hopp und Plattner erstmals im Auftrag von IBM in die Fabrik, unter anderem, um dort ein Programm für die Auftragsabwicklung zu schreiben – eben jene Anwendung, die Rothermel auf der Hannover Messe sah. Aber die EDV-Abteilung, wie sie damals noch hieß, machte sich bereits Gedanken darüber, wie sich auch die Einkaufsabteilung und die Kreditorenbuchhaltung informatisieren ließen. »Eine ›hautnahe‹ Erfassung aller Rechnungen ist nur über erheblichen Aufwand möglich«, heißt es in einer unternehmensinternen Denkschrift aus dem Jahre 1971, »die Kombination von maschineller und manueller Budgetführung beim Anlagen-Budget bringt keine spürbare Erleichterung.« Deswegen solle eine digitale Alternative eingeführt werden: »Langfristig gesehen ist die Tendenz erkennbar, Informationen statt über Listen direkt über Terminals (Bildschirm, Dialogschreiber) zur Verfügung zu stellen. Die Vorteile sind offensichtlich: Sofortige Information und Auskunftsbereitschaft, weniger Papier und Bearbeitungszeit, Inanspruchnahme von Stammdateien, erhebliche Einsparung von Verteilzeit.«

Heute lesen sich die 43 im trockenen EDV-Jargon verfassten Schreibmaschinenseiten wie eine Programmiervorlage für Hopp und Plattner. Aber die beiden hatten ihre eigenen Pläne zur Weiterentwicklung der ICI-Software, die weit über die damals übliche Anpassung von Software an die Bedürfnisse eines einzelnen Kunden hinausgingen. Es war auch weit mehr als ein Programm, und es war eigentlich sogar mehr als ein neues Computersystem. Was die beiden Programmierer im Kopf hatten, waren schon die Umrisse einer neuen Branche. Es ist inzwischen über 35 Jahre her, doch Hopp ist die Begeisterung von damals über die neuen technischen Möglichkeiten noch immer anzumerken: »Wir waren fasziniert von dieser Idee, wir haben gesehen, wie toll das angekommen ist.«

Trotzdem, IBM ließ sich nicht anstecken. Die Chefs der Mannheimer Filiale des Computerkonzerns dachten noch in alten Kategorien. Man wollte lieber Rechner verkaufen, als sich auf das unsichere neue Geschäft mit Software einzulassen. Ein anderer Grund war lokaler Egoismus: Die IBM-Oberen in Mannheim fürchteten, dass die Zentrale ein Entwicklungsprojekt aus den Idee machen könnte und sie dann die beiden wertvollen Mitarbeiter dafür abstellen müssten. Da konnten Hopp und Plattner noch so schwärmen von den neuen Geschäftsmöglichkeiten, Mannheim blockte.

Ganz anders die Praktiker bei ICI. Die Manager dort waren begeistert und bereit, viel Geld in neue Software zu investieren. Da Hopp und Plattner bei ihnen großes Ansehen genossen, wurde man sich schnell handelseinig – zwei Monate vor der offiziellen Gründung von SAP im April 1972. Als Auftrag für die ehemaligen IBM-Berater wurde im Vertrag ein »Material Information and Accounting System« (Mias) festgelegt. Keiner der beiden Partner hätte ein solches Programm allein entwickeln können, meint Timo Leimbach, Forscher am Fraunhofer Institut System- und Innovationsforschung in Karlsruhe. Gemeinsam aber, schreibt er in einem Aufsatz über die Geschichte von SAP, hätten sie damit die Grundlage für das spätere System R gelegt.

Welcher Technologiesprung damit erreicht werden sollte, erklärt sich vor allem mit der »Pendelkarte«. Dieses steife Stück Pappe war für die Beschäftigten in der Materialwirtschaft das, was dem Kraichgauer Kirchgänger das Gebetbuch ist – nichts ging ohne sie. Auf der Pendelkarte wurden alle Geschäftsprozesse von Hand dokumentiert und fortgeschrieben, so wie sie Tag für Tag im Betrieb anfielen. Hier

trug der Lagerarbeiter ein, wenn ein Teil bestellt werden musste, hier
ergänzte der Einkauf Lieferantenadressen, Rabattbestimmungen, hier
schrieb die Buchhaltung Kontonummern, Bestellnummern, Rech-
nungsnummern dazu – natürlich immer wieder von neuem bei jeder
Bestellung.

Diesen letzten Schrei der deutschen Industrieverwaltung in Software zu übersetzen, das war der entscheidende Teil des ersten SAP-
Projekts. Diplomierte Betriebswirte hätten wahrscheinlich Theorien
gewälzt. Die SAP-Gründer mögen zwar visionäre oder gar verstiegene
Pläne gehabt haben, wie man mit Computern die Unternehmensverwaltung umkrempeln und das ganze Management revolutionieren
könnte. Doch sie begannen mitten im praktischen Arbeitsalltag, eben
mit Dingen wie der verschmierten Pappkarte. Tag für Tag sprachen
die Jungunternehmer der SAP mit ICI-Mitarbeitern, um zu verstehen,
wie das Faserwerk im Innern pulste und tickte und was es zusammen-
hielt. Später wurde diese Zusammenarbeit zwischen Praktikern und
Computerrevolutionären sogar institutionalisiert. Jede Abteilung der
Fabrik bestimmte einen Vertreter, der den Programmierern die Geschäftsprozesse erklärte und erläuterte, was die neue Software alles
leisten können müsste.

Was man tagsüber mit den ICI-Mitarbeitern besprochen und als
Software auf Lochkarten umgesetzt hatte, wurde dann nachts getes-
tet. »Die kamen am Morgen zu uns und sagten: Hier, schaut mal,
könnt ihr damit leben?«, berichtet Rothermel. Hopp gibt unumwunden zu, damals keine Ahnung von Betriebswirtschaft gehabt zu haben. Der studierte Nachrichtentechniker lernte erst von den jeweiligen Fachleuten bei ICI die praktische Betriebswirtschaft und die
Prinzipien der Buchhaltung kennen.

Es war eine Art Forschungsreise, die Hopp und seine Partner ins
Innerste des damals schon fortschrittlich organisierten ICI-Werks
führte. »Die haben ja bei uns ein funktionierendes Gebilde vorgefun-
den«, beschreibt Einkäufer Rothermel das Ziel dieser Expedition, deren Erkenntnisse dann abstrahiert, verallgemeinert und schließlich
zum Software-Programm umgeformt werden mussten. Obwohl die
Erkenntnisse über Abläufe und Geschäftsprozesse unmittelbar aus

der Praxis bei ICI stammten, gewannen Hopp und Co. eine fast wissenschaftliche Perspektive auf ihren Untersuchungsgegenstand. Einerseits mussten sie sich in Lagerverwaltung oder Einkauf einarbeiten, sich mit den Details von Buchungssätzen vertraut machen und die zahlreichen Besonderheiten bei Ausnahmen berücksichtigen: Was war etwa zu bedenken, wenn es sich um eine Bestellung im Ausland handelte oder wenn es Pfand für eine Verpackung gab? Andererseits mussten sie aber auch eine Perspektive über die Abteilungsgrenzen hinweg gewinnen, um die Verästelungen von Geschäftsprozessen immer wieder auf das Zentrum des Wirtschaftsbetriebes zurückführen zu können: in die Finanzbuchhaltung und die Materialwirtschaft. Dieser Ansatz, bei den konkreten Geschäftsanwendungen zu beginnen, ihren Verlauf zu verfolgen, daraus ein abstraktes, streng logisches Abbild des Unternehmens und seiner Prozesse zu entwerfen, das sich auf Möglichkeiten zur Automatisierung untersuchen ließ, und schließlich daraus ein Computersystem zu entwerfen, das wiederum flexibel genug war, alte und neue Anforderungen einzelner Anwendungen in Software zu erfüllen, dieser breite Ansatz mit seinen weitreichenden Überlegungen ergab am Ende die große Stärke der SAP-Software: dass alle Anwendungen mit einem gemeinsamen Datensatz arbeiten – die Quelle der betriebswirtschaftlichen Wahrheit eines Unternehmens.

Diese gemeinsame Datenbank, eine umfassende virtuelle Kontenkladde, wurde zur großen »Integrationsmaschine« mit »Sogwirkung« (Scheer). Sie zog die wichtigen Abteilungen in ihren digitalen Bann: Die Kreditorenbuchführung braucht Daten über den Einkauf, die Debitorenbuchführung Daten aus dem Vertrieb, die Personalbuchführung Daten über die Belegschaft. Erst die Einheitlichkeit der Daten machte es aber möglich, die Komplexität eines Unternehmens digital abzubilden. In der Theorie ist beispielsweise ein Einkaufsauftrag ein einfacher Vorgang. Aber in der geschäftlichen Realität wird es schnell kompliziert: Ist es ein Auftrag ab Werk oder ab Lager? Ist ein Gefahrenguttransport nötig? Sollen die Transportbehälter zurückgegeben werden? Für jeden Vorgang gibt es zahlreiche Varianten, die dann noch miteinander kombiniert werden. »Im Grunde ist jeder einzelne

Vorgang trivial. Was in SAP drin ist, wird alles an der Berufsschule gelehrt«, erklärt Scheer. »Aber die Variantenvielfalt schafft ein derma-
ßen komplexes System, das man nur mit sehr großen Fähigkeiten in
den Griff bekommt.«

Die symbiotische Verbindung von Start-up und Kunde war zwar
aus der Not geboren: SAP hatte nicht das Geld für einen Großrechner
und schaffte sich seinen ersten eigenen Computer erst zehn Jahre
später an. Doch Hopp und seine Partner wussten sehr wohl, wie vor-
teilhaft diese enge Zusammenarbeit für den Erfolg von SAP war. »Nah
am Kunden zu sein, hat uns immer weiter nach vorn gebracht«, sagt
Hasso Plattner. Später machte SAP eine solche Kooperation zur Regel,
um von innovativen Unternehmen die Fortschritte der praktischen
Betriebswirtschaft und die neuesten Managementmethoden übernehmen zu können. Dazu suchte man ganz bewusst nach strategisch
wichtigen Firmen, mit denen man entweder das allgemeine Software-
Paket verbessern oder eine Branchenlösung für zahlreiche ähnliche
Betriebe entwerfen konnte. Schlüsselkunden wie etwa der Landmaschinenhersteller John Deere, die Maschinenbauer von Freudenberg,
der Burda-Verlag oder später das Chemieunternehmen Böhringer,
haben auf diese Weise einen nicht zu unterschätzenden Anteil am Erfolg der Walldorfer. Mit ihnen wurde der SAP-Standard wesentlich
angereichert und verbreitet, aus diesen Kooperationen entwickelte
sich das Gesamtkonzept der SAP.

Im Idealfall lernten die Software-Entwickler mit jedem neuen Unternehmen mehr über Buchhaltung, Betriebswirtschaft und Management und wie sich das in Software übersetzen ließ. »Das war immer
mein Credo«, sagt Hopp: »Hört denen zu! Wenn wir auftreten wie
Zauberlehrlinge, dann erfahren wir nie, was die brauchen.« Es dauerte drei Jahre, schätzt der ehemals bekennende Laie Hopp, »dann
hätte ich in jeder Buchhaltungsschule Unterricht geben können«.

Dieses praktische Wissen, das letztlich nichts anderes als gespeicherte Erfahrung ist, förderte SAP wie einen Rohstoff aus den Kundenunternehmen, veredelte es als Software zu verallgemeinerbaren
und reproduzierbaren Geschäftsprozessen und integrierte Baustein
um Baustein in das langsam wachsende SAP-System. »Es war eine Art

Sammlertätigkeit«, sagt Claus Wellenreuther, »bei der am Ende nicht mehr zu unterscheiden war, wer den Anstoß zu einer Lösung gab.« Es seien schließlich »Spitzenköpfe« gewesen, »deren Wissen wir inhaliert haben«. Und was man einmal gelernt hatte, das brachte man zum nächsten Kunden schon mit. »Das war natürlich auch für die Firmen interessant«, sagt Hopp, »die konnten durch uns auch mal etwas Neues erfahren, nachdem wir bei ihnen in der ›Lehre‹ waren.«

Doch Hopp und sein Team haben bei ICI nicht nur nebenbei Betriebswirtschaft gelernt, sondern auch, wie man enge Partnerschaften managt. Diese Fähigkeit half SAP später in der Zusammenarbeit mit Beratungsunternehmen, sagt Wirtschaftshistoriker Leimbach. Eine der größten Leistungen von SAP sei, so der Forscher, dass es die Firma immer wieder geschafft habe, Netze von Geschäftspartnern auf- und auszubauen – zum gegenseitigen Vorteil.

Bei ICI wurden die SAP-Gründer praktisch von Anfang an auch mit dem Problem konfrontiert, dass es eine Welt außerhalb der eigenen Landesgrenzen gab. Der inzwischen aufgespaltene ICI-Konzern war damals ein weltweites Konglomerat mit über 230 000 Mitarbeitern in 40 Ländern. Anders als etwa viele amerikanische Software-Unternehmen, dachte SAP darum schon bei den ersten Produkten daran, dass es andernorts andere Währungen, Steuergesetze, Sprachen und Rechtsvorschriften gab. Schon R/2 war ein globales Produkt. Im Faserwerk in Östringen habe er ein Viertel seiner Zeit Englisch sprechen müssen, sagte Hasso Plattner, der weltgewandteste der fünf Firmengründer. »Das hat uns geholfen«, sagt er, »auf einer Skala bis 100 für die Internationalisierung immerhin von 0 auf 50 zu kommen.« Amerikanische Wettbewerber wie Oracle mussten an dieser Stelle häufig bei null anfangen und ihre Software teilweise grundlegend umprogrammieren, als sie ins Ausland gingen.

Mehr noch als ICI war aber der amerikanische Landmaschinenhersteller John Deere der Schlüsselkunde für die Internationalisierung der Programme aus dem Kraichgau: Seine Manager hatten die Idee, dass sich Niederlassungen in verschiedenen Ländern mit einem zentralen Rechner verwalten lassen. Und damit war SAPs Weg ins internationale Geschäft vorausbestimmt. Deutsche Unternehmen führten

SAP in ihren ausländischen Filialen ein, Niederlassungen ausländischer Konzerne in Deutschland warben für die Walldorfer Software in ihren Zentralen. Auch die ICI-Zentrale in London griff zu – allerdings erst nach einigem Hin und Her. »Die haben zuerst versucht, ein solches System selbst zu entwickeln«, berichtet Rothermel, »aber nach drei, vier Jahren sind sie reumütig zurückgekehrt und haben unser System eingeführt.«

Ingenieursdenken, Eigenfinanzierung, die deutsche Betriebswirtschaft, Qualität des Gründerteams, Unternehmenskultur, der erste Auftrag, Kundennähe, Partnernetze, Internationalität – es gibt viele Gründe, warum SAP früh erfolgreich war. Aber all dies erklärt nur unzureichend, warum das Unternehmen in den neunziger Jahren die Welt eroberte. Was SAP in den folgenden zehn Jahren geradezu explodieren ließ, war eine Welle von technischen und wirtschaftlichen Veränderungen, die niemand so erfolgreich beherrschte und vorantrieb wie die Walldorfer. Darum geht es im nächsten Kapitel.

Kapitel 3

Vevey – im Zentrum der Welt

»Mit GLOBE werden wir einheitliche Geschäftprozesse,
standardisierte Daten und eine gemeinsame IT-Infrastruktur schaffen.
Trotzdem ist dies kein IT-Projekt. Wir werden von Grund auf verändern,
wie dieses Unternehmen funktioniert.«

Peter Brabeck, ehemaliger Vorstandsvorsitzender von Nestlé

»Wer will meinen Job? Handzeichen genügt!«

Chris Johnson wusste keinen Ausweg mehr – außer der Flucht nach vorn. Dabei war alles so gut vorbereitet gewesen. Von jedem Kontinent waren die führenden Manager von Nestlé, dem größten Getränke- und Nahrungsmittelkonzern der Welt, zum Firmensitz nach Vevey in der Schweiz gekommen. Einen ganzen Tag lang, es war der 25. Oktober 2001, wollte er ihnen sein Projekt vorstellen, das größte in der Geschichte des Unternehmens. Vormittags war eine Fragestunde angesetzt, Johnson und seine Mitarbeiter fühlten sich gut gewappnet: Auf Dutzende von technischen und organisatorischen Fragen hatten sie sich vorbereitet.

Doch es kam ganz anderes. Die Kollegen fassten viel aggressiver nach als erwartet. Die sonst eher zurückhaltenden Nestlé-Manager probten den Aufstand. »Vorlagen? Datenstandards? Architekturen? Warum redet ihr nicht in einer Sprache, die wir verstehen?«, regte sich ein europäischer Manager auf. »Warum sollten wir diese Kosten übernehmen? Die wachsen ja wie ein Krebsgeschwür«, ärgerte sich ein anderer aus Asien. Immer wieder wurde schon fast resignative Skepsis angesichts der vermeintlich völlig überspannten Ziele laut: »Das ist doch alles viel zu ambitioniert. Wie sollen wir es denn schaffen, alle so gut zu werden wie die Besten unter uns?«

Irgendwann platzte Johnson der Kragen. Er stellte seinen Job als Chef des Projekts zur Verfügung: »Wenn das Projekt scheitert, dann werde ich gefeuert«, stellte er klar, »und wenn ich gefeuert werde –

wisst Ihr, was dann passiert? Dann wählt Peter Brabeck einen von euch aus, das Projekt zu managen. Die Sache ist ganz einfach: Wenn ihr meinen Job nicht wollt, sorgt ihr besser dafür, dass es funktioniert.«

Es wurde sehr still im Raum. Keine Hand regte sich. Niemand zweifelte daran, dass Brabeck, damals Nestlés Boss, an seinem Projekt festhalten würde. Sein Ruf stand auf dem Spiel. Und keiner traute sich zu, die Verantwortung zu übernehmen, geschweige denn, den Job besser zu machen als Johnson. Bei dem Projekt ging es um nichts weniger als die bis dahin weltweit größte Installation von SAP-Software. Mehr als 200 Millionen Dollar sollten allein die Lizenzen für die Programme kosten, über 2,4 Milliarden Dollar das gesamte Projekt. Die Zahl der Datenzentren sollte radikal von 100 auf vier reduziert werden. Mehr als 120 000 Nestlé-Mitarbeiter sollten am Ende mit dem neuen System arbeiten – fast die Hälfte der Belegschaft.

Das Ziel der aufwändigen Übung mit dem programmatischen Namen GLOBE (»Global Business Excellence«) konnte kaum ambitionierter sein: aus Nestlé ein gleichgeschaltetes globales Unternehmen zu machen. Überall auf der Welt sollten Mitarbeiter die gleichen Geschäftsregeln befolgen. Überall auf der Welt sollten Zahlen, Daten und Fakten das Gleiche bedeuten. Und überall auf der Welt sollten diese Informationen in einem einheitlichen Computersystem gespeichert und bearbeitet werden. »*Create a single source of truth*, eine einzige Quelle der Wahrheit schaffen« – so beschrieb Johnson seine biblische Mission.

Anfang 2008 konnte der Manager Vollzug vermelden: Nestlé erwirtschaftete fast seinen gesamten Umsatz unter dem neuen IT-Regime. Nestlé ist mit seinem GLOBE-Projekt damit ein Musterbeispiel dafür, wie sich Unternehmens-Software und Globalisierung gegenseitig bedingen. Das weltumspannende Software-System markiert aber auch den Höhepunkt der zweiten Phase von SAP, in der das Unternehmen auszog, die Welt der Wirtschaft und die Wirtschaft der Welt zu verändern. Am Ende hat die badische Software-Firma der Globalisierung nicht nur die digitale Infrastruktur geliefert, sondern ihr auch einen zentralistischen Drall gegeben.

SAP erlebte in den neunziger Jahren einen Boom, den niemand vorhersehen konnte, der aber auch äußerst widersprüchlich war. SAPs Software war Managern ein willkommenes Werkzeug, um Unternehmen auf globale Effizienz zu trimmen. Firmen sollten dank der SAP-Medizin schlanker, gesünder, leistungsfähiger werden. Doch gleichzeitig führte die Software dort zu großen Konflikten, wo das ERP-System und die gewachsene soziale Wirklichkeit im Betrieb aufeinanderprallten. Je umfassender das System wurde und je mehr die Unternehmen davon installieren wollten, desto schwieriger geriet die SAP-Einführung. Schlimmer noch: Oft geriet das ERP-Paket nach der Einführung zur Zwangsjacke.

Beinahe wäre alles aber ganz anders gekommen. Niemand würde mehr von SAP reden, ein Konkurrent hätte das Unternehmen geschluckt, und Nestlé müsste sich woanders mit Software eindecken – wenn es nicht diesen Unfall gegeben hätte. SAP stand mit dem Rücken zur Wand. Sechs Wochen waren es noch bis zur CeBIT 1991. Dort in Hannover wollte SAP endlich sein neues Programmpaket R/3 vorstellen. Es war wesentlich mehr als nur der nächste Weiterdreh des Vorgängerprodukts R/2. R/3 war ein brandneues Paket – von Grund auf neu entwickelt –, mit dem SAP die bisher den Konzernen vorbehaltene Automatisierung der Unternehmensabläufe auch in den Mittelstand bringen wollte. Das R/3-Paket sollte die Zukunft des Unternehmens entscheiden, es sollte neue Märkte eröffnen, es sollte aus SAP einen Weltkonzern machen. Doch nach drei Jahren, in denen Millionen Zeilen von Software-Code untereinandergeschrieben worden waren, endete die Entwicklung in der Katastrophe: Das neue System war zu mächtig geraten für den neuen IBM-Großcomputer, auf dem es laufen sollte. Schon beim Testen der Software streckte ein Großrechnerprozessor nach dem anderen die Waffen. Nichts ging mehr, wenn die Entwickler nach Fehlern im Programm suchten.

»Wir schaffen es nicht mehr, das System in einen vorführbaren Zustand zu bringen«, erklärte Hasso Plattner, damals SAPs Vizechef, seinen sichtlich frustrierten Kollegen auf einer eilig anberaumten Krisensitzung in Walldorf. Damit war das Mammutprojekt praktisch gescheitert. R/3 hatte bei SAP während der Entwicklung ohnehin einen zweifelhaften Ruf. Und von denen, die anfangs noch begeistert über das neue Paket sprachen, mit dem man den Mittelstand erobern wollte, waren die meisten nach drei Jahren vom Glauben abgefallen. Man war bei SAP zudem so überzeugt davon, mit R/2 ein schon annähernd perfektes Produkt geschaffen zu haben, das alle notwendigen Funktionalitäten enthält, eine Art Standardunternehmen von der Stange. Jede weitere Entwicklung schien eigentlich nur noch in der Technologie, aber nicht mehr in der vermeintlich vollendeten SAP-Anwendung stattfinden zu können. Das alles machte die Enttäuschung des Teams um Plattner nur noch schlimmer. Doch als einige schon den Raum verlassen wollten, meldete sich Peter Zencke zu Wort, einer der hellsten Köpfe des R/3-Teams und seit 1993 im Vorstand des Unternehmens. »Wie wäre es denn, wenn wir es umgekehrt machen?«, fragte er in die Runde. »Warum packen wir das System anstatt auf den großen Mainframe nicht einfach auf die kleinen Workstations, die wir schon in der Entwicklung benutzen?«

So widersinnig der Vorschlag klang, so genial war er. Zwar war R/3 als Software für IBMs nächste Generation von Großrechnern gedacht. Aber das Herz der Software, die Anwendungen wie Finanzwesen und Personalwirtschaft, hatten SAPs Programmierer auf kleineren Computern der Marke Digital Equipment (DEC) geschrieben. Und auf diesen »Workstations«, angetrieben von dem Betriebssystem Unix, liefen die Anwendungen bereits gut genug. Warum konnten sie nicht einfach dort bleiben? Warum sie noch umständlich für den Mainframe fit machen, statt einfach nur die verschiedenen Anwendungen auf verschiedenen Workstations mit der Datenbank auf dem Großrechner zu verbinden?

Das Projekt schien viel zu ambitioniert. Niemand in der Branche hatte etwas Vergleichbares versucht und eine Riesenanwendung wie SAP auf Workstations verteilt. Plattner wiegelte deswegen zunächst ab: »Das schaffen wir doch nie.« Doch das einerseits enttäuschte, andererseits aber immer noch begeisterte R/3-Team überredete ihn, es dennoch zu versuchen. Auf der Messe in Hannover war das neue Produkt dann die große Attraktion, auch wenn vieles noch nicht funktionierte. Die eigentliche Sensation – dass das Programmpaket in einem kleinen Unix-Rechner steckte – verschwiegen die SAPler aber dem Publikum. Plattner später über die erstaunliche Zurückhaltung: »Das hätte keiner verstanden.«

Die Tatsache, dass kritische Firmenprogramme nicht auf einem vertrauten, mächtigen Mainframe laufen, hätte SAPs Stammkunden wahrscheinlich wirklich etwas verstört: Sie waren damals, wie SAP, noch völlig auf IBM und die Großrechner fixiert. Aber mit der neuen, revolutionären »Architektur«, wie Experten den Aufbau eines Computersystems nennen, lag SAP technisch wieder goldrichtig. Wieder mehr aus Zufall als aus Planung stellte sich das Unternehmen genau dort auf, wo alle wesentlichen Trends der IT-Industrie Anfang der neunziger Jahre zusammenkamen.

Zuvor ähnelten Computersysteme noch einer kleiner Stadt mit einer riesigen Kathedrale im Zentrum: dem Mainframe. Er beherbergte alles, was diese Computerstadt zum Leben brauchte: Anwendungen, Daten und sogar das Aussehen der Benutzeroberfläche wurden hier aufbewahrt und bei Bedarf an Stadtbewohner ausgeliehen. Die angeschlossenen Bildschirme sahen nur aus wie eigenständige Rechner. Sie waren dumme Terminals, sozusagen leere, dunkle Häuser, die nur leuchteten, wenn gerade jemand mit dem Zentrum Verbindung aufgenommen hatte. Doch obwohl die Mainframes immer mächtiger wurden, stieß diese zentralistische Anordnung immer mehr an ihre Grenzen. Am Tor der Computerkathedrale, die – prall gefüllt – drohte zu platzen, bildeten sich immer längere Warteschlangen, denn auch die Häuser stellten immer mehr Ansprüche, sie wollten immer besser versorgt werden, und zusätzlich schwoll die Stadt immer weiter an – eine Folge von immer mehr Computernutzern und immer anspruchsvolleren Anwendungen in den Unternehmen.

An genau diesem Problem drohte R/3 zu scheitern. Was das Programm rettete, war ein radikaler Umbau der »Stadt«: Mit ihrer Notoperation befreiten SAPs Software-Entwickler die Kathedrale von zahlreichen Aufgaben und verteilten diese auf mehrere kleine Kirchen. Nur die Daten ließen sie auf einem einzigen Rechner, häufig ein Mainframe, der nun aber eingesponnen war in eine ganz neue Infrastruktur. Die Anwendungen, also die eigentlichen Programme verteilten sie auf kleinere Kirchen, die in der Computersprache nun »Server« hießen. Aus den dunklen und leeren Häusern der dummen Terminals wurden intelligente »Clients«, meist Personal Computer, die mehr konnten, als nur grüne Leuchtbuchstaben auf ihrer Benutzeroberfläche abzubilden. Zusammengehalten wurde die neue Stadt von Datennetzen und einer speziellen Software, die den Datenverkehr zwischen Kirchen und Häusern steuert. Der Stau vor der Kathedrale konnte sich auflösen, ganz neue Entwicklungsperspektiven wurden sichtbar.

Heute erscheint SAPs Kehrtwende am Ende einer Sackgasse wie der erfolgreichste Unfall der Software-Geschichte. Doch ganz so zufällig überlebte das R/3-Projekt den Computercrash doch nicht. Die SAP-Software war eine der ersten, die so aufgebaut war, dass sie vergleichsweise leicht an verschiedene Computertypen angepasst werden konnte. Dazu waren die Anwendungsprogramme abgekapselt und wurden durch eine spezielle Software-Schicht, heute »Middleware« genannt, mit der jeweiligen Hardware verbunden. Bei einem Wechsel der Computerplattform mussten also nicht die Programme neu geschrieben werden, sondern nur die Verbindungs-Software. Für die Programme selbst war es gleichgültig, ob sie auf einem Mainframe oder auf einer Workstation liefen. Dieser Aufbau machte es SAP möglich, sich vergleichsweise schnell an eine neue Architektur anzupassen. Vor allem ersparte er SAP das Schicksal von vielen anderen Software-Firmen, die so sehr an der Plattform hingen, auf der sie einmal erfolgreich und groß geworden waren, dass sie schließlich auch mit ihr untergingen. Bildlich gesprochen wurden bei SAP-Zügen nur die Achsen gewechselt, wenn sich die Spurbreite der Schienen änderte. Andere mussten neue Züge entwickeln, um noch fahrtüchtig zu sein.

Darüber hinaus profitierte SAP auch von den technischen Fortschritten bei der Hardware. Die Entwickler in Walldorf sind mit jeder neuen Programmversion eine Wette auf die Zukunft eingegangen. In den Projekten wurden die Anwendungen so mächtig programmiert, als ob schon eine nächste, leistungsstärkere Generation der Großrechner in den Unternehmen stehen würde. Die Workstations von

DEC, mit der SAP auf die CeBIT zog, hatten eigentlich noch nicht genug Rechenkraft, um die neue Rolle als Server für Anwendungen zu spielen. Aber just auf jener Messe stellte Hewlett-Packard neue Computer mit genügend Leistung vor. Und Plattner bestellte sofort 200 dieser Kraftpakete für seine Entwickler.

Von den Wettbewerbern erntete SAP zunächst nur Kopfschütteln und Häme. Doch die unbestreitbaren Vorteile der neuen Architektur zwangen sie früher oder später nachzuziehen. Vor allem ist die Architektur, bei der die Software-Anwendungen auf einzelnen Servern sitzen, flexibler und leichter zu erweitern. Die Nutzer eines solchen Systems sind eben nicht mehr alle auf die gleiche Anwendung angewiesen, die nur auf dem Mainframe sitzt. Statt sich hinten in der Warteschleife einzureihen, bis die Anwendung frei ist, kann sie parallel auf mehreren Servern laufen, die sich alle eine Datenbank teilen. Auf diese Weise ist das System auch leicht erweiterbar. Sollen neue Nutzer hinzukommen, kann einfach ein Server zugeschaltet oder, um in unserem Bild zu bleiben, eine neue Kirche für den anschwellenden Strom von Kirchgängern gebaut werden.

In *Dem Wandel voraus*, einem im Jahre 2000 erschienen Interview-Band über die Geschichte von SAP, beschrieb Plattner die neue Architektur als eine bessere Methode, die Produktionsleistung einer Fabrik zu steigern: »Wir wollten nicht aus einem Fertigungsband das Letzte herauskitzeln. Das war jahrelang IBM-Politik: Mach' den Rechner noch etwas schneller! Wir wollten Parallelisierung: wir stellen ein zweites Band nebendran.«

Wieder hatten sich bei SAP Glück und Ingenieurskunst gepaart – und es war ein Produkt entstanden, das der Konkurrenz ein paar Jahre voraus war. Kein Wunder, dass R/3 schnell in der gleichen Liga wie Microsofts marktbeherrschende Kombination aus dem Windows Betriebssystem und den Office-Büroanwendungen oder Oracles Datenbankprogrammen spielte. Zwischen 1992, als die ersten Unternehmen R/3 einführten, und 2 000 zeichneten die Buchhalter in Walldorf eine steil ansteigende Umsatzkurve von rund 425 Millionen auf fast 6,3 Milliarden Euro. Die Zahl der Kunden verfünffachte sich im gleichen Zeitraum auf 15 000. Nimmt man die Gruppe Großunternehmen in den USA und in Europa, dann zählten 1996 bereits neun von zehn dieser Wirtschaftsgiganten zu den Kunden der Walldorfer.

Solche Zahlen lassen sich nicht allein mit der fortschrittlichen Architektur des SAP-Systems erklären, ein solcher Boom musste auch von den Managern in Walldorf bewältigt werden. Das gelang SAP durch sein innovatives Geschäftsmodell, das die deutschen Software-Entwickler auch im Schnelldurchgang zu Ehrenmitgliedern des amerikanischen IT-Komplexes machte, jenem Kartell aus Computerkonzernen, Consulting-Firmen und Managementgurus. Das Erfolgsrezept: sich nicht nur technisch von IBM absetzen.

Big Blue hatte so ziemlich alles im Angebot, was Firmen für den Einsatz von Computern brauchten. Viele IBM-Mitarbeiter, die Computer verkauften, schrieben auch Software oder waren mit anderen IT-Dienstleistungen beschäftigt. Ursprünglich gehörten auch Hopp und Plattner zu dieser universell einsetzbaren IT-Armee. Vielleicht wussten die beiden deswegen schon intuitiv, dass sie sich mit einem zu breit angelegten Geschäftsmodell verzetteln würden. Vielleicht haben sie sich darum von Anfang an darauf beschränkt, nur Standard-Software für Unternehmen zu entwickeln. Ein für die SAP-Gründer ebenso wichtiger Gedanke war: Das Beratungsgeschäft ist bei weitem nicht so profitabel wie der Programmverkauf. »Wir haben immer von großen Margen geträumt«, erklärt Hopp, »und die sind eben mit Software von der Stange möglich.«

Folglich überließen Hopp und Co. die aufwändige Einführung ihrer Programmpakete bei den Kunden speziellen Beratungsunternehmen, allen voran den (damals noch) sechs Marktführern, zu denen so bekannte Namen wie Andersen Consulting (heute Accenture), Price Waterhouse und Coopers & Lybrand (die 1998 fusionierten) gehörten. Vor allem in den Vereinigten Staaten operierte SAP auf diese Weise ohne großen Aufwand mit einer imposanten Vertriebsorganisation, die den Walldorfern die weniger lukrative Arbeit und die Aufgabe, eine Heerschar qualifizierter Mitarbeiter einzustellen, abnahm. Und die Berater waren hoch motiviert. Trotz niedrigerer Gewinnmargen versprach jede SAP-Installation gutes Geld, in der Regel ein Vielfaches dessen, was die Software selbst kostet. Denn die praktischen Geschäftsabläufe und ein neues ERP-System aufeinander einzustellen, ist oft eine knifflige Aufgabe: Tausende von Software-Schaltern müssen dafür am Bildschirm richtig umgelegt werden. Um nur einige der gängigsten zu nennen: Welche Sprache soll das System sprechen? Welche Währung soll es verwenden? Wie soll ein Datum aussehen? Noch viel komplizierter sind die Anpassungen an andere Programme, die im Unternehmen weiter oder zusätzlich verwendet werden und mit dem zentralen ERP-System bruchlos zusammenarbeiten sollen.

Consulting-Firmen für sich einzuspannen, hatte noch einen weiteren großen Vorteil. Als Wirtschaftsberater haben sie den direkten Draht zu den Chefs vieler Unternehmen, und diese Türöffner passten in den neunziger Jahren perfekt in SAPs Verkaufskonzept. Der SAP-Vertreter klopfte im Schlepptau eines Beraters nicht bei den Verantwortlichen der Computerabteilungen an, die sich weniger für das große Ganze des Geschäfts interessierten und denen jede Veränderung am System oft ein Gräuel war. Die Walldorfer wollten mit den Vorständen sprechen, denn die hörten zu, wenn ihnen jemand schilderte, wie betriebswirtschaftliche Software ihr Unternehmen schlank und fit machen könnte.

Nach solchen Botschaften waren Manager in den neunziger Jahren süchtig – eine weitere glückliche Fügung für SAP. In den Vorstandsetagen sorgte damals vor allem ein Thema für Gesprächsstoff: Business-Reengineering, der radikale Umbau von Unternehmen mithilfe der Informationstechnologie. Unternehmen sollten überkommene Geschäftsabläufe nicht mehr nur automatisieren, sondern gleichzeitig effizienter gestalten, forderten vor allem die Managementgurus Michael Hammer und James Champy.

Ihr Buch *Business Re-Engineering. Die Radikalkur für das Unternehmen,* das 1994 in Deutschland erschien, liest sich stellenweise wie ein verspätetes Gründungsmanifest von SAP. Zersplitterte Geschäftsabläufe, empfehlen sie, müssten verzahnt werden. Daten dürften nur einmal erhoben werden, und zwar dort, wo sie entstehen. Und Informationsquellen sollten zentralisiert und unternehmensweit erreichbar sein. Würden solche Regeln befolgt, rücke das betriebswirtschaftliche Nirwana in greifbare Nähe. Viele Topmanager glaubten es – und kauften badische Software.

Zwei heute schon fast vergessene Ereignisse Ende der neunziger Jahre, die damals die Welt bewegten, kurbelten die Nachfrage noch weiter an. Viele Unternehmen führten SAPs Software ein, weil sie befürchteten, dass der Jahrtausendwechsel ihre alten Computersysteme sprengen würde. Da Speicherplatz in der Frühzeit der Informationstechnologie rar war, galt für Software-Entwickler die Maxime, alles wegzulassen, was das Programm mit vermeintlich unnötigen Daten belastete. Und so hatte es sich bei den meisten Programmen eingebürgert, für die Jahreszahl nur zwei Stellen vorzusehen. Was würde aber nun geschehen, wenn das Jahr 99 zu Ende geht und der Rechner auf 00 springt? Würde das Jahr-2000-Problem – oder wie es auf Computerdeutsch hieß: Y2K – Chaos auf den Rechnern anrichten, weil die nicht verstehen könnten, dass es nun einmal zwei Jahre mit der Endziffer 00 gibt, die allerdings ein ganzes Jahrhundert auseinanderliegen? In den IT-Abteilungen der Unternehmen wurde Neujahr 2000 schließlich noch viel größer gefeiert als an anderen Orten, weil nach oft jahrelanger aufwändiger Vorbereitung die Computersysteme den Jahrtausendwechsel geschafft hatten, ohne an dieser logischen Inkonsistenz zusammenzubrechen. SAP-Software beherrschte die vierstellige Jahreszahl schon bevor das Problem auftauchte. Das war ein Verkaufsargument. Ein weiteres: dass die Jahreszahl so fundamental für ein Software-System ist – fast jedes Dokument trägt eine Jahreszahl. Unternehmen mussten darum so tief in ihre bisherige IT eingreifen, dass eine Umstellung auf ein ganz neues System wie SAP zumindest eine Alternative war. Hinzu kam in Europa noch die Währungsunion und die Umstellung auf den Euro. Eine neue Währung einzuführen, war für SAP auch kein Problem, während amerikanische Wettbewerber teilweise schon damit überfordert waren, eine zweite Währung zuzulassen – es gab schlicht kein Datenfeld dafür.

SAP-Kunden machten Y2K und Euro also kaum Sorgen, doch sorgenfrei waren sie gewiss auch nicht. Im Gegenteil, in immer mehr Firmen wuchs die Zahl der Kritiker. Teils waren es die technischen Probleme bei der SAP-Einführung und der damit verbundenen Erneuerung der Unternehmensorganisation, teils die sozialen Auswirkungen der SAP-Kur. Schließlich hieß Verschlankung in der Regel, dass Arbeitsplätze eingespart wurden. Die Software aus Walldorf wurde für so gut wie alles, was im Betrieb schieflief, verantwortlich gemacht. Vom Zorn der Betroffenen zeugt, schreibt Gerd Meissner in *SAP – die heimliche Software-Macht,* welchen Reim sie sich auf die drei Buchstaben aus Walldorf machten: »Saumäßig Aufwändige Programme«, »Suchen-Anklicken-Pause« und »Sichere Arbeits-Plätze (für Berater)«, witzelten deutsche Manager in den neunziger Jahren. Unter amerikanischen Kollegen hieß es nicht weniger kreativ: »Syphon Away Profits« (etwa: »Gewinne wegsaugen«) oder »Such A Pain« (»So ein Ärgernis«).

Einfach war die Einführung von SAP tatsächlich nur in den seltensten Fällen. Sie dauerte meist länger als geplant. Sie kostete oft wesentlich mehr. Sie machte Unternehmen oft nicht effizienter. In einigen Fällen endete sie sogar in geschäftlichen Katastrophen. Vor allem 1999 häuften sich die Meldungen über Probleme mit dem deutschen Wunderprogramm. Die amerikanische Presse machte sich einen Spaß daraus, Ärger mit der teutonischen Software ausführlich zu beschreiben, allen voran das *Wall Street Journal*, wo man bis heute nicht ganz verstehen kann, warum ein ausländisches Unternehmen einen derart wichtigen IT-Markt dominiert. Im Herbst 1999 berichtete das *Journal* etwa, dass der Schokoladenhersteller Hershey Foods wegen Problemen bei der Einführung von SAP seine Süßigkeiten nicht rechtzeitig zu Halloween, dem amerikanischen Großfeiertag der Süßwarenindustrie, ausliefern konnte. Drei Jahre hatte die Installation gedauert und 115 Millionen Dollar gekostet, doch kurz vor der Hochsaison türmte sich bei Hershey wegen fehlerhafter Bestell- und Vertriebssysteme die Schokolade, während die Geschäfte der Wettbewerber Mars und Nestlé heiß liefen. Als der Fall bekannt wurde, fiel die Hershey-Aktie um mehr als 8 Prozent.

Im November des gleichen Jahres wurde bekannt, dass Lego mit seinem ERP-System ganz von vorn anfangen wollte, nur diesmal mit Oracle und nicht mehr mit SAP. Zu Weihnachten 1999 verordnete VW seinen SAP-Fachleuten Sonderschichten, um stockende Ersatzteillieferungen in den Griff zu bekommen, die für Verzögerungen im Vertrieb verantwortlich waren.

Im Januar 2000 beschwerte sich schließlich die britische BBC, dass die Installation der Walldorfer nicht wie versprochen im Jahr 2000, sondern erst Mitte 2001 fertig werde. Ein Analyst mutmaßte damals, dass kulturelle Probleme hinter der Panne stecken könnten: »Der Vorwurf, dass es sich um ein wundervolles Beispiel für überkomplexe deutsche Ingenieurskunst handelt, kann erhoben werden.« Der Weg, Geschäftsregeln so wie im SAP-System rigide festzuschreiben, damit die hochkomplexe Software überhaupt funktioniere, stehe dem flexibleren und chaotischen angelsächsischen Modell entgegen – vor allem in einem so kreativen Betrieb wie der BBC.

Aber auch mit weniger angelsächsischen Betrieben kam es zu ernsten Zerwürfnissen, zum Beispiel mit der deutschen SPD. Die Sozialdemokraten legten sich im Frühjahr 1999 mit SAP an, weil die Software nicht dazu zu bringen war, die Mitgliedsbeiträge der Parteibuchinhaber ordentlich abzubuchen. Als der Streit eskalierte, ging er auf Chefebene und wurde direkt zwischen Kanzler Gerhard Schröder und Hasso Plattner geschlichtet.

Schuld an den teuren Dramen mit den abträglichen Schlagzeilen war weniger die Software selbst – trotz ihrer Komplexität. Sie galt und gilt weithin als Qualitätsarbeit (SAP steht bei vielen auch für »Spitze aller Programmierkunst«). Verantwortlich waren eher Berater, die in den Großprojekten sprudelnde Geldquellen sahen, die man bei Tagessätzen von mehreren Tausend Dollar und mehr gar nicht lange genug laufen lassen konnte. Doch die meisten Probleme brockten sich die Unternehmen wahrscheinlich selbst ein, indem sie allzu sehr auf die Wunderkraft der Software vertrauten, die Großoperationen am lebenden Organismus ohne gründliche Vorbereitung durchzogen und ohne die Belegschaft ausreichend einzubeziehen.

Vor allem im Ausland unterschätzten viele SAP-Kunden die organisatorischen Folgen der Einführung des Programmpakets. Denn mit R/3 exportierte die Software-Schmiede eine komplizierte, fast widersprüchliche Mischung aus Zentralismus und Dezentralisierung, die ein Wust von starren Regeln zusammenhält. Und diese Mixtur, die so vielleicht nur in Deutschland gebraut werden kann, ist manchem Unternehmen schlecht bekommen.

In den Vereinigten Staaten feierten viele die Client/Server-Architektur und die damit verbundene teilweise Abkehr von den gigantischen Großrechnern als einen Sieg gegen die Diktatur des Zentralcomputers. Unternehmensabteilungen hofften auf mehr informationstechnische Selbstbestimmung. Doch das ist ein großes Missverständnis, zumindest was R/3 angeht. Zwar kommt das Programmpaket technisch eher dezentral daher: Die Anwendungen sitzen wie beschrieben auf ihren eigenen Servern. Aber sonst zeigt das System noch deutlich, dass es ein Kind des Mainframe ist: Alle wichtigen Daten stecken beispielsweise in einer Datenbank, und der Zugang zu diesen Daten wird zentral gesteuert. »Es ist weiterhin ein zentralistisches System«, betont Plattner. Um in unserem Bild zu bleiben: Die Kathedrale mag von vielen Aufgaben entbunden worden oder ganz verschwunden sein, doch der Preis dafür waren strikte Verkehrsregeln, wie die neu entstandenen Kirchen untereinander und mit den Bewohnern kommunizierten. Die uneingeschränkte Macht der Zentrale war in einer Struktur aufgegangen, die ebenso wenig Ausnahmen oder gar Regelverstöße duldete wie zuvor. Zusätzliche Flexibilität gab es ausschließlich bei der Leistungsfähigkeit.

Dieser dezentrale Zentralismus macht technisch einiges einfacher, aber vieles auch schwieriger. In einem solchen System muss in den Verkehrsregeln beispielsweise genau festgelegt werden, welche der verschiedenen Anwendungen jeweils die zentral abgelegten Daten bearbeitet. Durch solche zusätzlichen Festlegungen wird SAPs Programmpaket noch komplexer, als es ohnehin schon ist. Aber nur so lassen sich Geschäftsprozesse von Anfang bis Ende steuern. In vieler Hinsicht erinnert die Architektur von R/3 an den deutschen Föderalismus, der vorgibt, ein Bundesstaat zu sein, aber doch starke zentralistische Züge aufweist – und den Widerspruch mit einer komplizierten Verfassung zu lösen versucht, die in den Regeln für den Umgang zwischen Bund und Ländern wenig Spielraum lässt.

Vielleicht kamen deutsche Unternehmen deswegen mit R/3 vergleichsweise gut zurecht: Nicht nur, dass die in R/3 gespeicherte Betriebswirtschaft sehr rigoros und damit sehr deutsch war; deutsche Unternehmen kannten auch den strikt regelgeleiteten föderalen Austausch zwischen Zentrale und Peripherie aus eigener Anschauung. Oft waren sie selbst in dieser Weise organisiert.

Aber mit ausländischen Firmen, nicht zuletzt amerikanischen Gepflogenheiten, war die Software weit weniger kompatibel – und stürzte diese in teilweise existenzielle Krisen. Während deutsche Unternehmen traditionell (zu) gut durchstrukturiert sind, herrschte in vielen amerikanischen Firmen noch Anfang der neunziger Jahre oft organisatorisches Durcheinander. Zuständigkeiten waren nicht eindeutig geklärt, Regeln galten nicht universell, der produktive Individualismus stand im Konflikt mit einer einheitlichen Struktur. Abteilungen und Landesgesellschaften arbeiteten häufig mehr gegen- als miteinander. SAPs Software zwang die Firmen, diese ungelösten organisatorischen Konflikte auszufechten und das Ergebnis in feste Regeln zu gießen.

Doch in vielen Fällen kam es zu keiner Einigung, auch weil man die Bedeutung von klaren Strukturen und Hierarchien als Voraussetzung für die Software unterschätzte. Die Folge: Nach seiner Einführung spiegelte das ERP-System nur das organisatorische Wirrwarr eines Unternehmens – und funktionierte schlecht. Manche Firmen lösten ihre Probleme, indem sie gleich mehrere eigenständige ERP-Systeme einführten, die unterschiedlich ausgelegt waren und umständlich verbunden werden mussten. Anderorts entstand eine solche programmatische Vielfalt durch Zukäufe. Von dem Ziel der Managementgurus Hammer und Champy, Geschäftsabläufe und IT-Systeme weltweit eng zu verzahnen und damit große Effizienzgewinne einzuheimsen, waren viele Unternehmen Ende der neunziger Jahre jedenfalls weit entfernt.

Ein ebenso großes Problem war allerdings, dass sich die ERP-Systeme von SAP, aber auch anderer Anbieter, als digitaler Flüssigbeton erwiesen, der sich schnell verfestigt. Vor der Einführung konnte die Software fast beliebig angepasst werden, berichtet Brita Hohlmann in ihrer bereits zitierten Untersuchung. Aber danach waren Änderungen der Geschäftsprozesse nur noch mit großem Aufwand möglich. Deswegen witzelten vor allem IT-Verantwortliche in den Vereinigten Staaten: »SAP einzuführen, ist wie Beton in ein Unternehmen zu gießen.«

»Außer Berater-Spesen nichts gewesen«, »komplizierter geht es nicht«, »effizienter – vielleicht; unflexibler – in jedem Fall« – wer durch eine Sammlung von Artikeln über SAP von Ende der neunziger Jahre blättert, kann leicht zu dem Schluss kommen, dass der Aufwand sich überhaupt nicht gelohnt hat und es für SAP fortan steil bergab gehen musste. Doch die Wirklichkeit sah ganz anders aus. Zwar wuchs das Unternehmen im neuen Jahrtausend nicht mehr so schnell, aber die Nachfrage hielt unvermindert an. Im Jahr 2007 erzielte SAP einen Umsatz von über 10 Milliarden Euro und zählte 46 000 Kunden. Wie lässt sich dieses Paradox erklären?

Eine Antwort ist, dass SAPs Programmpaket in vielen Fällen sein Versprechen erfüllt hat, Unternehmen effizienter zu machen – was weit weniger Schlagzeilen produziert. Ein anderer Grund für dieses fortgesetzte Wachstum ist die Tatsache, dass SAP mit Wartung, Upgrades und Maßanfertigungen zunehmend Geld verdient. Am wichtigsten aber scheint, dass die Software der Walldorfer inzwischen weltweit eine kritische Masse erreicht hat: In vielen Branchen nutzen heute die meisten Großunternehmen SAP; in einigen sind es sogar fast alle, wie in der Ölindustrie. Und diese kritische Masse hat eine mehrschichtige Eigendynamik entwickelt.

Erstens wohnen ERP-Systemen, wie den meisten wichtigen Software-Produkten, zwei sich dynamisch verstärkende Mechanismen inne. Wenn sich Unternehmen einmal für SAP entschieden haben, dann haben sie so viel Geld in das Programmpaket und seine Einführung investiert, dass es sich kaum noch lohnt, den Anbieter zu wechseln oder auf die nächsten Versionen der Software zu verzichten. Und je mehr Unternehmen SAP nutzen, desto größer sind die Anreize für andere Firmen, es ihnen nachzutun. Ein Zulieferer wird sein Geld eher nach Walldorf überweisen, wenn der wichtigste Kunde schon mit SAP arbeitet und er sich darum leichter mit diesem Kunden vernetzen kann, als wenn er eine andere Software verwenden würde.

Zweitens ließ (und lässt) ein Wechselspiel zwischen börsennotierten Unternehmen und Finanzmärkten die Nachfrage nach Software aus dem Hause SAP anschwellen. Für Firmen war eine organisatorische Radikalkur badischer Prägung ein vergleichsweise sicherer Weg, um Investoren zu signalisieren, dass sie es ernst mit mehr Effizienz meinen. Und wenn die Installation dennoch enttäuschte, war man zumindest in guter Gesellschaft. Aktienanalysten zweifeln dann meist nicht an Behandlungsmethode und Medikament, sondern fordern eine höhere Dosis.

Drittens standen die Zeichen nach dem Platzen der ersten Internet-Blase im Frühjahr 2001 auf Konsolidierung. Spezialanwendungen von verschiedenen Anbietern miteinander zu verbinden, erwies sich als undankbare und sehr teure Aufgabe. Um Kosten zu senken, setzten Unternehmen nun wieder auf integrierte Programmpakete aus einem Software-Haus. Seitdem vereinheitlichen vor allem Großunternehmen ihre IT-Systeme immer mehr. In vielen Fällen hieß das, ganz auf SAP zu setzen. Konzerne wie Siemens, Unilever oder Wal-Mart kommen der Vision der SAP-Gründer zunehmend nahe: Das gesamte Unternehmen läuft auf einem zentralen ERP-System.

Kaum eines dieser Gleichschaltungsprojekte war allerdings ähnlich ambitioniert wie das GLOBE-Projekt bei Nestlé. Einerseits ist das 1866 gegründete Schweizer Unternehmen schon seit langem ein weltumspannender Konzern mit mehr als 120 Milliarden Dollar Umsatz (2007). Mit Niederlassungen in 200 Ländern ist Nestlé in mehr Ländern vertreten, als die Vereinten Nationen Mitglieder haben. Seine über 500 Fabriken stellen mehr als 8000 Produkte her, deren Namen auf der ganzen Welt bekannt sind: Nescafé natürlich, aber auch Kit Kat (Schokoladenriegel), Buitoni (Nudeln) oder Perrier (Mineralwasser). Und damit diese Produkte überall auf der Welt munden, gibt es sie in zusammen mehr als 127000 Variationen.

Andererseits legen solche Zahlen nahe: Nestlé ist ein organisatorischer Gemischtwarenladen – »eine Föderation von Fürstentümern«, wie Ex-Firmenchef Brabeck es einmal ausdrückte. Vor dem GLOBE-Projekt handelten die leitenden Manager der etwa 80 Absatzmärkte, in welche das Unternehmen die Welt einteilt, weitgehend unabhängig. Und sie achteten eifersüchtig darauf, dass ihnen die Zentrale in Vevey nicht zu viel vorschrieb: Schließlich hing ihr Gehalt von den Profiten in ihrem Verantwortungsbereich ab. Die Folge war, dass Nestlé außer dem Namen und den Marken in vielen Ländern nicht viel gemeinsam hatte. Wie Rohprodukte gekauft, Bestellungen angenommen oder Lieferungen abgerechnet wurden – dafür gab es bei den regionalen Nestlé-Töchtern jeweils unterschiedliche Regeln.

Die Computersysteme waren entsprechend vielfältig, nicht zuletzt was die Software von SAP anging. Bereits 1984 hatte Nestlé sein erstes Programmpaket des badischen Unternehmens eingeführt, eine frühe Version von R/2. Ende der neunziger Jahre lief bei Nestlé weltweit mehr als ein Dutzend SAP-Installationen. Und keine davon glich der anderen. Das fing schon bei den Datensätzen an: Was einen Kunden genau ausmachte, war in den verschiedenen Systemen unterschiedlich definiert. Auch bei Geschäftsprozessen herrschte Individualität: Nirgendwo war der Ablauf, wie man von einer Bestellung zur Rechnung kommt, gleich.

Solange der Schweizer Konzern die Finanzmärkte mit hohen Wachstumsraten beeindruckte, war seine organisatorische und informationstechnische Vielfalt kein Problem. Aber die allzu bunte Nestlé-Welt drückte zunehmend auf die Profitmarge, die ohnehin schon unter dem Branchenschnitt lag. Während die Verwaltungskosten bei vergleichbaren Konzernen knapp 6 Prozent betrugen, waren es bei Nestlé über 8 Prozent, kalkulierte im Oktober 2001 eine Investmentbank. Vor allem die IT-Kosten waren in der zweiten Hälfte der neunziger Jahre außer Kontrolle geraten und von 575 Millionen auf 750 Millionen Dollar pro Jahr gestiegen. Dabei hatte Nestlé in der gleichen Zeit mehrere Unternehmensteile verkauft.

Brabeck wusste, dass es so nicht weitergehen konnte. Schon kurz nachdem er 1997 Chef von Nestlé geworden war, startete er die ersten, kleineren Programme, um sein Unternehmen global stärker zu verzahnen – mit mäßigem Erfolg. Mit dem GLOBE-Projekt wagte Brabeck Anfang 2000 den großen Sprung. Innerhalb von wenigen Jahren sollte aus der vielgestaltigen Unternehmenswelt ein Weltunternehmen mit einer einheitlichen Struktur werden. Brabeck war überzeugt, es müsse »von Grund auf verändert werden, wie das Unternehmen funktioniert«.

Was dem Nestlé-Chef vorschwebte, wird am besten an einem Beispiel deutlich. Vor GLOBE versorgten sich die Manager in den verschiedenen Absatzmärkten selbst mit Rohprodukten wie Kaffee oder Zucker – nach eigenen Regeln und mit eigenen Spezifikationen. Nach GLOBE sollte es dafür weltweit einheitliche Geschäftsprozesse und Warenmerkmale geben, um den Einkauf wesentlich effizienter zu machen und etwa die Zahl der Zulieferer von über 600 000 auf etwa 167 000 zu reduzieren. 750 Millionen Dollar würden so pro Jahr eingespart werden, so hofften die Nestlé-Oberen.

Doch GLOBE war weit mehr als ein Sparprogramm. »Wir laufen immer noch mit Hausschuhen«, erklärte Brabeck, »ich will, dass wir zunächst einmal unsere Sportschuhe anziehen und gemeinsam trainieren.« Projektchef Johnson und sein Team sollten die Trainer sein. Zunächst aber betätigten sich die Computerfachleute als betriebliche Anthropologen. Sie reisten um die Welt und dokumentierten ausführlich, wie unterschiedlich Nestlé-Mitarbeiter in den verschiedenen Absatzmärkten agierten. Wie wird in Indien Schokolade bestellt? Wie ist in Südafrika ein Kunde definiert? Wie bekommt er in Frankreich seine Rechnung? Aus dieser Sammlung wählten Johnsons Mitarbeiter die besten Geschäftsprozesse und Datenstandards aus. Das Ergebnis nach einem Jahr Kleinstarbeit: ein Katalog von über 1 000 solcher Best Practices.

Eine noch viel größere Herausforderung bestand darin, Nestlés neue Betriebswirtschaftslehre weltweit zu verbreiten. Im Business Technology Center in Vevey schrieb Johnsons bis auf 3 500 Mitarbeiter angeschwollener Mitarbeiterstab die Regeln und Standards in SAPs Software fest. Deren Rolle, so Johnson, ist die von »Handschellen«: Sie zwingt Menschen, das Richtige zu tun. Ein Vertreter kann die Bestelldaten für einen neuen Auftrag beispielsweise nicht mehr nur einfach auf einem Notizzettel bei der Buchhaltung einreichen, er muss sie persönlich in eine Maske auf seinem Laptop eingeben.

Von 2002 an musste sich eine Nestlé-Tochter nach der anderen dem neuen Regime unterwerfen. Ein erster Versuch startete in der Schweiz, ein paar Ländern in Südamerika sowie in Malaysia und Singapur. Später waren größere Märkte wie Deutschland, Großbritannien und Indien an der Reihe. Schließlich schlossen sich Frankreich, Japan und die Vereinigten Staaten an. Im Jahre 2006 funktionierten bereits 80 Prozent des Nestlé-Geschäfts nach den neuen Geschäftsregeln und befolgten die neuen Datenstandards. Damit war Johnsons Mission praktisch erfüllt, denn 100 Prozent wollte er nie erreichen: »Perfektion war nie unser Ziel.«

Die völlige Gleichschaltung Nestlés wäre auch kaum möglich, selbst wenn die badische Software wie ein Schweizer Uhrwerk funktionierte. Einen kleinen Spielraum für lokale Besonderheiten musste Johnson den Nestlé-Töchtern lassen, vor allem im Marketing. In Kanada etwa verkauft der Konzern seine Produkte mit einer ansonsten unbekannten Flut von Werbekampagnen und Sonderangeboten. Da war Johnson nachgiebig. Aber wenn es um interne Prozesse wie Einkauf, Rechnungslegung oder Buchhaltung ging, kannte er keine Gnade, da zwang die Software alle Beschäftigten weltweit dieselben Standards und dieselben Prozesse auf.

Schon deswegen war die Einführung des globalen Systems nicht schmerzfrei, auch wenn sich Nestlé offiziell darüber ausschweigt. Johnson hat sicherlich nicht nur einmal seinen Rücktritt angeboten. Aber das Ziel von GLOBE scheint erreicht: Aus dem Schweizer Konzern ist ein wirklich globales Unternehmen geworden. Wenn es nötig ist, dann produziert die Schokoladenfabrik einer regionalen Tochter auch Riegel für eine andere. Rohprodukte werden jetzt gemeinsam eingekauft. Bevor Brabeck im April 2008 sein Amt abgab und Vorsitzender des Aufsichtsrats wurde, verkündete er stolz: »Wir profitieren jetzt voll von GLOBE.«

GLOBE und ähnliche Projekte werfen vor allem eine Frage auf: Wenn SAPs Software wie Flüssigbeton ist und Unternehmen davon immer mehr davon in ihr Innerstes pumpen, werden sie dann nicht auf Dauer völlig unbeweglich? Wo Geschäftsabläufe fest vorgegeben, Informationen weitgehend vorstrukturiert sind, wird es immer schwieriger, mit Ausnahmen umzugehen, und es bleibt kaum noch Raum für Neuerungen. Dabei sind es gerade Beweglichkeit und Innovation, auf die es in der globalisierten Wirtschaft ankommt.

Auch SAP hat das Problem zu sehr einengender Programme erkannt und ist dabei, seine Software wieder einmal völlig umzubauen. Wir werden auf diesen weiteren Architekturwechsel zurückkommen. In den folgenden Kapiteln soll zunächst eine andere Geschichte erzählt werden: SAP hat der Welt globale betriebswirtschaftliche Einheit gebracht. Jetzt zwingt diese Globalisierung die Walldorfer, mit mehr Vielfalt zu leben.

Kapitel 4

Palo Alto – SAP entdeckt Amerika

»Ich ziehe es vor, statt vorher um Erlaubnis
hinterher lieber um Vergebung zu bitten.«

Klaus Besier, ehemaliger Amerika-Chef von SAP

Die Bombe steckte im zweiten Satz. »Die SAP AG erweitert die Verantwortungsbereiche der Geschäftsführung, um die Wachstumsausrichtung des Unternehmens zu verstärken«, begann die Presseerklärung vom 28. März 2007, um dann fortzufahren: »Diese Erweiterung erfolgt vor dem Hintergrund der Entscheidung von Vorstandsmitglied Shai Agassi, das Unternehmen in wechselseitigem Einverständnis zu verlassen.«

Die Erklärung war doppelt irreführend. Natürlich war nicht die Neuordnung des Vorstands die wichtigste Nachricht, sondern der Rücktritt von Agassi. Er galt als der Mann der Zukunft. Von den Medien zum Hoffnungsträger hochgeschrieben, stand er für die andere, dynamische SAP, die mehr im Silicon Valley als im Walldorfer Spargelfeld zu Hause war. Agassi konnte wie kein anderer den Aktienanalysten die SAP-Story verkaufen, und der aus Israel stammende Kalifornier war der einzige Nichtdeutsche im Vorstand des angeblich so globalen Konzerns.

Auch mit dem Einvernehmen war es nicht weit her, wie die folgenden Absätze der Erklärung zeigen. Da bedankt sich Aufsichtsratsvorsitzender Plattner für die »außerordentlichen Leistungen« Agassis und lobt ihn in den höchsten Tönen. Er sei eine »treibende Kraft hinter vielen Innovationen gewesen« und habe damit die »Zukunft betriebswirtschaftlicher Software maßgeblich mitgestaltet«. Doch zugleich weist Plattner darauf hin, »dass sich Shai mit einer 10- bis 15-jährigen Bindung an die SAP schwer getan hätte, da dies zeitlich nicht seiner persönlichen Karriereplanung entsprochen hätte«. Agassi betont seinerseits, dass die Zeit bei SAP ihm stets als eine »der befriedigendsten Stationen meiner Laufbahn in Erinnerung bleiben« wird. Nun freue er sich aber »auf neue Herausforderungen und darauf, in Bereichen zu arbeiten, die mir persönlich wichtig sind – unter anderem alternative Energiegewinnung, Umweltpolitik und die Zukunft des Staates Israel«.

Beinahe hätten Plattner und Agassi gar keine gemeinsame Presseerklärung zu Papier bekommen, erzählt einer, der bei den Verhandlungen dabei war. Getrennt voneinander saßen die beiden Manager, deren Verhältnis oft als Vater und Sohn beschrieben worden war, in verschiedenen Räumen. Emissäre mussten immer wieder Formulierungsvorschläge vom einen Raum in den anderen tragen, um einen Kompromiss zu finden. Streitpunkt war vor allem, dass Agassi auf einem Satz bestand, der darlegte, man habe ihm den Vorstandsvorsitz versprochen. Diese Erbschaft – und sei es nur, dass man ihm den Posten als Konzernchef von damals fast 50 000 Mitarbeitern zutraute – wollte er noch mitnehmen. Doch Plattner blieb diesmal hart. »Wenn man sich verlobt hat«, sagte er später einem Vertrauten, »dann schicken Sie von dem Moment an, an dem das Eheversprechen aufgehoben wird, auch keine Blumen mehr.«

Wie war es zu diesem Bruch zwischen Plattner und Agassi gekommen? Ein Teil der Erklärung liegt sicher in der Persönlichkeit Agassis und in seinen Zukunftsplänen. Vor allem aber spiegelt sich im Rauswurf Agassis, und nichts anderes war es letztlich, ein ständiges Beziehungsproblem zwischen der Konzernzentrale in Walldorf und der erfolgreichen Dependance auf der anderen Seite des Atlantiks. Zwar ist kein anderes deutsches Unternehmen in den Vereinigten Staaten so einflussreich wie SAP – und das in einer Branche, die Amerikaner als ihre eigene betrachten. Aber kaum ein deutsches Unternehmen hat sich jenseits des Atlantiks ähnlich schwer getan wie SAP.

Immer wieder prallten Kulturen aufeinander, etwa bei dem Thema, wie Spitzenkräfte besoldet werden sollen. Immer wieder entzündeten sich Konflikte daran, dass die SAP-Mitarbeiter in Amerika anders sein wollten, mehr Mitsprache verlangten und für sich in Anspruch nahmen, aus unmittelbarer Anschauung im weltweit führenden Technologieland Trends schneller und besser zu erkennen als die Kollegen in der deutschen Provinz. Immer wieder endete diese Emanzipationsbewegung mit dem Abschied der verantwortlichen Manager. Immer wieder fing SAP in den USA von vorn an, um es anders, besser, deutscher, amerikanischer, internationaler zu machen. Und immer wieder scheiterten die Versuche, die Kontinente zu versöhnen – bis heute.

Die Geschichte der Entdeckung Amerikas durch die SAP lässt sich folglich am besten als eine Serie von spektakulären Rausschmissen beschreiben. Die meisten von ihnen stehen für einen neuen Akt in den Entwicklungsstadien, die das Unternehmen im Land des größten IT-Markts der Welt durchläuft: Sie alle zusammen bilden ein großes Drama mit Anfang, Aufstieg, Einbruch, Rettung und, so fürchtet zumindest Agassi, Rückfall.

Jim Bensman, der erste offiziell bestellte »President of SAP America«, überlebte auf seinem Posten drei Jahre. Dass er nicht länger blieb, lag vor allem an der urdeutschen Walldorfer Gehaltspolitik, die dem Unternehmen auch später noch schaden sollte. Ein Jahr, bevor Bensman 1989 den Posten übernahm, hatte sich SAP endlich dazu durchgerungen, in Deutschland an die Börse zu gehen. Aber Aktienoptionen? Diese in der amerikanischen IT-Industrie bereits übliche Form der Beteiligung am Unternehmenserfolg war damals im rheinischen Kapitalismus nicht nur verboten, sondern auch verpönt. Ein deutscher Ingenieur bekommt eben ein Gehalt, mehr nicht! Hopp und Plattner lockten da in Amerika lieber mit hohen Abfindungszahlungen für den Fall eines Rausschmisses – und hielten das Versprechen sogar noch vor den eigenen Vorstandskollegen geheim, wie SAP-Mitgründer Werner Hector bei den Kündigungsverhandlungen mit Bensman lernte. Den idealen Kandidaten bekam man mit solchen Tricks nicht, höchstens einen Bensman, mit dessen Leistung man dann auch nicht sonderlich zufrieden war.

Aber Bensman war auch Opfer einer unentschiedenen und sehr zögerlichen Strategie von SAP in Amerika. Einige meinen sogar, das Unternehmen sei praktisch von Ölkonzernen, die R/2 als erste eingesetzt hatten, dazu gezwungen worden. Entweder ihr geht in die Vereinigten Staaten, habe es geheißen, oder wir bauen dort einen Wettbewerber auf. Plattner bezeichnete die Zurückhaltung einmal als einen der großen Fehler in der Geschichte der SAP: »Wir hätten in den achtziger Jahren viel schneller in die USA gehen und dort viel schneller wachsen sollen. Dann wäre die SAP heute noch viel größer.«

Zuerst scheuten die Walldorfer sogar davor zurück, eine eigene amerikanische Landesgesellschaft zu gründen. Stattdessen gab es Versuche, sich mit anderen Unternehmen zusammenzutun, vor allem mit Andersen Consulting, der großen Beratungsgesellschaft, die heute Accenture heißt. Kurzzeitig residierte SAP auch bei diesem amerikanischen Partner in Chicago. Beide Firmen planten sogar, sich in den Vereinigten Staaten zusammenzuschließen – eine Fusion, die erst in letzter Minute abgesagt wurde.

Doch selbst nachdem SAP 1988 endlich eine amerikanische Tochter gegründet hatte, war von einer offensiven Expansionsstrategie in der Neuen Welt nur wenig zu spüren. Nicht im Silicon Valley, wo SAP immerhin ein kleines Büro im Schatten des Wettbewerbers Oracle gemietet hatte, nicht in Boston, wo neben dem berühmten Massachusetts Institute of Technology (MIT) auch große Computerfirmen wie Digital Equipment zu Hause waren, sondern in Newtown Square, 20 Kilometer westlich von Philadelphia, im Bundesstaat Pennsylvania ließen sich die Deutschen nieder. Das war quasi ein amerikanisches Walldorf, nur dass Walldorf in Deutschland vielleicht nicht ganz so sehr Computerprovinz war wie Philadelphia vor 20 Jahren. SAP suchte keinen Kontakt zu anderen High-Tech-Firmen oder gar zu deren Mitarbeitern, sondern – wie zu Hause – die Nähe zu den ersten US-Kunden wie DuPont, Mobil oder, etwas weiter weg, Dow Chemicals.

Der Sprung über den Atlantik hatte etwas von einer Anti-Strategie, so als wollten die Deutschen SAP einfach nur verlängern, von Walldorf nach Amerika. Der bodenständige Firmenchef Hopp, der ungern reist und bis heute am liebsten zu Hause im Kraichgau bleibt, erklärte 1989 zwar: »Wir sehen den Wachstumsmarkt im Ausland.« Doch die Antwort auf die Frage, wie man im Ausland wachsen wollte, fiel denkbar simpel aus: SAP setzte auf das Erfolgsrezept der ersten Tage: Potenzielle Kunden sollten sich SAP-Installationen anschauen und davon so beeindruckt sein, dass sie Bestellzettel unterschrieben. Deutscher konnte man den Markt in den Vereinigten Staaten nicht angehen, wo Software-Firmen ihren Kunden Dinge versprechen, von denen sie auch noch Jahre später nur träumen können.

Bei der amerikanischen Konkurrenz stand weniger das Produkt als das Marketing im Vordergrund. »Wir europäischen Entwickler arbeiteten mit der uns eigenen Hartnäckigkeit bei der Lösung von Detailproblemen in aller Stille am Produkt – ohne darüber zu sprechen und ohne das Produkt anzukündigen, bevor die ersten Entwürfe vorlagen«, erklärte Plattner einmal den fundamentalen Unterschied zwischen den Software-Kontinenten.

Zu dieser unstrategischen Expansionsstrategie passte auch, dass man den Namen SAP behielt, der in seiner Langfassung schon für Deutsche eine Ansammlung von leeren Worthülsen war: Seine Kurzfassung bedeutet im Englischen nichts anderes als »Einfaltspinsel«. Folgerichtig wunderten sich die Medien, wie man als deutsches Unternehmen für betriebswirtschaftliche Anwendungen mit einem solchen Namen auf Erfolg in den USA hoffen könne. Der hielt sich anfänglich auch in engen Grenzen: Im Jahr 1990 machte SAP in den Vereinigten Staaten einen Umsatz von bescheidenen 16 Millionen Dollar. Noch im Frühjahr 1993 lief R/2 nur bei 70 amerikanischen Unternehmen – verschwindend gering bei insgesamt 1800 Kunden weltweit. Das ganz große Geschäft in den USA würde SAP nur dann gelingen, »wenn wir zum einen unsere Organisation stark ausweiten«, meinte der damalig SAP-Chef Hopp, »und zum anderen, wenn wir zu unserem Produkt auch das richtige Marketinglied singen«.

Dafür war der Berliner Betriebswirt Klaus Besier, der in den USA beim deutsch-amerikanischen Chemiekonzern Hoechst Celanese Erfahrung gesammelt hatte, genau der richtige Mann. Doch auch er blieb nur drei Jahre. An mangelndem Erfolg lag das nicht. Im Gegenteil: Unter seiner Führung schoss der Umsatz in den Vereinigten Staaten von 92 Millionen D-Mark im Jahr 1992 auf knapp 1,16 Milliarden D-Mark 1996. Das war ein Drittel des SAP-Gesamtumsatzes. Besier scheiterte daran, dass er zu amerikanisch war – und sich von Walldorf nicht mehr hineinreden lassen wollte. »Ich ziehe es vor, statt vorher um Erlaubnis hinterher lieber um Vergebung zu bitten«, meinte er einmal in einem Interview zu seinen eigenwilligen und nicht von Walldorf abgesegneten Managemententscheidungen. Die Antwort aus dem Munde des späteren Vorstandsvorsitzenden Kagermann: »Vielleicht hat Besier etwas zu wenig beachtet, dass zum Erfolg die gute Kombination von mehreren Leuten gehört.«

Der Konflikt war unvermeidbar. Zu erstaunlich war SAPs Erfolg in den Vereinigten Staaten – das Resultat eines perfekten Sturms. Ein über Jahre gründlich entwickeltes Software-System traf auf einen ebenso großen wie aufnahmebereiten Markt, der von einem US-Chef mit amerikanischen Vertriebs- und Marketingmethoden zusätzlich angeheizt wurde.

Ausgelöst wurde dieser Sturm 1992 in Orlando auf SAPs Kundenmesse Sapphire. Mit einem der neuen und leistungsfähigen kleinen Unix-Rechner im Gepäck, frisch geladen mit der R/3-Software, war Plattner nach Florida gereist. Ursprünglich wollte er das damals nagelneue System nur präsentieren: Die amerikanische Version der Software sollte erst drei Monate später fertig sein. Doch als der amerikanischste der fünf Firmengründer auf der Bühne stand, vor sich Kunden, Analysten, Medienvertreter, da ließ er sich vom eigenen Schwung mitreißen und erklärte: »Wir sind der Planung voraus. Wer R/3 heute auf dieser Anwenderkonferenz bestellt, der erhält das System innerhalb von sechs Wochen.«

Plattners Publikum war begeistert. Der erste Kunde, Convex Computers aus Dallas, unterschrieb zwei Wochen später. Der zweite Interessent war Chevron Oil. Der kalifornische Ölmulti ließ alle Wettbewerber von SAP vortanzen, und am Ende setzte sich R/3 durch. Das eigentlich für den Mittelstand gedachte Software-Paket stach in den USA in der Königsklasse der Konzerne alles aus, was damals auf dem Markt für Unternehmens-Software zu haben war.

Wenn Hasso Plattner über diesen Durchbruch spricht, gerät er auch Jahre später noch ins Stakkato: »Wir mussten unsere gesamte Entwicklungsplanung ändern. Wir konnten es nicht mehr aufhalten. Ein

Goldrausch setzte ein. Wieder hatten wir Glück gehabt.« Wenige Jahre später waren fast alle Größen der amerikanischen Wirtschaft Kunden der Walldorfer: Coca-Cola, Burger King, Microsoft, Apple, Colgate-Palmolive, Eastman Kodak. Später kamen sogar solche nationalen Heiligtümer wie die US Marines dazu.

Die amerikanische Konkurrenz hatte dem Angriff aus der deutschen Provinz nichts entgegenzusetzen.»R/3 hat den Markt völlig verändert. Unsere Produkte hatten nicht einmal den Hauch einer Chance«, sagt Ray Lane, der frühere Vize des schärfsten SAP-Rivalen Oracle. SAP konnte, erklärt er, vor allem einen Vorteil von Unternehmen des alten Kontinents ausspielen. Europäische Software-Schmieden seien es gewohnt, ihre Programme an unterschiedliche Sprachen, Währungen oder gesetzliche Regelungen anzupassen. Und sie hätten die Software nur einmal umzuschreiben, um sie fit für Amerika zu machen, den größten Binnenmarkt der Welt. Amerikanische IT-Firmen wie Oracle kennen dagegen nur die Vereinigten Staaten und müssen großen Aufwand treiben, um ihre Produkte auf die Vielfalt der restlichen Welt einzustimmen.

Plattner selbst sieht die europäische Herkunft allerdings als einen Nachteil. Jungunternehmen aus Deutschland oder aus Frankreich, argumentiert er, stießen ziemlich schnell an Landes- und damit auch an Sprachgrenzen. Der Aufwand, dann weiter zu wachsen, sei darum ungleich größer als für amerikanische Start-ups, die den riesigen Heimatmarkt vor der Haustür haben. Nimmt man beides zusammen, dürften amerikanische Firmen bessere Wachstumsbedingungen in einer vergleichsweise frühen Wachstumsphase besitzen. Doch hat ein europäisches Software-Unternehmen einmal den Sprung zum Global Player geschafft, steht es besser da als die amerikanische Konkurrenz.

Ohne den US-Chef Besier hätte das deutsche Produkt auf dem amerikanischen Markt freilich nicht so durchgeschlagen. Er verfügte über reichlich internationale Erfahrung und kannte sich in den Geschäftsgepflogenheiten der USA bestens aus. Besier ahnte, wie R/3 nach den Anfangserfolgen einschlagen könnte: In den Unternehmen war zu dieser Zeit von nichts so sehr die Rede wie von Downsizing und Reengineering. Er war sich sicher, dass er das richtige Produkt für diesen Markt hatte. Doch Besier wusste, dass er mit deutschem Festgehalt, ohne mediales Begleitfeuer und ohne örtliche Partner nicht reüssieren konnte.

Als er Anfang 1993 zum neuen US-Chef ernannt worden war, bediente er die Medien mit allen modischen Schlüsselwörtern und setzte eine Marketingmaschine in Gang, die nach dem Muster für erfolgreiche US-Kampagnen gestrickt war. Bei der Unternehmensverschlankung, so trommelte Besier für die deutsche Perfektions-Software, könne R/3 Wunderdinge vollbringen. Er tat sich mit Hardware-Firmen und Beratungsunternehmen zusammen, um neue Kunden zu überzeugen. Und er stellte die Vergütung der Verkäufer von Gehalt auf Provision um, ein absolutes Novum für SAP. Scharenweise wanderten Vertriebsexperten von Wettbewerbern wie Oracle ab, weil sie einen Trend kommen sahen, an dem sie ein Vermögen verdienen konnten. Ein Schlüsselereignis war damals der Auftrag des Ölriesen Chevron, den SAP im Wettbewerb mit Oracle gewann. »Als wir die gepackt haben, wussten wir: wir können drüben jeden schlagen«, berichtet ein beteiligter Manager.

Mit dem Erfolg begannen aber auch die Reibereien mit Walldorf. Zwar stand Plattner hinter Besier, aber am Firmensitz wunderte sich mancher, was da jenseits des Atlantiks aus der bodenständigen deutschen Ingenieursfirma wurde. Im Kraichgau war man noch gewohnt, dass alle Mitarbeiter an unterschiedlicher Stelle für Entwicklung, Vertrieb und Beratung des ganzen Systems zuständig sind. Werbung sollten die zufriedenen Kunden machen. Bis weit in die achtziger Jahre war SAP ohne einen einzigen Angestellten für Marketing ausgekommen. Und nun das laute Getöse und das fremde Vertriebsmodell in den Vereinigten Staaten!

Zunächst schützte der Erfolg Besier. Aber mit der Zeit tat sich ein transatlantischer Graben auf. Hauptgrund dafür war nicht einmal das überlaute Marketing – das wurde augenzwinkernd als landestypische Verkaufsfolklore akzeptiert. Es war vielmehr der selbstherrliche Botschafter, der sich selbst und seine Ein- und Ansichten über die SAP-Strategie über alles schätzte – und damit in Ungnade fiel. In den amerikanischen Medien gab Besier gern den flotten Besserwisser, der den langweiligen Deutschen auf die Sprünge helfen müsse. Er nutzte Interviews, um öffentlich gegen Vorstandentscheidungen zu meutern. Ein solches Interview führte schließlich zum Bruch. Besier wollte an die New Yorker Börse, denn ein Listing an der Wall Street hätte den Bekanntheitsgrad der Deutschen erhöht und amerikanische Kunden ermutigt, die Walldorfer Software einzusetzen. Doch dem in Finanzdingen eher konservativen Vorstand in Walldorf waren solche Überlegungen fremd. Nüchtern hieß es, man habe keinen Kapitalbedarf. Besier gab seine Antwort öffentlich: SAP wolle in den USA nicht an die Börse, erklärte er in einem Magazin-Interview, weil das deutsche Mutterhaus die vorgeschriebene vierteljährliche Berichtspflicht fürchte.

Damit war das Maß voll. Im Januar 1996 wurde Besier schließlich nach Walldorf zu einem Gespräch mit Dietmar Hopp einbestellt. Offiziell war es kein Rauswurf – so wie elf Jahre später bei Agassi. Man einigte sich, dass der Amerika-Chef zu einem Internet-Start-up wechseln werde. »Wir bedauern natürlich die Entscheidung von Klaus Besier«, ließ sich Plattner damals zitieren. Zwei Jahre später feierte SAP übrigens sein Listing an der New York Stock Exchange mit einer Strandparty in der eigens dafür mit weißem Sand gefluteten Wall Street, ein Marketing-Event, das Besier alle Ehre gemacht hätte. So schnell können sich die Dinge bei SAP ändern – hinterher.

Diese Wechselhaftigkeit bekam als nächster Paul Wahl zu spüren, der schon nach zwei Jahren als SAP-Chef in Amerika das Unternehmen verließ. Doch zunächst schien auch er perfekt für den amerikanischen Markt zu sein. Er gehörte zu denjenigen, die diese vermeintliche Mittelstands-Software R/3 von Anfang an auch in den großen Unternehmen unterbringen wollten. Dafür wurde man zu Beginn der neunziger Jahre in Walldorf belächelt, denn das Geschäft mit R/2 lief blendend, während die R/3-Entwicklung stockte und viele SAPler einen Markt für das neue Produkt sowieso nicht sehen wollten. »Da liefen Wetten, wie lange ich das aushalte«, erinnert sich Wahl, den SAP schon in der Entwicklungsphase für das Marketing von R/3 in Walldorf angestellt hatte. »Ich wollte, dass R/3 die Oberhand gewinnt, jeden Morgen beim Aufstehen habe ich gedacht: Ich muss mit R/3 so groß werden wie Microsoft mit Office.«

Als Wahl dann 1996 nach Amerika wechselte, war auch er nicht weniger erfolgreich als Besier. Unter seiner Ägide stieg SAPs Umsatz in den Vereinigten Staaten von 1,16 Milliarden D-Mark in 1996 auf 3,068 Milliarden D-Mark in 1998, 36 Prozent des SAP-Gesamtumsatzes. Er schaffte es sogar, Oracle einen sicher geglaubten Auftrag bei Compaq abzujagen, dem Computerkonzern, der später vom Konkurrenten Hewlett-Packard übernommen wurde. Aber das rasante Wachstum führte zu neuen transatlantischen Spannungen. Die Maschine SAP zeigte erste Verschleißerscheinungen. »Da kamen riesige Aufträge so schnell rein«, berichtet Wahl, »dass einige in Walldorf meinten, wir sollten den Verkauf eigentlich einstellen.«

Die Überlastung war es wohl auch, die SAP daran hinderte zu erkennen, dass die amerikanische IT-Welt in Veränderung begriffen war. Zumindest reagierte die heiß gelaufene SAP nicht schnell genug auf neue Trends. Zum einen wollten Unternehmen nun weitere Geschäftsbereiche automatisieren, wie etwa die Verwaltung von Beziehungen zu Kunden und Zulieferern, Customer-Relationship-Management (CRM) beziehungsweise Supply-Chain-Management (SCM) genannt. Doch diese Spezialprogramme (Best-of-Breed) gab es zunächst nur bei ganz neuen und eigens für diese neue Software gegründeten Start-ups wie Siebel Systems und i2.

Zum anderen spielte von Mitte der neunziger Jahre an das Internet eine immer größere Rolle. Zunächst aber war nicht die neue Technologie die größte Bedrohung für SAP, sondern der Börsenboom, den das weltweite Datennetz auslöste. Bei den Internetfirmen, die vor allem im Silicon Valley im Dutzend aus dem Boden schossen, wurde nicht mehr nur das Topmanagement durch *stock options* am Erfolg der Aktie des jeweiligen Unternehmens beteiligt, sondern oft sogar Sekretärinnen oder Nachtportiers. Kein Wunder, dass die gesuchten besonders qualifizierten Mitarbeiter auf Wanderschaft gingen und bei vielversprechenden Start-ups anheuerten, um ein Vermögen zu verdienen.

Wahl drängte den Vorstand in Walldorf dazu, auf diese Entwicklungen zu reagieren. SAP solle, forderte er, junge Software-Firmen aufkaufen, die damals noch billig zu haben waren, um den neuen Technologietrend abzudecken. Auch müssten Mitarbeiter nach SAPs Gang an die Wall Street 1998 endlich mit Aktienoptionen am Börsenerfolg der Firma beteiligt werden. Doch aus Deutschland kam immer nur die Meldung: Neue Software entwickeln wir selber. Die im Jahr des amerikanischen Börsengangs endlich eingeführte Erfolgsbeteiligung blieb auf halbem Wege stehen. Wahl zog die Konsequenzen und ging. Nach einem kurzen Zwischenspiel als Chef eines fragwürdigen Start-ups heuerte er bei Siebel Systems an, einem der neuen, aggressiven Wettbewerber von SAP, den sich Oracle 2006 einverleibt hat. »Keine große Software-Firma«, ätzte Wahl damals über seinen früheren Arbeitgeber, »hat jemals einen zweiten Plattformwechsel heil überstanden.«

Hätte der SAP-Vorstand auf Wahl gehört, wären ihm die Wirren der folgenden drei Jahre vielleicht erspart geblieben. Der Boom der Technologiebranche mit den sagenhaften Gehältern, den neuen Geschäftsideen und dem Gefühl, alle bisherigen Wirtschaftsprinzipien auf den Kopf zu stellen, raubte ausgerechnet SAP, dem Turbomotor der Old Economy, die Identität. Um ein Haar wäre aus dem bewunderten deutschen Technologieunternehmen in kurzer Zeit ein IT-Krämerladen geworden.

Der SAP-Chefsessel in den Vereinigten Staaten wurde endgültig zu einem Schleudersitz. Gleich zweimal wechselte Walldorf seinen Statthalter – und rutschte dabei von einem Extrem ins andere. Zunächst fiel die Wahl auf einen Manager, der amerikanischer nicht sein konnte: Kevin McKay. Im Frühling 2000 war dann Wolfgang Kemna dran, ein typisch deutsches Gewächs. Auch er war schon nach knapp zwei Jahren wieder weg, ohne einen prägenden Einfluss in der vielleicht schwierigsten Zeit der Unternehmensgeschichte hinterlassen zu haben.

Die Hauptrolle in dieser Zeit, vor allem auch auf der amerikanischen Bühne, spielte Hasso Plattner, der seit Mitte der neunziger Jahre die Hälfte seiner Zeit in Kalifornien verbrachte. Er hatte früh verstanden, dass der Kulturunterschied zwischen Deutschland und den USA viel größer war, als man in Walldorf ahnte. Dem leidenschaftlichen Segler und Golfer lag die kämpferische amerikanische Art. Dem Firmengründer Plattner imponierten der Unternehmergeist und der Erfolgswillen auf der anderen Seite des Atlantiks. Und er war sich auch nicht zu schade für eine Bühnenshow, bei der er mit einer E-Gitarre in der Hand vor seinen Kunden rockte. In Deutschland gab es dafür höchstens Kopfschütteln, in Amerika sind diese Auftritte bis heute Legende. Lange Zeit ragte Plattner auch bei öffentlichen Auftritten der SAP-Oberen an der Wall Street oder bei Pressekonferenzen heraus. In lockerem Amerikanisch parlierte er mit Analysten und Journalisten, während seine Vorstandskollegen mit ihrem starken deutschen Akzent immer wieder unterstrichen, wie sehr das Unternehmen im Badischen zu Hause war.

Plattner nahm den Kulturunterschied nicht nur an, er wollte ihn auch nutzbar machen für sein Unternehmen. Dazu gründete SAP schon vor dem Internetboom in den neunziger Jahren ein Lab im Silicon Valley. Von diesem Brückenposten aus wollte der Marktführer bei betriebswirtschaftlicher Software Kontakt zu den Entwicklern halten, die weltweit die fortschrittlichste Technologie entwarfen. Plattner wollte für dieses Lab Amerikaner, »die stark von Amerika beeinflusst waren, in der Erwartung, dass sie zu unseren Produkten eine andere Perspektive beitragen als unsere Angestellten in Deutschland. Amerikaner haben eine unbedingte Vorliebe für einfache Dinge. Sie sind vollkommen begeistert von Technik, aber sie muss so einfach wie möglich zu bedienen sein.« In Japan, Deutschland oder überhaupt in Europa herrsche dagegen eine ganz andere Haltung: »Wenn man sich mit Technik beschäftigt, dann geht es darum, sie von Grund auf zu verstehen und das schönste mögliche System zu bauen.«

Dem Silicon Valley den Puls fühlen und gleichzeitig den amerikanischen Pragmatismus auf die vor allem von Nutzern in den USA als zu komplex und kompliziert empfundene deutsche Perfektions-Software übertragen, das wollte SAP mit dem Lab erreichen. In den frühen neunziger Jahren waren die Walldorfer mit dieser Einsicht darüber, wie man kulturelle Unterschiede in der Produktentwicklung fruchtbar machen kann, eines der weitsichtigsten deutschen Unternehmen.

Umso erstaunlicher ist es, dass Plattner partout nicht wahrhaben wollte, was sich kurz darauf im Silicon Valley abspielte. Oft wird behauptet, SAP habe das Internet und das Web vollkommen verschlafen. Das ist sicher falsch, denn schon 1996, ein Jahr nachdem Netscape an die Börse gegangen war und damit den Startschuss für den Dotcom-Boom gab, kamen die Walldorfer mit einer Version von R/3 auf den Markt, die sich mit dem Internet verbinden ließ. Plattner verkündete sogar, das gesamte System R/3 sei nun »internetfähig«. Fachmedien wie die deutsche *Computer-Zeitung* stimmten zu und erklärten SAP zum »Vorreiter im Internet«. Sogar die Branchenexperten von Forrester Research in Boston, die noch ein knappes Jahr zuvor R/3 »Museumsreife« bescheinigten, erklärten nun, die Internetschnittstellen von SAP würden sich zum Industriestandard entwickeln und zwar mit Hochgeschwindigkeit: »SAP übernimmt im Web die Führung.«

Genau das hatten die Walldorfer sich vorgenommen, als sie im Sommer 1996 ihre Internetstrategie vorgestellt hatten: Kleine Übersetzungsprogramme, die BAPIs oder Business Application Programming Interfaces hießen, sollten allen R/3-Anwendungen die Tür zum Internet aufstoßen. Diese BAPI-Schnittstellen würden dafür sorgen, dass Unternehmen ihre SAP-Verkaufsprogramme auch für den elektronischen Handel nutzen oder Mitarbeiter wichtige Firmendaten über das Internet abrufen konnten. Im Sommer 1996 präsentierte Plattner zusammen mit Bill Gates auf der Bühne der US-Kundenmesse Sapphire, wie SAP-Software den E-Commerce möglich machte.

Das Plattnersche Unverständnis war also nicht technischer, es war kultureller Art. Seinen Ärger über die neue Zeit konnte er nur selten verbergen. Fast 30 Jahre lang hatten er und seine Mitgründer geackert, aufgebaut, auf Kunden gehört, sie waren langsam immer größer, immer besser geworden, sie waren bewundert worden. SAP war ein cooles Unternehmen aus einem nicht so coolen Land und den meisten Wettbewerbern technisch uneinholbar weit überlegen. Dann kamen die Dotcoms, deren Bewertungen an den Börsen in Monaten in die Milliarden schossen, oft ohne dass diese Firmen je ein fertiges Produkt verkauft hätten, geschweige denn Umsatz verbuchen konnten.

Beharrlich erklärte Plattner die boomende Dotcom-Wirtschaft zu einer Luftblase. Unternehmen würden ihre kritischen Anwendungen nie über die Spielwelt des World Wide Web abwickeln, und für jeden Mitarbeiter, der SAP verlasse, würden schon zwei neue auf die frei gewordene Stelle warten. So sehr Plattner mit vielen kritischen Kommentaren Recht hatte und behielt, so wenig verstand er andererseits, mit welcher Macht das Internet die Technologiebranche überrollt hatte, wie bereitwillig Programmierer, Investoren und Kunden auf die Welle aufsprangen und wie sehr das Netz die Welt und vor allem die Wirtschaft veränderte.

Zu Beginn der Booms war das Internet nur wenig mehr als ein technisches Vehikel, mit dem schnelle und vergleichsweise einfache Datenverbindungen herzustellen waren. Das waren die Jahre der BAPIs, in denen SAP als Ingenieurfirma noch mitspielen konnte und Anerkennung als Early Adopter bekam, als früher Mitspieler. Doch mit dem Hype, den explodierenden Börsennotierungen und der aufkommenden These von einer New Economy, die alle Gesetze der Ökonomie aus den Angeln heben sollte, konnten die SAP-Manager nichts anfangen. Je mehr die Branche im Boom die Bodenhaftung verlor, desto größer wurde der Abstand zu den badischen Betriebswirtschaftsprogrammierern, die fest in der Old Economy verankert waren – und damit wie von gestern schienen.

Diese Probleme verbanden sich auf gefährliche Weise mit den zunehmenden Klagen über R/3, das bei den großen Reorganisationsprogrammen der Unternehmen oft für jeden Fehler und für jede Schwäche verantwortlich gemacht wurde. Angefeuert durch die Marketingversprechen hatten sich viele Firmen von der Software zudem mehr Flexibilität erwartet und mussten nun mit einem äußerst rigiden und streng logischen System zurechtkommen, das ihnen wenig Freiheit ließ in einer Zeit, in der jedermann von innovativen Geschäftsmodellen redeten, die alles Dagewesene auf den Kopf stellen sollten. Mit dem Internet wuchs ihnen gleichzeitig ein neuer oder der nächste Hoffnungsträger. Über das Netz, so machten schließlich die neuen Dotcom-Anbieter glauben, lasse sich alles einfach miteinander verbinden.

Das alles verstärkte ein Paradox, das gerade in der High-Tech-Branche verbreitet ist. Gerade die innovativsten und erfolgreichsten Unternehmen durchlaufen in der Wahrnehmung des Publikums innerhalb weniger Jahre einen radikalen Wandel. Aus den eben noch bewunderten Start-ups werden plötzlich gefräßige Riesen mit ebenso weitreichenden wie profitablen Monopolen. IBM, Microsoft oder Intel gehören in diese Gruppe der vom flotten David zum tumben Goliath mutierten Unternehmen, Google ist gerade auf dem Weg dahin. Bei SAP setzte diese veränderte Wahrnehmung gerade zu der Zeit ein, als der Internetboom losbrach. Der Erfolg von R/3 in der zweiten Hälfte der neunziger Jahre hatte die Walldorfer in kurzer Zeit zum unangefochtenen Marktführer gemacht. Dann setzte die Kritik ein, und der Vorwurf wurde laut, dass der Tanker SAP zu groß, zu unbeweglich, zu wenig innovativ und einfach uncool sei. Der Herausforderer Oracle dagegen, der bei betriebswirtschaftlichen Anwendungen für das Netz viel weniger zu bieten hatte, galt dagegen als fortschrittliche Internetfirma.

Trotzig hielt Plattner dagegen – bis er und SAP plötzlich die Kehrtwende vollzogen. Es war eine eher bescheidene Pressekonferenz, zu der er im Herbst 1999 ins Silicon Valley eingeladen hatte. Niemand wunderte sich über die kleine Schar im SAP-Lab in Palo Alto, der Entwicklungs-Dependance der deutschen Software-Firma im Herzen der Internetbewegung. Wer wollte schon zu SAP, der Firma, die wie keine andere verwoben war mit den Konzernen der alten Wirtschaftswelt? Wenn zu dieser Zeit das Valley über Walldorf sprach, dann in der Vergangenheitsform. Wenn aber Mikrofirmen mit dem Kürzel ».com« am Ende die Presse einluden, strömten Reporter in Kohorten an die von Risikokapitalgebern finanzierten feinen Buffets – häufig die einzigen verwertbaren Ergebnisse dieser Start-ups.

Doch was auf dieser SAP-Veranstaltung geschah, machte alles, was schon schiefgelaufen war, noch viel schlimmer. SAP kündigte etwas an, das sich mySAP.com nannte – und niemand wusste, was es war, und noch weniger, was es einmal werden sollte. Die Buchstaben waren in Kinderzimmerfarben getunkt, sie verzierten Prospekte, Visitenkarten und die Bildschirme, an denen SAP-Nutzer künftig arbeiten sollten, alles sah ein bisschen nach eBay aus. War mySAP.com eine Software? War es ein neuer Name für das Walldorfer Unternehmen? War es ein Corporate-Identity-Programm? Oder war es nur ein junger Anstrich für ein altes Software-Haus? Angestellte wussten nicht mehr, ob ihr Arbeitgeber noch SAP oder schon mySAP.com hieß. Das kunterbunte Logo, das den schlichten blau-weißen SAP-Schriftzug ablöste, sprach für einen radikalen Wandel. Doch wohin? Von seriös zu lustig? Von altbacken zu Kindergarten?

Sicher war nur, dass SAP mit dieser ».com«-Endung nun irgendwie doch mehr ins Internet wollte – und das bedeutete für die deutschen Programmierer offensichtlich das Gegenteil vom Erwachsenwerden. Viel deutlicher hätte man die Orientierungslosigkeit in der und die Verachtung für die Internetwelt nicht dokumentieren können. Das deutsch-amerikanische Büro von Frog Design, das einst mit dem ersten Apple-Computer Weltruhm erlangte, stand für dieses Re-Branding, das als abschreckendes Beispiel Geschichte machte. SAP wechselte radikal die Seiten von einer skeptischen Firma zu einem »Me-too-Player«. Noch nie hatte ein Weltunternehmen sich so an einen Trend angebiedert, ohne darüber nachzudenken, was es eigentlich im Kern wirklich ausmacht. Alles wofür SAP stand und was es positiv vom abgehobenen Web-Hype unterschied – die Verlässlichkeit, der deutsche Perfektionismus, die technologische Überlegenheit – wurde leichtfertig aufs Spiel gesetzt, ohne im Gegenzug den Verlust durch eine ernst zu nehmende starke Internetmarke auszugleichen.

Und es kam noch schlimmer. Im folgenden Quartal, den ersten vollen drei Monaten unter dem Namen my.SAP.com, schrammte die neue Internet-SAP nur knapp am ersten Verlust der Firmengeschichte vorbei. Alle Welt sprach von B2B, von Geschäften zwischen Unternehmen, die im Internet abgewickelt werden. Doch die Verkaufszahlen der Internet-Software aus Walldorf, als die sich mySAP.com inzwischen entpuppt hatte, schrumpften von 129 Millionen im vierten Quartal 1999 auf 80 Millionen Euro. Besonders dramatisch fielen die Geschäftsergebnisse in den USA aus, wo der Umsatz der wachstumsverwöhnten Programmierer im Jahresvergleich um 3 Prozent zurückging, während SAP in Europa immerhin noch 15 Prozent mehr erlöste.

Am Ende blieb für das Quartal ein dreistelliges Millionenloch in der Kasse, das sich nur durch den Verkauf von Investments in Höhe von 238 Millionen Dollar stopfen ließ. Jetzt erst recht werteten Analysten und Journalisten die verspätete Internetkampagne der Walldorfer als grandiosen Fehlstart.

Nun wurde auch das größere Publikum auf die Misere des einstigen Börsenstars aufmerksam. *Der Spiegel* widmete den SAP-Problemen eine ausführliche Geschichte, in der minutiös geschildert wurde, wie die Nerven bei SAP blank lagen, wie etwa Kontakte mit Journalisten in geheimen E-Mails strikt verboten wurden, vor allem wenn es um die Zahl der abwandernden Mitarbeiter ging. Das *Wall Street Journal* stellte eine eindrucksvolle Liste von Ex-SAPlern zusammen, die *Financial Times* porträtierte einzelne ehemalige Mitarbeiter und ihre Motive für die Kündigung.

Ein viel wichtigeres Problem für SAP stand allerdings weniger im Rampenlicht: der Trend hin zu Best-of-Breed, jenen Spezialprogrammen von Siebel, i2 und anderen Newcomern. Die Walldorfer hatten auch diese Entwicklung schon früh erkannt: Wie mit den neuen, schnell agierenden Wettbewerbern umzugehen sei, war bereits 1994 Thema bei Vorstandssitzungen. Doch viel passierte erst einmal nicht. Das Unternehmen hatte mehr als genug damit zu tun, das boomende Geschäft mit R/3 in den Griff zu bekommen. Leitende SAPler und viele Entwickler hatten zudem Hemmungen, sich auf ein für sie unbekanntes Software-Terrain zu wagen. Bei ERP geht es vor allem darum, Transaktionen eines Unternehmens möglichst effizient abzuwickeln. Bei CRM und SCM kommt es mehr darauf an, eine übersichtliche und effiziente Benutzeroberfläche auf dem Bildschirm zu haben sowie zunehmend die Verbindung zwischen Firmen herzustellen.

Die Newcomer hatten dieses Feld vorerst für sich. Doch mit ihrem Erfolg wuchs für SAP der Handlungsdruck. Im Jahre 1996 konnten die Walldorfer nicht mehr ausweichen. In der Firmenzentrale brach eine hitzige mehrmonatige interne Debatte darüber aus, was zu tun sei. Ein Lager wollte sich die Zeit nehmen, das ERP-Paket um neue Module für CRM und SCM zu erweitern. Das andere Lager befürchtete, dass SAP dadurch endgültig ins Hintertreffen geraten könnte: Neue integrierte Module zu entwickeln, würde viel zu lange dauern. Und da diese auch immer auf die anderen Teile des Gesamtpakets der SAP-Software Rücksicht nehmen müssten, um kompatibel zu bleiben, könnten die neuen Programme nicht so gut sein wie die der viel freieren Spezialanbieter.

Diese letztere Fraktion, die für die Entwicklung von neuen Spezialprogrammen plädierte, behielt die Oberhand, und im September 1998 kündigte SAP eine neue Produktfamilie an, »New Dimension« genannt. Selbst Plattner beschrieb diesen Schritt damals in einem Interview mit der *Computerwoche* als Zweiteilung der SAP-Welt. Im traditionellen R/3 wären jene Geschäftsprozesse angesiedelt, erklärte er, bei denen eine enge Integration von Vorteil ist. Die neuen Systeme seien zwar mit R/3 verzahnt, könnten aber unabhängig davon laufen. »Es ist ein Ausbruch der SAP aus ihrem bisherigen Lager«, meinte Plattner, »nun müssen wir beweisen, dass wir es können.«

Was wie eine eher technische Entscheidung klingt, war für SAP von größter Bedeutung – und sollte sich später als äußerst kostspieliger Fehler herausstellen. Um Siebel, i2 und die anderen Spezialanbieter einzuholen, opferte SAP seinen größten Wettbewerbsvorteil: ein Software-System zu haben, in dem sich alle Anwendungen eine Datenbank teilen. »Die waren schlichtweg in Panik geraten«, erzählt ein Topmanager, der kurz nach dieser Entscheidung zu SAP stieß.

Früher sei SAPs Software wie eine Faust gewesen, ein eng integriertes Programmpaket. Und immer wenn Walldorf damit zugeschlagen habe, sei die Tischplatte zerbrochen. Mit den »New Dimension«-Produkten habe SAP seine Hand gespreizt. Statt durchschlagende Wirkung zu entfalten, würde sich SAP heute die Finger brechen. Die neuen Programme seien zumindest anfänglich kaum einsetzbar gewesen. Und SAP kämpfe nun mit den gleichen Integrationsproblemen, über die seine Kunden endlos klagen konnten und für deren Lösung sie den Großteil ihres IT-Budgets ausgeben. SAP, so berichtet der Insider, habe in den vergangenen Jahren Milliarden ausgegeben, um seine Software wieder auf einen Nenner zu bringen. Der für seine Offenheit bekannte Henning Kagermann räumt denn auch 2008 unumwunden ein: »Dafür zahlen wir den Preis heute noch.« Aber als Best-of-Breed plötzlich in Mode war, wollten eben selbst die guten Kunden nicht warten, bis SAP sein ERP-Paket erweitert: »In einer solchen Phase darf man, was die SAP-Softwarearchitektur angeht, nicht unsicher werden, sondern muss sich überlegen: Wie gewinne ich?«

War dieser teure Umweg also nötig oder nicht? Aus heutiger Sicht scheint die Antwort leicht zu sein: Kaum war SAPs CRM-Produkt halbwegs fertig, da platzte die Internetblase. Und plötzlich waren diese Spezialprogramme, die dem Best-of-Breed-Trend folgten, nicht mehr angesagt. Stattdessen fanden Unternehmen, getrieben von neuer Vorsicht und Kostenbewusstsein, wieder Gefallen an Suites, an Programmpaketen wie sie SAP anbot. Die eben noch von den Börsen gefeierten neuen Wettbewerber kollabierten regelrecht. Sie hatten, so stellte sich schnell heraus, wie viele Dotcom-Firmen von geborgter Energie gelebt. Siebel, der Erfinder von CRM, hatte seine Produkte in den Markt gedrückt wie kaum ein anderes Software-Unternehmen vor ihm. Jetzt brach der Umsatz zusammen. Im Jahre 2005 kaufte Oracle die Firma. Die wenigen anderen Newcomer, die wie etwa i2 den Hurrikan überlebt haben, sind nur noch ein Schatten ihrer selbst.

Wieder einmal hatte SAP Glück gehabt – und Zeit gewonnen, sich von Grund auf neu und ohne Dotcom-Firlefanz aufzustellen. Dazu gehörte auch, das Personaltableau in den Vereinigten Staaten umzugestalten. Den Chefposten übernahm Bill McDermott, ein ebenso aalglatter wie erfolgreicher Software-Verkäufer, den SAP bei Siebel abgeworben hatte. Doch der allseits sichtbare Frontmann der amerikanischen SAP-Band wurde im März 2001 ein anderer: Shai Agassi, ein damals erst 33-jähriger Israeli.

Wer damals prophezeit hätte, Agassi würde schnell zum ernsthaften Anwärter auf den Chefsessel von SAP, wäre wohl belächelt worden. Noch heute klingt die Geschichte vom Aufstieg des Jungunternehmers eher unwahrscheinlich. Vier Software-Firmen hatte der gelernte Informatiker in den neunziger Jahren gegründet, drei zusammen mit seinem Vater. Eine davon, TopTier, war besonders erfolgreich. Sie war ein Pionier so genannter Portalprogramme, welche die Software verschiedener Anbieter mithilfe des Internets zusammenschweißt.

Laut halboffizieller Geschichtsschreibung kamen Agassi und SAP erstmals im September 1999 auf der Sapphire in Philadelphia zusammen. Damals rettete TopTier die Walldorfer vor einem peinlichen Reinfall. SAP hatte groß angekündigt, auf der Kundenmesse erste konkrete Beispiele von mySAP.com vorstellen zu wollen. Doch wenige Tage vor der Veranstaltung ließen sich Teile von SAPs Software noch immer nicht im Netz zeigen. TopTier sprang ein und machte die Präsentation zum Erfolg.

Agassi, der mittlerweile ins Silicon Valley umgesiedelt war, wäre freilich beinahe woanders untergekommen. Denn der clevere Israeli machte damals auch gemeinsame Sache mit der SAP-Konkurrenz. Die Investment-Holding von Jan Baan, dem Gründer des gleichnamigen niederländischen Software-Konzerns, hatte bereits über 100 Millionen Dollar in TopTier investiert. Zwischenzeitlich stand auch ein Börsengang auf dem Programm. Doch Ende März 2001 schlug SAP zu. Für 379 Millionen Euro in bar kauften die Walldorfer TopTier und seinen umtriebigen Chef. Agassi bewies damit geniales Timing, für SAP war es ein kostspieliger Deal. Ein paar Wochen später brach die Börse ein, und TopTier wäre wohl für einen Bruchteil der Summe zu haben gewesen.

Für Agassi gab es bei SAP nur eine Richtung: aufwärts. Nach mehreren organisatorischen Umbauten wurde er nur ein Jahr später Mitglied des Vorstandes und dann oberster Entwickler von SAP. Sein größter Förderer, Hasso Plattner, duldete keinen Widerstand gegen den Aufstieg Agassis. Um den Israeli, der perfekt Englisch spricht, als erstes nichtdeutsches Mitglied in SAPs Führungsgremium zu drücken, soll er den anderen Vorständen, die nun auf Sitzungen plötzlich Englisch miteinander reden mussten, gedroht haben: Wer dagegen ist, kann sich morgen gleich eine großzügige Abfindung abholen.

Welchen Narren Plattner an Agassi gefressen hat, ist vor allem in Walldorf heute noch Gegenstand großer Spekulationen. Einige meinen, Agassi sei für Plattner, den Vater einer Tochter, ein Sohnersatz gewesen. Wer die beiden gemeinsam gesehen hat, kann diesen Gedanken gut nachvollziehen. Von hinten sehen sie tatsächlich aus wie Vater und Sohn: Gang, Haltung und Gestik, auch charakterlich ähneln sie sich. Beide sind geborene Unternehmer, beide sind verliebt in Technik, und beide stören sich nicht an Konventionen.

Aber solche tiefenpsychologischen Erklärungen sind gar nicht nötig, um Plattners kompromisslose Unterstützung des jungen Israelis zu verstehen. Für ihn verkörperte er alles, was das unbeweglich gewordene Schlachtschiff SAP brauchte: frischer Unternehmergeist, unkonventionelle Managementmethoden, unbedingter Erfolgswillen, Kampfgeist, ein bisschen Frechheit und dazu eine tiefe Verankerung der Kultur des Silicon Valley, in dem Innovationen gezüchtet werden wie in Walldorf einst Spargel. Mit diesem Geist wollte Plattner den Organismus SAP infizieren, er wollte ihn beweglicher und aggressiver machen.

Umso härter muss es Plattner getroffen haben, als Agassi ihm bei einem Telefongespräch am 1. Januar 2007 einen Korb gab. Man habe entschieden, teilte ihm Plattner mit, Kagermanns Vertrag um zwei Jahre zu verlängern. Danach müsse sich Agassi den Chefsessel für einige Jahre mit Verkaufsvorstand Léo Apotheker teilen. Darauf soll Agassi erwidert haben, dass er unter diesen Bedingungen nicht mehr sicher sei, ob er für den Posten zur Verfügung stehe. So lange wolle er nicht mehr warten. Das passe nicht in seine persönliche Lebensplanung.

Agassis Reaktion löste hektische Betriebsamkeit aus, die erst Ende März 2007 zu einer Entscheidung führte. Agassi wurde zurück nach Walldorf beordert, obwohl er wenige Tage zuvor erst nach Kalifornien zurückgekehrt war – offenbar ohne zu wissen, was anstand. Überhaupt waren nur wenige eingeweiht. Der Presseabteilung in Walldorf beschied man, dass ein Kriseneinsatz vor Ort anstehe, ausgerechnet an jenem Tag, an dem die 160 Mitarbeiter der Abteilung mit einer Chartermaschine zum jährlichen Kick-off-Meeting nach Sardinien fliegen sollten. Unter dem Vorwand eines schwelenden Rechtsstreits mit dem Erzrivalen Oracle mussten zwei Dutzend Mitarbeiter auf den Inselausflug verzichten und zur Schadensbegrenzung in der Zentrale bleiben.

Bei SAP rechnete man mit dem Schlimmsten als Reaktion auf den Rücktritt des Hoffnungsträgers, der wie kein zweiter die SAP von morgen vertrat. Doch Börse und Presse reagierten erstaunlich gelassen und zeigten kein großes Interesse an den Gründen für den Bruch zwischen Agassi und Plattner. Im Unternehmen selbst wurde die Episode verdrängt. Kaum jemand will offen darüber reden. Je nach Interessenlage und Perspektive unterscheiden sich die Versionen.

Schon Agassis Startposition bei SAP, wo man sich bis heute langsam hocharbeitet, war alles andere als leicht. Plattner hatte dem Unternehmen den gewandten und gerne provozierenden Überflieger praktisch aufgezwungen – ohne ihn und die Organisation ausreichend aufeinander vorzubereiten. Es war eine dieser impulsiven Aktionen, zu denen Plattner neigt. Agassis Persönlichkeit machte die Sache nicht einfacher. Seine lockeren Sprüche mochten zwar im Silicon Valley und an der Wall Street genau den Ton treffen, aber in Walldorf ließen sie die Alarmglocken schrillen. »Bei ihm wusste man nie genau, was er wirklich denkt. Die Authentizität war bei Shai immer ein Problem«, erzählt ein Walldorfer, der zwei Jahre für ihn gearbeitet hat.

Die Folge: Agassis unkonventionelle Ideen und gelegentlich rücksichtslose Managementmethoden stießen bei vielen alteingesessenen SAPlern auf Ablehnung. Dabei trafen seine Absichten durchaus den richtigen Punkt. Er wollte aus dem Walldorfschen Programmpaket eine moderne Software-Plattform machen, auf der SAP, seine Kunden und andere Firmen zu flexiblen, anpassungsfähigen Organismen werden sollten, die Neuerungen in Serie produzieren. Dazu musste das technische Gerüst grundlegend umgebaut werden. Aus dem SAP-Ableger im Silicon Valley sollte eine Innovationsfabrik werden, wo die Software von morgen entworfen wird.

Mit der Ausrichtung änderte sich auch die Arbeitsweise. *Imagineering* statt *engineering* war Agassis Motto: Entwickler sollten nicht mehr endlos an komplexen Programmen tüfteln, sondern – teilweise unter künstlichen Zwängen – über ihren Horizont hinaus blicken und sich gänzlich neue Anwendungen ausdenken. Beim »Projekt Kayak«, von dem noch die Rede sein wird, gab Agassi Mitarbeitern nur eine Woche Zeit, um SAPs mächtiges ERP-System zurechtzustutzen. Diese Vorgabe schien so unrealistisch wie das Ziel überhaupt: ein neues Produkt, das ein mittelständisches Unternehmen ohne große Hilfe von außen in nur wenigen Tagen einführen kann.

Es liegt in der Natur der Sache, dass bei solchen Stresstests neben einigen guten Ideen auch viele unbrauchbare Vorschläge herauskommen. Aber Agassi kümmerte sich offenbar zu wenig darum, was aus all den Einfällen später wurde und ob die von ihm initiierten Programme auch wirklich funktionierten. Er habe sich vor allem darin gefallen, schimpft ein SAP-Manager, auf Kundenmessen den großen Visionär zu spielen und neue Dinge im Dutzend anzukündigen. Die *execution*, die gewissenhafte Umsetzung und Weiterverfolgung außerhalb des Rampenlichts, die Mühen der Ebene, das habe ihn nicht sonderlich interessiert. Irgendwann fingen Gegner in hohen Managementpositionen in Walldorf an, regelrecht Listen mit Fehlern in Agassis Programmen zu führen. Als die Zeit Anfang 2007 gekommen war, holten sie das belastende Material aus dem Giftschrank und versetzten dem vermeintlichen Überflieger, dessen Walldorfer Büroräume man sehr deutsch als »Shais Haus« bezeichnete, einen weiteren schweren Schlag.

Im Agassi-Lager herrscht natürlich eine ganz andere Sicht der Dinge. Die SAP-Software aus dem Silicon Valley, heißt es da, hätte zweifellos viel besser und auch erfolgreicher sein können. Aber Agassi habe nie ausreichend Mittel für seine Programme bekommen. In Budgetverhandlungen sei er immer wieder gefragt worden: Kannst du nicht mit 10 Prozent weniger auskommen? Und die SAP-Verkäufer, auf große Deals mit entsprechenden Provisionen fixiert, seien an seinen eher kleinteiligen Programmen nicht interessiert gewesen.

Irgendwann muss Agassi angefangen haben, über die Zeit nach SAP nachzudenken. Weil die Diskrepanz zwischen seinen großspurigen Worten und nie zu Ende gebrachten Projekten zu groß wurde, meinen Kritiker in Walldorf. Weil ihm klar geworden sei, dass es etwas Wichtigeres gibt, als einen der größten Software-Konzerne der Welt zu leiten, meinen seine Anhänger. Wahrscheinlich war es eine Mischung von beidem. Jedenfalls wurde er 2005 in das »Forum of Young Global Leaders« des Weltwirtschaftsforums in Davos berufen, einen illustren Club einflussreicher Führungskräfte unter 40, dessen Mitglieder Pläne für eine bessere Welt entwickeln sollten. Wie nicht anders zu erwarten, dachte Agassi groß: Frieden im Nahen Osten zu schaffen und die

Erderwärmung zu stoppen, waren seine Ziele. Schuld an beiden sei die Abhängigkeit vom Öl, lautete seine These. Mithilfe von Technik wollte er diese Abhängigkeit senken und damit Ansätze zur Lösung beider Probleme liefern.

Mit Verve stürzte sich Agassi in das Thema, las unzählige Bücher, schrieb Abhandlungen, diskutierte mit Experten und Politikern. Dabei traf er auch mehrmals Shimon Peres, den späteren israelischen Präsidenten. »Glaubst du wirklich, dass du das schaffen kannst?«, soll er Agassi Ende 2006 gefragt haben. Nach einem selbstbewussten »Ja« habe Peres nachgeschoben: »Wenn du wirklich glaubst, das du dies schaffst – was gibt es Wichtigeres in deinem Leben?« Das Projekt nicht selbst anzugehen, sei Agassi danach immer schwerer gefallen, heißt es in seinem Umfeld. Außerdem konnte er sich immer weniger vorstellen, weitere zehn Jahre seines Lebens mit Grabenkämpfen bei SAP zwischen Walldorf und Palo Alto zu verbringen.

Was Agassi davon abhielt, das Handtuch zu werfen, war seine Loyalität zu seinem Ziehvater Plattner, berichten Insider. Sechs Jahre habe der SAP-Gründer in Agassi investiert, ihm vertraut und auf ihn gebaut – da habe er nicht einfach gehen können. Doch mit der Entscheidung, den Vertrag des Vorstandsvorsitzenden Kagermann noch einmal zu verlängern und Agassi damit noch einmal warten zu lassen, habe Plattner die Verpflichtung seinerseits aufgekündigt und dem enttäuschten potenziellen Nachfolger die Tür geöffnet. Als Agassi erstmals über mögliche Alternativen sprach, hätten die SAP-Oberen ihm die Entscheidung aber nicht abgenommen. Sie glaubten, er lege es nur darauf an, im Mai 2009 alleiniger Nachfolger von Kagermann zu werden, heißt es in Agassis Umfeld bei SAP. Immer wieder soll er versichert haben, dass er wirklich gehen wolle. Erst beim dritten Mal sei der Rücktritt schließlich akzeptiert worden.

In Walldorf werden die Ereignisse ganz anders dargestellt. Agassi hat, heißt es dort hinter vorgehaltener Hand, einfach zu hoch gepokert. Plattner ließe sich von niemandem unter Druck setzen – auch nicht von seinem Ziehsohn. Im Gegenteil, gerade in solchen Situationen reagiere der SAP-Gründer vollkommen berechenbar: Wer die Muskeln spielen lässt, der fliegt. Agassis Drohung, die SAP zu verlassen, löste offenbar genau eine solche Reaktion aus. Sofort habe sich Plattner mit Kagermann über den Rauswurf verständigt.

Rücktritt oder Rauswurf – dies war auch jene Frage, über die sich Agassi und Plattner am 28. März 2007 stritten, als es darum ging, der Welt den überraschenden Abgang in einer einvernehmlichen Erklärung zu vermitteln. Eine Antwort gibt die gemeinsame Presseerklärung nicht. Agassi und SAP hatten sich auseinandergelebt; da konnte auch ein Plattner nichts mehr retten. Nur eins scheint sicher: Der Überflieger ist im Organismus SAP immer ein Fremdkörper geblieben. Irgendwann musste er abgestoßen werden.

Leicht scheint Agassi der Abschied nicht gefallen zu sein. Wenige Tage nach seiner Trennung von SAP veröffentlichte er pünktlich zum Auftakt der Kundenmesse Sapphire im April 2007 in Atlanta einen Beitrag in seinem Blog, der vielen wie eine nicht gehaltene Hauptrede der Konferenz erschien. *Back to basics*, die Rückkehr zu den Wurzeln des Unternehmens, wie von einigen SAPlern gefordert – das sei eine Sackgasse, argumentierte er darin. Plattner soll ihn daraufhin persönlich aufgefordert haben, sich künftig nicht mehr einzumischen. Wenn er Vorträge über sein neues Projekt hält, spricht er oft auch von SAP. »Wenn einem der Chefposten versprochen wurde, ist es hart, sich zu verabschieden«, gestand er Anfang Juli 2008 ausgerechnet auf einer Veranstaltung von Hasso Plattner Ventures, dem Venture-Capital-Fonds des SAP-Mitgründers in Potsdam. Dabei lässt sich die Enttäuschung immer noch gut heraushören, denn tatsächlich ist ihm der Chefposten nie versprochen worden.

SAP nahm Agassis Abschied zum Anlass, den Vorstand neu zu organisieren. Der offizielle Chef des US-Ablegers, Bill McDermott, etwa stieg zum Chefverkäufer des Konzerns auf. Agassis Aufgaben wurden auf mehrere Schultern verteilt. Und die Funktion des amerikanischen Frontmannes gibt es so nicht mehr. Im Silicon Valley sollen jetzt vor allem drei Manager für SAP stehen: Doug Merritt, der früher bei Oracle und anderen kalifornischen Software-Schmieden gearbeitet hat, John Schwarz, der frühere Boss von Business Objects, und Rami Branitzky, der mit TopTier zu SAP kam.

Branitzky ist Erbverwalter Agassis bei SAP im Silicon Valley. Über zehn Jahre hat er eng mit ihm zusammengearbeitet. Jetzt leitet Branitzky den SAP-Ableger in Palo Alto, der immer noch schnell wächst: Vor seinem Büro wird gerade das nächste Gebäude hochgezogen. »Natürlich ist Agassi ein großer Verlust. Er hat viel für SAP geleistet, hat die Firma im Valley hip gemacht und dadurch viele qualifizierte Mitarbeiter angezogen«, sagt der Manager. »Es gibt keinen Zweifel, seine Fähigkeiten werden hier schmerzlich vermisst, aber jeder muss und kann ersetzt werden, wenn auch nicht über Nacht.«

Was Branitzky viel mehr umtreibt, sind die Gründe für den Weggang. Gerade in den Vereinigten Staaten sei SAP gefangen im Spannungsfeld zwischen zwei Unternehmenskulturen, erklärt er. Von seiner Geschichte her sei SAP eher wie Boeing, also eine Firma, deren Produkte extrem zuverlässig sein müssen und die deswegen eine Kultur der Verlässlichkeit entwickelt hat. Gleichzeitig würden aber die Entwicklungen in der Technologie und auf dem Markt SAP in eine ganz andere Richtung treiben, für die nicht Flugzeughersteller, sondern Unternehmen wie die jugendliche Internetgemeinde Facebook oder die im Netz wuchernde Suchmaschine Google stehen. Dort gehe es weniger um Zuverlässigkeit als darum, immer wieder Neues auszuprobieren und die kreativsten Köpfe anzulocken.

»Das war die Quelle für die Auseinandersetzung«, meint Branitzky. Viele Kunden, Entwickler und Vorstandsmitglieder sehen in SAP noch eine Boeing der Software-Branche. Agassi hätte dagegen versucht, SAP in Richtung Facebook und Google zu treiben. Beides auf einmal ginge aber nicht. SAP müsse sich neu erfinden, indem es beide Kulturen zusammenbringe – genauso wie Boeing: »Die sind heute ja auch in der Lage, neue Flugzeuge schneller zu bauen und dabei als interessante Firma zu gelten.«

Agassi ist mittlerweile bei seinem nächsten, kaum weniger anspruchsvollen Projekt angekommen. Mit Elektroautos will er die Menschheit vom Öl abnabeln. Und er hat mehr vor, als nur den Tank durch Batterien zu ersetzen. Ein neues, der Mobilfunkbranche abgeschautes Geschäftsmodell soll den Autoverkehr revolutionieren. Verbraucher sollen Agassis Autos nicht kaufen, sondern wie Handys als subventionierte Beigabe zu einem mehrjährigen Vertrag bekommen. Und wenn die Batterien leer sind, werden sie an der nächsten Tankstelle in wenigen Minuten ausgetauscht. Wie beim Mobilfunk zahlt der Kunde nur für die Fahrleistung.

Dieses neue Projekt hat bereits Form angenommen. Better Place heißt seine neue Firma, für die Agassi auch schon finanzkräftige Investoren gewonnen hat. Renault will ihm die nötigen Autos liefern. Australien, Dänemark und natürlich Israel sollen 2011 die ersten Länder mit einem Netz von Wechselstationen sein, wo Batterien massenhaft geladen und getauscht werden. Experten sind jedoch skeptisch. Das hohe Gewicht der Batterien, die Hochspannung, der Anschluss an das Kühlsystem des Autos: All das verlangt eine sehr aufwändige Infrastruktur. Gleichgültig, ob sich die Idee durchsetzt – vom leidenschaftlichen Querdenker Agassi wird man noch hören, sind diejenigen überzeugt, die ihn am besten kennen. Sie würde es nicht wundern, wenn er irgendwann in die Politik wechseln würde.

Die USA waren nur der Anfang der Globalisierung des Globalisierers. Während zwischen Palo Alto und Walldorf der Kulturkampf tobte, wandelte sich SAP zu einem Konzern, dessen Software überall auf der Welt geschrieben wird – vor allem auch in Indien.

Kapitel 5

Bangalore – alle Leitungen führen nach Indien

»Also musste SAP dorthin gehen, wo es gute Leute gibt.
Amerikaner oder Inder massenhaft in den mittleren Neckarraum zu locken –
das wäre ja ein vergebliches Unterfangen.«

Clas Neumann, Präsident der SAP Labs India

Sie schwebt über die Bühne. Ihre Bewegungen verschmelzen mit den Klängen indischer Musik. Hier ein aufreizendes Zucken der Hüfte, dort ein zweideutiger Schlenker mit dem Arm. Drei junge Männer mit Bierflaschen hält es nicht mehr auf ihren Stühlen. Lautstark feuern sie die Tänzerin an, fordern noch mehr. Doch dann erhebt sich drohend ein vierter Mann neben ihnen und ruft sie ebenso lautstark zur Ordnung. Sichtlich erbost setzt sich das ausgelassene Trio wieder hin.

Eine Szene wie aus einem populären Bollywood-Film. Doch die biegsame Ballerina tanzt auf dem Campus der SAP-Tochter in Bangalore. Genauso wie die drei Männer hat sie noch am Nachmittag über schwierigen Programmierproblemen gebrütet. Der um den Anstand seiner Kollegen besorgte vierte Mann ist Mitarbeiter der örtlichen SAP-Pressestelle. Der Rahmen der kleinen Szene: das jährliche Betriebsfest Ende November 2007.

Die Reiberei am Rande fällt kaum weiter auf. Mehr als 3 000 Menschen sind auf das Betriebsgelände in der südindischen Millionenstadt gekommen, fast die gesamte Belegschaft des größten SAP-Standorts auf dem Subkontinent. Sie haben nur Augen für das, was auf der Bühne passiert. Wie jedes Jahr geht es darum, herauszufinden, welcher indische SAPler am besten tanzen, singen oder Witze erzählen kann. Mehr als ein Dutzend Mitarbeiter hat es auf die Bühne geschafft – sie alle mussten eine Vorauswahl mit 100 Kandidaten überstehen. Nur die Besten dürfen auftreten, sie präsentieren SAP Indien. Und dies erklärt auch das Motto der Feier, das in großen Lettern über der Bühne prangt: *The Great SAP Reality Show.*

Solche rauschenden Feste – undenkbar in der Walldorfer Firmenzentrale – sind heute Teil der Realität von SAP. Lange Zeit blieb das Unternehmen von der Globalisierung, die es mitbetrieben und vorangetrieben hatte, seltsam unberührt. Zwar verkaufte es seine Programme in fast alle Länder dieser Erde, aber ihre Entwickler arbeiteten, von SAPs Softwerkern im Silicon Valley einmal abgesehen, mehr oder weniger ausschließlich in der badischen Provinz. Die meisten Programmierer in einem »Campus« nahe bei den Kunden zu konzentrieren: Mit diesem Produktionsmodell war die Software-Industrie groß geworden.

Mit der Jahrtausendwende aber geriet die Branche in den Strudel der Globalisierung, allen voran SAP. Von Ende 2000 bis Mitte 2008 machte die Zahl der Mitarbeiter im Ausland einen Sprung von 14 000 (von insgesamt 24 500) auf 36 300 (von insgesamt 51 600) – fast drei Viertel aller Beschäftigten. Schon lange geht im Reich des Software-Riesen die Sonne nicht mehr unter. Walldorf, Palo Alto und Bangalore sind nur die bekanntesten Standorte. Noch in fünf weiteren *Labs*, wie SAP seine Entwicklungszentren nennt, werden SAP-Programme verbessert, erfunden, verwirklicht: Montreal, Budapest, Sofia, Ra'anana (Israel) und Shanghai – die SAP-Weltkarte deckt sich mit den Weltzentren der IT-Industrie.

Den größten Wachstumsschub erlebte in den vergangenen Jahren der Standort Indien. Und das nicht nur quantitativ, sondern auch qualitativ. Der Subkontinent mit seinen mehr als 1,1 Milliarden Menschen ist längst viel mehr als eine verlängerte virtuelle Werkbank, auf die Unternehmen aus teuren Industrieländern für wenig Geld niedere IT-Tätigkeiten abschieben und aus der sie sie auch schnell wieder abziehen können. Aber wie konnte dieses frühere Armenhaus der Welt in Rekordzeit zu einem zentralen High-Tech-Standort der Welt werden?

Früher kamen Touristen wegen des Maharadschapalasts nach Mysore. Mitten in der Stadt steht der riesige Prachtbau, bis zur Unabhängigkeit Indiens 1947 Sitz des örtlichen Fürsten von britischen Gnaden.

Alles scheint hier überdimensioniert, ausgelegt für Elefanten und Massen von Menschen, die zu Empfängen und Festen den weit ausgelegten Exerzierplatz vor dem Palast oder die hohen Gewölbe im Innern kaum füllen können. Um alle Räume zu durchwandern, Kostbarkeiten zu bewundern, sich in die Glanzzeit dieses immensen Reichtums zu versetzen, ist ein Tag eher knapp bemessen. Das ist das eine Indien, das vergangene, dessen Spuren einheimische und ausländische Touristen suchen.

Heute kommen noch mehr Fremde wegen eines anderen Monuments indischer Macht in die Stadt, die zwei angesichts des lokalen Fahrstils gefährliche Autobahnstunden südlich von Bangalore liegt. Ein Vorort beherbergt das Global Education Center von Infosys, einem indischen IT-Dienstleister. Mit seinen imposanten Glasbauten, einer Pyramide im Zentrum und einer wie ein Raumschiff geformten Halle, wirkt das riesige Gelände wie ein Antipode zum Palast des Maharadschas: hier die Vergangenheit und dort die Zukunft, beides strikt getrennt von dem, was die indische Gegenwart zu sein scheint. Die Bewohner des Zukunftspalasts sind Studenten. Zu Hunderten strömen sie durch das von der Werkspolizei streng bewachte Eingangstor. Mehr als 9 000 junge Inder wurden allein 2007 mehrere Monate lang geschult. Geplant waren sogar noch ein paar Tausend mehr. Aber es war kein Beton mehr aufzutreiben, um Hörsäle und Wohnheime weiter wuchern zu lassen.

Anders als der Palast des Maharadschas repräsentiert diese größte Betriebsuniversität der Welt die heutige und globale Macht. Infosys ist eines der führenden Unternehmen einer Branche, die schneller kaum wachsen könnte. Fast 30 Prozent legt die indische IT-Industrie seit 2000 zu – jedes Jahr. Ende 2008 beschäftige sie über 2 Millionen Menschen und hatte im vorangegangenen Geschäftsjahr mehr als 64 Milliarden Dollar umgesetzt. Und glaubt man den Vorhersagen des Verbands indischer IT-Unternehmen NASSCOM, ist auch trotz der Wirtschaftskrise kein Ende des Wachstums in Sicht.

Wer den wirschaftlichen Aufbruch einmal hautnah erleben will, muss nur einer der unzähligen Branchentreffen in Bangalore besuchen, etwa der TechEd, die SAP Jahr für Jahr dort für Software-Entwickler organisiert. Im World Trade Center unweit des SAP-Campus' stehen Besucher in großen Trauben um die Messestände und pressen noch das letzte Quäntchen Information aus den sichtlich müden SAP-Experten. Die Bildschirme in den Gängen sind umlagert von einer Gruppe heftig diskutierender junger Menschen. An den Eingängen der Zelte um das längst viel zu kleine Tagungsgebäude haben sich lange Schlangen von lernwilligen und wissbegierigen Programmierern gebildet: Wer sich dort nicht mindestens eine Viertelstunde vor Beginn der Vorlesungen einreiht, der hat keine Chance, bei einem der zahlreichen technischen Workshops dabei zu sein. Eng nebeneinander auf weißen Plastikstühlen sitzend, versuchen die Teilnehmer, jeden Satz und jeden Wortfetzen zu verstehen, der die gleichzeitig laufende mobile Klimaanlage übertönt.

Am Abend ist das Gedränge ähnlich groß – aber die Stimmung wie bei einem Rockkonzert. Die meisten Besucher der Zelthochschule sind geblieben, um den Programmierwettbewerb nicht zu verpassen (und natürlich für das Freibier, das im prüden Indien nur bei westlichen Unternehmen fließt). Kaum einer ist hier älter als Mitte 20. Jede Präsentation von selbst gebastelten Programmen wird mit großem Applaus gefeiert, auch wenn es nur kleine Verbesserungen von bereits existierenden Anwendungen sind. Aber am lautesten klatscht das Publikum, um sich selbst zu feiern, als der Conferencier ruft: »Ihr seid jetzt die größte Landsmannschaft in SAPs Online-Foren – 200 000 von 1 Million.«

Indiens Ingenieure, vor allem die jüngeren, haben allen Grund zu jubeln. Der IT-Boom ihres Landes bringt für sie die Befreiung. Gut waren diese Hochschulabsolventen schon immer: Sie sind das Ergebnis einer erbarmungslosen Auslese. Doch bis Ende der neunziger Jahre blieben sie gefangen in ihrem geografisch isolierten, wirtschaftlich desolaten und schlecht regierten Land – wie ein Geist in der Flasche. Erst das Internet hat mit seinen schnellen Datenverbindungen über Glasfaserleitungen, die heute die Weltmeere durchziehen, die indischen Ingenieure mit dem Weltmarkt verbunden.

»Indien ist ein Land mit sehr vielen Menschen und sehr knappen Ressourcen. Du musst dir immer deinen Platz erkämpfen«, erklärt

Riju Mukhopadhyay, der seit einigen Jahren für SAP in Bangalore Software entwickelt. Das fängt in den Schulen an, vor allem in den besseren. Noch heute gehört hier die ständige Rangliste der Kinder einer Klasse zum pädagogischen Instrumentarium. Leistungen in Mathematik zählen besonders – weswegen indische Entwickler als eher quantitativ und technisch orientiert gelten.

Noch härter ist der Wettbewerb, wenn es darum geht, einen Studienplatz zu ergattern. Besonders bei technischen Berufen ist der Andrang groß, denn sie sichern ein gutes Auskommen, vielleicht sogar einen Aufstieg in die gut situierte obere Mittelklasse der indischen Gesellschaft. Auf einen Studienplatz in Elektrotechnik oder Informatik kommen oft mehrere Hundert Bewerber; bei Eliteeinrichtungen wie den Indian Institutes of Technology sind es sogar mehrere Tausend. Die schiere Masse sorgt freilich dafür, dass die Zahl der Absolventen der Ingenieursschulen trotz der Auslese beeindruckt: fast eine halbe Million jährlich, von denen die Hälfte gut genug qualifiziert ist für die IT-Industrie.

Bis Anfang der neunziger Jahre gab es für die Mehrheit der indischen Technikelite im eigenen Land keine berauschende Perspektive. Die sozialistische Regulierungswut und eine korrupte Bürokratie lähmten die Wirtschaft. Dass Ingenieure ihre eigene Firma gründeten, wie 1981 im Fall des heutigen Weltkonzerns Infosys, war die Ausnahme. Techniker und Ingenieure kamen in Staatsunternehmen unter, etwa in der Fernmelde- und der Luftfahrtindustrie, die traditionell in Bangalore ihr Zentrum haben. Das erklärt auch, warum gerade hier die Keimzelle des indischen IT-Wunders entstand. Wer mutig war und darüber hinaus noch zur Elite der Uni-Absolventen gehörte, der ging ins Ausland, oft in die Vereinigten Staaten, um dort Karriere zu machen. Indische Software-Entwickler, indische Unternehmensgründer, indische Risikokapitalgeber gehören zu den wichtigsten Antreibern der Innovationsmaschine Silicon Valley.

In Indien besserten sich die Aussichten erst mit den Wirtschaftsreformen von Manmohan Singh, damals Finanzminister, später indischer Regierungschef. Er öffnete Indien für Investitionen aus dem Ausland und propagierte die Marktwirtschaft in der kontrollierten

Ökonomie. Amerikanische Konzerne begannen, sich in Bangalore niederzulassen, allen voran General Electric. Mehr Investitionen von außen und größere Freiheiten im Innern schufen auch bessere Bedingungen für indische Jungunternehmen. Immer häufiger gründen umtriebige Techniker mit Erfahrung aus indischen und ausländischen High-Tech-Unternehmen ihre eigenen Firmen in Indien, statt an die kalifornische Küste zu gehen. Sie tragen dazu bei, dass Ingenieure heute Indien nicht mehr verlassen müssen, um Karriere zu machen, zumal ihr Lebensstandard dort trotz der niedrigeren Gehälter häufig höher ist als in den teuren westlichen Industriestaaten. Einheimische Mischkonzerne, wie etwa Tata und Wipro, starteten eigene IT-Ableger. Als Nummer eins und drei der IT-Servicebranche sind sie heute unter Berufseinsteigern die gesuchtesten Arbeitgeber.

Den eigentlichen Durchbruch erlebte Indien als IT-Standort aber erst mit dem Jahr-2000-Problem. Ohne Hilfe aus dem Subkontinent wäre es am 31. Dezember 1999 um Mitternacht vielleicht wirklich zu dem von vielen befürchteten weltweiten Computercrash gekommen. Nur dort gab es so viele Programmierer, dass westliche Unternehmen ihre Software Zeile für Zeile nach Stellen durchforsten konnten, an denen für Jahreszahlen nur zwei Ziffern vorgesehen waren. Die erfolgreiche Fleißarbeit schuf bei indischen IT-Firmen die Strukturen für größere Projekte – und bei ihren westlichen Kunden das nötige Vertrauen in die Fähigkeiten der jungen Branche aus der Dritten Welt.

Gerade das Jahr-2000-Problem und seine Lösung zeigen, was die indische IT-Industrie ist – und was nicht. Die Mitarbeiter von Tata Consultancy Services (TCS), Infosys, Wipro und vielen kleineren Firmen sitzen zwar vor Bildschirmen, die über schnelle Datenleitungen verbunden sind mit der Welt. Sie schreiben Software für amerikanische oder europäische Konzerne, sorgen sich um deren Computersysteme, lösen die Alltagsprobleme und wickeln sogar einige Geschäftsprozess für sie ab. Darin sind sie, dank ihrer guten Ausbildung, mindestens genauso gut wie westliche IT-Arbeiter. Woran es ihnen oft fehlt, ist die kreative Kraft – und das aus gutem Grunde.

Denn das Erfolgsgeheimnis liegt weniger in der technischen Kompetenz als in der Organisationsaufgabe: Hunderttausende Mitarbei-

ter so zu schulen, einzusetzen und weiterzubilden, dass sie ihre
Dienste mit gleichbleibender Zuverlässigkeit und Qualität verrichten.
Die führenden indischen IT-Firmen erreichten das, indem sie Konzepte aus der industriellen Produktion auf ihre Branche übertrugen,
erklärt S. (Kris) Gopalakrishnan, der Chef von Infosys. Und bei dieser
Industrialisierung von IT-Dienstleistungen sei ein Element von zent-
raler Bedeutung: die Entwicklung, wie er es nennt, einer *human supply chain*, einer menschlichen Zulieferkette.

Bildungszentren wie jenes in Mysore sind nur ein Glied dieser
Kette. Bevor künftige Infosys-Mitarbeiter dort für ihren Arbeitsplatz
fit gemacht werden, durchlaufen sie ein aufwändiges Bewerbungs-
verfahren. Nach dieser Grundausbildung bleibt Weiterbildung Pflicht;
über 100 Millionen Euro gibt Infosys allein dafür im Jahr aus. Wer
sich im Golfwagen über den riesigen Campus von Infosys in Bangalores Electronic City führen lässt, dem werden zuerst die betriebseige-
nen Hörsäle gezeigt, in dem die Beschäftigten ihr Wissen regelmäßig
auf den neuesten Stand bringen müssen.

Firmen wie Infosys investieren in ihre Mitarbeiter, obwohl Schwund
ebenfalls zu diesem Modell gehört: IT-Angestellte bleiben im Schnitt
nur drei bis vier Jahre bei einem Unternehmen. Bei Infosys wechseln
nach offiziellen Angaben pro Jahr etwa 14 Prozent der Gesamtbeleg-
schaft von 91 000 Mitarbeitern (Ende 2008) zu anderen Firmen. Darunter sind zwar viele Leistungsträger, aber auch viele weniger wert-
volle Mitarbeiter. Für den indischen IT-Dienstleister ist diese hohe
Fluktuation zwar einerseits ein Managementproblem, weil laufend
Nachschub ausgebildet werden muss, um Abgänge auszugleichen und
zusätzlich noch das Wachstum zu bewältigen. Doch andererseits ist
gerade der ständige Abgang auch ein Mittel, um die Lohnkosten nicht
zu sehr explodieren zu lassen – sie steigen auch so schon rasant.

Ein weiterer Ansatz des indischen Modells stammt ebenfalls aus
der Welt der Industrie: Produktionsprozesse und damit auch Qualität
müssen ständig verbessert werden. Dazu spalten die Unternehmen
IT-Dienstleistungen in kleine, leicht wiederholbare Schritte auf und
nutzen institutionalisierte Lernschleifen, im Management-Sprech »Six
Sigma« genannt, um sie zu optimieren. Anfangs war das eine Überle-

bensfrage, erklärt Girish Paranjpe, einer der beiden Chefs von Wipro: Indische IT-Firmen mussten besser sein als ihre westlichen Konkurrenten. Heute gibt es mehr indische als amerikanische Unternehmen, die bei ihrer Software-Entwicklung die weltweit strengsten Regeln des Six-Sigma-Systems befolgen, um die Qualität der Programme sicherzustellen.

Es war vor allem diese erstaunliche Disziplin, die es den indischen IT-Firmen ermöglicht hat, von den extrem günstigen Marktbedingungen der vergangenen Jahre zu profitieren. Ihr Angebot passte haargenau zur Nachfrage: hier eine Armee gut ausgebildeter, Englisch sprechender Ingenieure, die bereit waren, für wenig Geld viel zu arbeiten; dort Unternehmen, die nach dem Ende des Internetbooms Geld sparen mussten, deren Computersysteme aber immer mehr menschliche Betreuung brauchten. Das Überangebot an Glasfaserkabeln drückte die Kommunikationskosten fast auf null. Hinzu kam der Währungsvorteil: Westliche Kunden zahlten in wertvollen Dollar, während die Unternehmen die Gehälter ihrer Mitarbeiter in billigen Rupien überwiesen.

»In anderen Branchen gilt die Regel, dass eine große Marge immer mit hohem Risiko einhergeht, oder eine niedrige mit einem geringem Risiko«, sagt Kiran Karnik, der frühere Präsident des Branchenverbandes NASSCOM. Indiens IT-Firmen hätten es dagegen geschafft, ein geringes Risiko mit einer hohen Marge zu kombinieren. Um ihren Umsatz zu steigern, müssen sie einfach mehr Mitarbeiter einstellen – ohne dass darunter ihre Profitraten leiden. Bei führenden Anbietern wie Infosys oder Wipro liegen sie bei über 40 Prozent.

»So profitabel ist SAP nicht«, sagt Clas Neumann mit einem Augenzwinkern. An dem gelernten Ostasienexperten liegt das freilich nicht. Im Gegenteil: Ohne ihn wäre SAPs operative Marge von knapp 27 Prozent im Fünfjahresschnitt vielleicht sogar etwas niedriger. Denn Neumann ist SAPs »Mr. India«. Unter seiner Führung ist das *Lab* in Bangalore groß geworden. Als er 1999 in die Stadt zog, hatte SAP dort nur ein paar Hundert Entwickler, die als Untermieter in einem Technologiepark untergekommen waren. Heute herrscht Neumann über einen SAP-eigenen Campus mit gläsernen Bürobauten, der so groß ist wie zehn Fußballfelder und mehr als 3500 Mitarbeiter beherbergt (insgesamt sind es 4500 in Indien). Und seit 2006 gehört ein zweiter Campus in Gurgaon in der Nähe von Neu Delhi mit weiteren 700 Beschäftigten zu seinem Reich.

Wenn es noch eines Beweises bedurfte, dass Bangalore mehr ist als nur ein weiteres Entwicklungszentrum, dann erfolgte er 2007. Mitten im heißen indischen Sommer besuchte der gesamte SAP-Vorstand den nach Walldorf zweitgrößten Standort des Unternehmens – und erteilte die Weihe. »In einer von Kling-Klong-Klängen begleiteten Zeremonie entzündete Kagermann Kerzen an einem Blumenaltar, dann führte ein Architekt im Turban die SAP-Lenker durch die großzügigen Hallen und Büros«, amüsierte sich hinterher das Nachrichtenmagazin *Der Spiegel*.

Das schnelle Wachstum und der hohe Besuch sind Neumann aber nicht zu Kopf gestiegen. Der frühere Assistent von SAP-Vorstandsmitglied Peter Zencke scheint eher ein Beispiel für einen deutschen Manager, der »etwas steif in Indien ankommt und dann schnell lockerer wird«, wie ein indischer SAP-Mitarbeiter sagt. Neumann ist geübt im gelassenen Multitasking: Ein gelassenes Gespräch in seinem Büro in Bangalore unterbricht er in Sekundenschnelle, wenn er seinen Namen in der gleichzeitig über das Internet laufenden Konferenz hört, zu der Manager aus Europa, Amerika und Asien zusammengeschaltet sind. Aber aus Lockerheit wird bei Neumann schnell Härte, heißt es auf den Gängen, wenn Dinge wiederholt nicht richtig laufen.

SAPs Globalisierung pendelt ebenfalls zwischen Extremen: chaotische Ausweitung und kontrollierte Kontraktion. »Das kommt in Wellen«, erklärt Neumann. Irgendwo in der Welt siedelt sich ein Manager an, weil er von Walldorf eine Ausnahmegenehmigung bekommen hat. An anderer Stelle übernimmt SAP wieder einmal eine kleine Software-Firma. Ein dritter Standort scheint wiederum aus technischen Gründen interessant. Und dann kommt die Order von oben, den Wildwuchs wieder zu ordnen und alles zusammenzuführen. »Bevor wir nach Indien gegangen sind«, erzählt Neumann, »hatten wir praktisch in jedem asiatischen Land eine kleine Gruppe von Entwicklern.«

1998 erteilte der SAP-Vorstand Neumann und einigen Kollegen den

Auftrag, den Standort für ein großes Entwicklungszentrum in Asien auszukundschaften. Zunächst sprach viel gegen Indien und die Technologiemetropole des Landes. Nirgendwo war die Infrastruktur so schlecht wie in Bangalore. Sogar eine Telefonleitung zu bekommen, stellte in der Stadt der Ingenieure eine größere Herausforderung dar. Neumanns persönlicher Favorit war China, das er aus eigener Anschauung kannte. Am Ende gab die Sprache den Ausschlag. In China konnte damals kaum ein Entwickler E-Mails auf Englisch schreiben. Verlockend war auch, dass ausländische IT-Firmen in Indien bis 2009 weitgehend von Steuern befreit sind.

Aber Sprache und Steuern allein erklären nicht, warum Indien in nur wenigen Jahren zu SAPs zweitgrößtem Standort nach Walldorf geworden ist. Denn den Anstoß gab zunächst die Situation in Deutschland. Ob es an allgemeiner Technikfeindlichkeit, geburtenschwachen Jahrgängen oder der Internetkrise von SAP lag – darüber lässt sich streiten; jedenfalls war der Arbeitsmarkt in Deutschland für SAP leergefegt, es gab Ende der neunziger Jahre kaum noch Software-Entwickler, die fähig und willens waren, für den Walldorfer Weltkonzern zu arbeiten. »Also musste SAP dorthin gehen, wo es gute Leute gibt«, sagt Neumann. »Amerikaner oder Inder massenhaft in den mittleren Neckarraum zu locken – das wäre ja ein vergebliches Unterfangen.«

Schnell wurden aber die Kosten zur eigentlich treibenden Kraft. Nachdem die erste Internetblase im Frühjahr 2001 geplatzt war, verhandelten Kunden plötzlich härter oder kauften weniger. Im folgenden Jahr schrieb SAP rote Zahlen – zum ersten Mal in der Geschichte des Unternehmens. Die Aktie stürzte ab, und Börsenanalysten interessierte jetzt das Umsatzwachstum weniger als die Gewinnmarge. Was lag da für SAP näher als, wie andere Software-Firmen auch, immer größere Teile der teuren Programme von billigen indischen Entwicklern schreiben zu lassen, deren Gehälter damals noch weit unter dem deutschen Niveau lagen?

Niedrig sind die Gehälter auch heute noch, doch zumindest die Führungskräfte haben mittlerweile stark aufgeholt. Ein indischer Entwickler fing Ende 2007 bei SAP mit rund 8 000 Euro Jahresgehalt an, etwa ein Fünftel eines vergleichbaren Einstiegsgehalts in Walldorf.

Erfahrene Manager in Indien brachten es dagegen auf 70 000 Euro, nicht viel weniger als die 100 000 Euro, die in Deutschland gezahlt werden. In Kaufkraft gemessen, sind SAP-Manager in Indien damit sogar reicher: Ein Chauffeur beispielsweise kostet in Bangalore nur etwa 500 Euro im Monat. Das hat sich auch in Walldorf herumgesprochen und darum geht nicht jeder deutsche SAPler nach Indien, nur um dort internationale Erfahrung zu sammeln.

Wer bei SAP in Bangalore arbeitet, muss allerdings früh aufstehen. Der Grund dafür ist nicht, dass Neumann mit der Stoppuhr neben dem Pförtner steht – auf dem Campus ticken die Uhren anders. Es gilt wie überall die *Indian Stretchable Time*, was in etwa das Gegenteil von deutscher Pünktlichkeit bedeutet. Aber Langschläfer würden die meiste Zeit des Arbeitstages im Auto oder Bus verbringen. Zur Rushhour ist Bangalore vor allem ein Infrastruktur-Desaster mit Dauerstau: Viel zu viele hupende Fahrzeuge kämpfen sich mit weniger als Schritttempo im Millimeterabstand vorbei an Menschen und Kühen durch Straßen, die nun einmal für eine beschauliche Provinzhauptstadt gebaut worden sind. Britische Soldaten kamen gern zum Ausspannen hierher, weil Bangalore höher gelegen und darum das Klima kühler als im Umland ist. Da viele SAP-Mitarbeiter etwas weiter entfernt leben, oft noch bei ihren Eltern, sind zwei Stunden Pendeln keine Seltenheit – in jede Richtung. Wer Glück hat, wird von einem der vollklimatisierten Firmenbusse mit Internetzugang abgeholt, und kann in den Staustunden schon die ersten E-Mails beantworten.

Wer es dann fast geschafft hat, der steuert noch einmal über eine staubige Straße mit Schlaglöchern bis zu einem kleinen Slum mit Plastikzelten zwischen unbebautem Brachland und einem Fünf-Sterne-Hotel – dort gegenüber steht der Sicherheitsdienst am Tor zum SAP-Campus in Whitefield im äußersten Osten Bangalores. Ein kleines Paradies, ein großer Rasen, perfekt gepflegt, begrüßt Besucher. Unter Kennern heißt die Fläche, auf dem auch die Betriebsfeier mit Darbietungen der Beschäftigten stattfand, Claus-Heinrich-Rasen. Das SAP-Vorstandsmitglied war so hingerissen von dieser Grünfläche in der Ödnis, dass er verfügte: Hier darf nicht gebaut werden! Die Gebäude dahinter waren dem sonst sehr sparsamen Unternehmen, das in Walldorf einen Dauerstreit mit den Beschäftigten wegen der fehlenden Klimaanlage aushält, eine Menge wert. Rund 50 Millionen Euro haben sie gekostet. Die Einzelteile der mehrstöckigen gewellten Glasfassade wurden aus Deutschland angeliefert, weil entsprechendes Baumaterial vor Ort nicht zu haben war.

Wer die lichtdurchflutete Lobby betritt, fühlt sich gleich willkommen – ganz anders als im Hauptsitz in Walldorf, wo die dunkle Empfangshalle den ausdruckslosen Charme anspruchsloser Zweckarchitektur der achtziger Jahre ausstrahlt. Hier in Bangalore scheut ein Arbeitgeber kaum Kosten, um seine Beschäftigten bei Laune zu halten. Die Büros sind geräumig und auf Kommunikation ausgelegt. In der Mensa werden immer zwei Spezialitäten aus zwei regionalen Küchen gereicht – eine aus Nord- und eine aus Südindien. Der Fitnessraum im Keller ist 24 Stunden am Tag geöffnet. An vielen Wänden im Innern der Gebäude hängen weiße Plastiktafeln für handschriftliche Mitteilungen. »Immer das Beste geben«, steht auf einer.

Doch am besten zeigen wohl die großen Wandgemälde, die auf jedem Stockwerk des Hauptgebäudes zu finden sind, welche Atmosphäre SAP hier zu unterschiedlichen Tageszeiten schaffen will. Im zweiten Stock etwa weist ein Pfeil zu den SAP Labs, doch die jungen Menschen mit indischen Gesichtszügen rennen in die andere Richtung. Nur einer sitzt einsam vor seinem Bildschirm, auf dem ein großes Fragezeichen zu sehen ist. Den anderen kann es gar nicht schnell genug gehen, einige rutschen das Treppengeländer hinunter, um den Bus noch zu erreichen. Dessen Fahrer trägt eine lässige Baseballkappe, die Krempe hochgeschlagen. Das Ziel ist eine Kneipe, in der die Post abgeht. Eine Band mit Sängerin spielt, man trinkt Cocktails, zwei Gäste liegen schon unter dem Tisch. Ein besonders cooler Typ hält sein Handy in der einen Hand, im anderen Arm eine junge Frau, darüber verkündet ein Schild »Opium«. Sieht so der Feierabend bei SAP in Bangalore aus, der Stadt, die den Beinamen »Pub of India« trägt? Wohl kaum, und doch drückt dieses Bild aus, wie weit dieser Arbeitsplatz von der indischen Wirklichkeit entfernt ist, mit welchen Träumen die fast ausschließlich jungen Beschäftigten sich hier an ihre

Computer setzen – und wie westliche Arbeitgeber ganz bewusst diese Karte spielen. Unternehmen wie SAP verkörpern hier auch das Freiheitsversprechen des Westens, dessen Grenzen bewusst unklar gelassen werden. Dazu gehört auch das Freibier, das zur Betriebsfeier ausgeschenkt wird – was in der abstinenten indischen Gesellschaft schon einen Kulturbruch darstellt.

Die paradiesischen Arbeitsbedingungen verdanken sich allerdings nicht einem überaus großzügigen Management oder einem sehr kampfbereiten Betriebsrat, sondern Angebot und Nachfrage. Gäbe es eine weltweite Hitliste für überhitzte Arbeitsmärkte, jener für IT-Arbeiter in Bangalore läge mindestens unter den ersten drei, wenn nicht an der Spitze, auch nach der Finanzkrise. In den vergangenen Jahren stiegen die Gehälter um jeweils 15 Prozent im Schnitt. Die Loyalität ist gering, ständig sind die Beschäftigten auf der Suche nach einem besseren Job. Häufig kündigen sie gar nicht offiziell, sondern bleiben einfach weg. Und die Hälfte aller Neueinstellungen kommt zwischen Vertragsunterschrift und Arbeitsbeginn abhanden. »Die Wechselkosten für die Leute sind gering«, sagt Wolfgang Kalthoff, der 2004 mit seiner Familie für zwei Jahre nach Bangalore gezogen ist, um dort für SAP gemeinsame deutsch-indische Entwicklungsprojekte aufzuziehen. »Man fährt morgens einfach in die andere Richtung, die Angebote sind entsprechend vielfältig.«

Wenn Arbeitnehmer es sich praktisch aussuchen können, in welches Büro sie morgens gehen, reicht aber ein schmucker Campus nicht mehr, um die besten indischen Köpfe anzulocken, geschweige denn zu halten. Ohne eine wohlüberlegte Personalpolitik erleiden westliche Unternehmen in Bangalore schnell Schiffbruch, erklärt Kush Desai, der *Managing Director* der SAP Labs India, was sich am ehesten mit Geschäftsführer übersetzen lässt. Seine Grundregeln: Kandidaten genau darüber aufklären, was sie erwartet, Offenheit nicht nur zu predigen und Mitarbeitern ausreichend Aufstiegschancen zu geben.

Was einfach klingt, ist in der Praxis oft kompliziert. Da SAP nicht so bekannt ist wie etwa IBM, Oracle oder Microsoft, hat Aufklärungsarbeit höchste Priorität. »Egal, wie schön der Campus ist, welches Essen serviert wird oder wie luxuriös der Firmenbus ist, der sie morgens abholt«, sagt Desai, »wenn Mitarbeiter nicht die Arbeit machen, die sie machen wollen, dann verlieren sie schnell das Interesse.« Diese Art beruflicher Ungeduld sei in Indien besonders ausgeprägt: »Die Leute sind vor allem hungrig danach, etwas beizutragen und sich weiterzuentwickeln.«

Desai und seine Mitarbeiter folgen bei der Rekrutierung einer besonderen Strategie. Anders als etwa Infosys und Wipro, stellen sie niemanden mehr ein, der direkt von der Universität kommt. Denen SAP zu erklären, ist schwierig, und die Chemie mit den Entwicklern in Walldorf, meist schon um die 40, stimmt oft nicht. Bei erfahrenen indischen Heimkehrern aus dem Silicon Valley sind sie andererseits gegenüber den amerikanischen Wettbewerbern im Nachteil, denn nach Jahren oder Jahrzehnten in den USA kommen die meisten Inder mit einem Vertrag von Firmen wie IBM oder Oracle zurück. Die wichtigste Zielgruppe sind darum Mitarbeiter indischer IT-Firmen, die dort ein paar Jahre Erfahrung mit SAP-Software gemacht haben. Tausende solcher Lebensläufe hat SAP in Bangalore auf Lager. Aber oft gibt ein Mitarbeiter einen Tipp: Mehr als die Hälfte aller Neueinstellungen geht auf solche *referrals* zurück, für die es eine Prämie von 25 000 Rupien gibt, umgerechnet etwa 600 Euro. Headhunter kosten mehr als das Doppelte, und ihre Vorschläge sind oft schlechter. Mitarbeiter sind vorsichtiger, weil es ihrem Ruf schaden könnte, wenn ihr Kandidat ein Reinfall ist.

Yoginder Parmar, der seit Juni 2006 bei SAP arbeitet, hat seinen Job einem solchen Tipp eines Bekannten zu verdanken. Aber sonst ist er eher kein typischer Kandidat. Er kommt nicht von Infosys oder Wipro, sondern von der indischen Tochter von Samsung, dem südkoreanischen Elektronikkonzern. Und dort schrieb er keine Software, sondern optimierte Produktionsabläufe – eine Rolle, die er jetzt auch bei SAP erfüllt: Parmar ist ein »Six Sigma Black Belt«, ein Schwarzgürtel-Träger in der gleichnamigen Managementtechnik, dessen Ziel das praktisch fehlerfreie Unternehmen ist.

Seine Funktion macht Parmar aber zu einem guten Gradmesser dafür, wie SAP tatsächlich mit seinen indischen Mitarbeitern umgeht, denn ohne Offenheit könnte er seinen Job nicht machen: Six-Sigma-Projekte funktionieren nur, wenn alle Beteiligten Rationalisierungsvorschläge unterstützen. »Am meisten hat mich bei SAP überrascht«, sagt Parmar, »wie stark Mitarbeiter bei Entscheidungen eingebunden werden und ihre Meinung sagen dürfen. Das war bei meinem früheren Arbeitgeber ganz anders.« Dort wurden Entscheidungen in der Regel oben getroffen und mussten unten widerspruchslos ausgeführt werden – wie bei den meisten indischen IT-Firmen.

SAP versucht einerseits damit zu punkten, dass es ein anderes, westlicheres, freieres, aber auch mit mehr Verantwortung verbundenes Betriebsklima bietet. Andererseits passt sich das deutsche IT-Unternehmen auch an die kulturellen Gegebenheiten Indiens an, um attraktiv für Mitarbeiter zu sein. Dabei spielt vor allem die Familie eine besondere Rolle. Beschäftigte bleiben länger, wenn auch die Eltern den Arbeitgeber für gut befinden. »Meine Mutter hat keine Ahnung, was ich hier mache. Aber als ich ihr kürzlich mein Büro gezeigt habe, war sie ganz angetan. Da war ich richtig stolz«, erzählt Parmar.

Deswegen betreibt SAP, mehr noch als andere IT-Unternehmen in Bangalore, intensive Elternarbeit. Die kostenlose Krankenversicherung der Mitarbeiter kommt etwa auch für Mutter und Vater auf. Und die Eltern werden zweimal im Jahr zu Familienfesten auf den Campus eingeladen. Zum Frühlingstermin 2007 kamen über 8 000 Menschen. »Das hat inzwischen eine Skalierung erreicht, die nicht mehr zu managen ist«, sagt Neumann im besten SAP-Deutsch, »ich hatte wirklich Bedenken um unsere Bürogebäude, aber es ist gut gegangen.« Jetzt soll es häufiger, dafür aber kleinere Feste geben.

Aber selbst die loyalsten unter den SAP-Mitarbeitern wären schnell weg, wenn sie nicht die Möglichkeiten hätten, sich beruflich weiterzuentwickeln. »Früher sind die meisten indischen Software-Entwickler damit zufrieden gewesen, eine Zeile nach der anderen zu programmieren. Jetzt wollen sie auch am Design der Software beteiligt sein, wollen sich einen Namen machen«, sagt Riju Mukhopadhyay, der seit über sechs Jahren für SAP arbeitet. Wer solchen Leuten nur Routinearbeit gibt, erklärt er, verliert sie schnell an Unternehmen, die ihnen erlauben, ihren Marktwert zu steigern.

Mukhopadhyay ist ein gutes Beispiel dafür, wie SAP mit gesundem beruflichem Ehrgeiz umgeht. In drei verschiedenen Rollen arbeitete er bei SAP in Indien, zuletzt ebenfalls als »Six Sigma Black Belt«. Im Januar 2008 zog er mit seiner Frau nach Deutschland – eine Auszeichnung und ein Karriereversprechen, mit dem SAP inzwischen versucht, seine besten indischen Mitarbeiter an das Unternehmen zu binden. Dennoch ist Mukhopadhyay die Entscheidung schwergefallen: das kalte Wetter, das andere Essen, die anfängliche Verschlossenheit der Menschen. »Deutschland, haben mich Freunde gewarnt, ist kein einfaches Land für Inder«, sagt er.

Wenn sich Mukhopadhyay auf das Abenteuer Walldorf eingelassen hat, dann weil es kurz vorher zu einer grundlegenden Änderung bei den beiden indischen SAP-Labs gekommen war: Seit November 2007 werden sie unter der Gesamtleitung von Clas Neumann von Indern geführt. Desai, der neue Geschäftsführer der Labs in Bangalore sieht darin zwei wichtige Veränderungen: »«Diese Entscheidungen unterstreichen, dass SAP ein wirklich globales Unternehmen ist und die lokalen Mitarbeiter an seinen Standorten honoriert.«

Wer lange über die riesigen Betriebsgelände der indischen IT-Firmen schlendert, sich mit ihren hochintelligenten Managern unterhält und die Leistungsbereitschaft der Beschäftigten spürt, dem kommt unweigerlich eine Frage in den Sinn: Wird Bangalore das Silicon Valley irgendwann als Zentrum der weltweiten IT-Industrie ablösen? Und wird SAP irgendwann praktisch ein indisches Unternehmen sein, offiziell zwar mit Firmensitz in Walldorf, aber mit dem größten Teil der Entwicklungsarbeit – dem eigentlichen Kern des Unternehmens – in Bangalore und in anderen indischen Städten?

Doch es mehren sich die Zweifel, ob die IT-Industrie wirklich nach Indien abwandern wird. Noch zeigen zwar alle Wachstumsprognosen für die indische IT-Industrie nach oben. Mittlerweile aber sind immer mehr skeptische Stimmen zu hören, die Stagnation oder sogar einen Absturz voraussagen. Die Branche muss sich neu erfinden, sonst werden vor allem kleinere Unternehmen in große Schwierigkeiten geraten, argumentiert etwa Sudin Apte, ein Analyst des Marktforschers

Forrester Research. Ein Auslöser dieser Selbstzweifel war die bis Mitte 2008 starke Aufwertung der Rupie gegenüber dem Dollar, die auf die Marge drückte. Nach der Finanzkrise fiel die Rupie wieder, aber die strukturellen Probleme sind geblieben.

Tata, Infosys, Wipro und ihre kleineren Konkurrenten müssen mit gleich mehreren großen Herausforderungen fertig werden. Zum einen sind die Folgen des Booms immer schwerer zu ertragen: die schlechte Infrastruktur und der angespannte Arbeitsmarkt. Zum anderen spüren die indischen IT-Firmen zunehmend westliche Konkurrenz – in ihrem eigenen Land. Accenture, IBM and Hewlett-Packard haben dort Milliarden investiert. Im Jahre 2002 hatten die sechs größten westlichen IT-Dienstleister weniger als 10 000 indische Beschäftigte. Fünf Jahre später waren es über 150 000, Tendenz kräftig steigend. Damit machen sie den Kostenvorteil der indischen Konkurrenz wett und können ihre Stärken ausspielen. Während die große Mehrheit der Beschäftigten von Infosys in Indien sitzt, kann IBM mit einer weltweiten Belegschaft aufwarten.

Die größte Bedrohung für die indische IT-Industrie ist allerdings, dass neue Technik einen großen Teil ihrer Arbeit überflüssig machen könnte – ähnlich wie im 19. Jahrhundert neue Webstühle in Großbritannien der Textilindustrie in der indischen Kolonie schwer zusetzten. »Die Branche muss sich schnell in der Wertschöpfungskette nach oben bewegen, bevor die Kostenkarawane weiterzieht«, meint Partha Iyengar, der für den Marktforscher Gartner die indische IT-Industrie beobachtet. Bisher hätten die Firmen einfach nur mehr Menschen eingestellt, um den Umsatz zu steigern. In Zukunft müssten sie mehr auf Klasse als auf Masse setzen und höherwertige Dienste wie Consulting anbieten und zunehmend eigene Standard-Software schreiben.

SAPs indischer Ableger steht vor einer ähnlichen Herausforderung. Bisher ist er weitgehend noch eine Programmierfabrik, die Software zusammenbaut, die von anderen entwickelt wird, vor allem in Walldorf. »Doch langsam, aber sicher bewegen wir uns nach oben«, meint Ramkrishna Yarlapati. Er ist der oberste SAP-Entwickler in Bangalore und eine Institution in den Labs: Von Anfang an war er dabei, er war der erste indische *Senior Vice President* und damit Hoffnungsträger für alle indischen Kollegen. Heute führt er all jene Entwickler, die in Bangalore Software für SAPs zentrales ERP-Paket schreiben.

Um zu erklären, was er meint, greift Yarlapati zum Filzstift. In Windeseile entsteht ein Diagramm. »Fähigkeiten/Kompetenzen« steht neben der Y-Achse, »Größe« neben der X-Achse. Dazwischen reihen sich sechs Kreise von links unten nach rechts oben, die jeweils einen Namen haben. »Start-up« heißt der erste, »Powerhouse« der letzte. Aber Yarlapati kümmert sich nur um die vier dazwischen: »Ausführung«, »Entwicklung«, »Produktplanung«, »Produktstrategie«. »Am Anfang ging es vor allem um die Qualität der Ausführung: Projekte abzuliefern, die den Standards von SAP entsprechen«, erklärt er. »Über die Jahre wuchs unser Wissen über Software-Architektur und Geschäftsabläufe. Jetzt können wir selbst Produkte entwerfen und ihre Funktionen bestimmen.«

Konkret heißt das, die SAP Labs in Indien haben in den ersten Jahren nur in Walldorf entwickelte Programme für den indischen und andere asiatische Märkte umgeschrieben und den rechtlichen Bedingungen in den jeweiligen Ländern angepasst. Später kamen aufwändigere Programmierarbeiten hinzu. Dann begann das indische Entwicklungszentrum, die Federführung für branchenspezifische Software-Programme zu übernehmen, etwa jene für die Erdölindustrie. Auch von der neuen SAP-Mittelstands-Software »Business ByDesign« sind wesentliche Teile in Indien entstanden. Im Jahr 2007 übertrug Walldorf schließlich Bangalore die Verantwortung für ein erstes eigenständiges Produkt: *employee self-services*. Wie Mitarbeiter eines Unternehmens ihre persönlichen Daten mithilfe von SAP verwalten oder wie sie einen Urlaubsantrag stellen, wird seitdem in Indien entschieden.

Die wichtigste Aufgabe auf dem Weg zu einem globalen Unternehmen ist für das SAP-Management, solchen Kompetenzzuwachs auf alle Standorte zu übertragen. Dazu müssen Entwickler aus Deutschland, den USA, Israel und Indien mal mehr und mal weniger zusammenarbeiten, um einerseits voneinander zu lernen, andererseits aber auch auf eigenen Füßen zu stehen und Verantwortung zu übernehmen. »Wenn ich die Schnittstellen zu schlank mache, dann bekomme ich den Erfahrungsaustausch und die gegenseitige Befruchtung nicht hin«, hat Kalthoff in seinen internationalen Teams beobachtet. Am besten beginnt man darum mit vielen Kontakten, zahlreichen Reisen und täglichen Telefonkonferenzen. Doch je mehr Kompetenz an Standorten wie Bangalore aufgebaut worden ist, desto weniger sind Kontakte nötig, um die Arbeit voranzubringen. »Die Leute haben dann auch dieses dauernde Hin und Her und ewige Abstimmen satt«, sagt Kalthoff, man gebe dann »relativ aggressiv Verantwortung an die Standorte«. Damit unterscheide sich SAP mit seiner Globalisierungsstrategie auch von anderen ausländischen Unternehmen.

Doch noch ist SAP Labs India weit davon entfernt, die Kreise rechts oben in Yarlapatis Diagramm auszufüllen, die Stufen »Produktplanung« und »Produktstrategie«. »Heute spielen Kosten noch eine große Rolle «, meint Ferose V. R., der Geschäftsführer des Ablegers in Gurgaon, und diesen Vorteil versucht er zu sichern. In den vergangenen Jahren hat er es geschafft hat, die Kosten seines Labs trotz jährlicher Gehaltssteigerungen um einen zweistelligen Prozentsatz konstant zu halten. »Aber früher oder später werden wir diesen Vorteil verlieren«, weiß V.R. Und was, fragt er, wird dann die *value proposition*, der spezifische Beitrag des indischen Entwicklungszentrums sein? Innovation? Ein gut entwickeltes Netzwerk von lokalen Partnern und Investoren? »Für mich als Geschäftsführer«, sagt er, »gibt es nichts Wichtigeres, als zusätzliche *value propositions* über den Kostenfaktor hinaus zu finden.«

Die ökonomische Schwerkraft wirkt überall, auch in Indien – selbst wenn die Welt flach geworden ist, wie manche behaupten. Aber wie flach, fragt das nächste Kapitel, ist sie wirklich?

Kapitel 6

Die Welt – ein zerklüftetes Objekt

»Es ist viel Geld vernichtet worden,
weil Manager die Mär vom globalen Dorf geglaubt haben.«

Pankaj Ghemawat, Professor an der Harvard Business School

Wenn es einen Weltbürger gibt, dann Thomas Friedman. Rastlos jettet der amerikanische Journalist und Gewinner des Pulitzer-Preises um den Globus. Überall redet er mit den Mächtigen der Erde, tippt das Gehörte meist sofort in seinen Laptop und destilliert seine Notizen regelmäßig zu viel gelesenen Kolumnen in der *New York Times,* dem führenden linksliberalen Blatt in den Vereinigten Staaten. Alle paar Jahre wird auch ein Buch daraus, wie etwa sein jüngstes Werk *Hot, Flat and Crowded: Why the World Needs a Green Revolution* (Heiß, flach und überbevölkert: Warum die Welt eine Grüne Revolution braucht), das im September 2008 erschien.

Am bekanntesten ist Friedman freilich für ein Buch, das heute als die Bibel der Globalisierungbefürworter gilt: *Die Welt ist flach – Eine kurze Geschichte des 21. Jahrhunderts.* Der Titel ist Programm: Politische Umbrüche wie der Fall der Mauer und technologische Fortschritte haben Barrieren beseitigt, Unterschiede eingeebnet und dadurch die Welt so eng zusammenrücken lassen, dass der globale Wettbewerb als große Gleichmachungsmaschine jede Nische erreichen kann. Heute könne jeder Dienstleistungen aller Art weltweit, von überall nach überall, anbieten – sei es die Annahme von Tischreservierungen für ein Restaurant, die Auswertung von Röntgenbildern oder das Schreiben von Software. Und Indien, da ist sich Friedman sicher, ist bisher der große Gewinner dieser Einebnung der Erde.

Der Internetboom Ende der neunziger Jahre, Überinvestitionen in Datenverbindungen durch Untersehkabel, E-Mail, kostenlose Open-Source-Software, neue Projektmanagementprogramme – das alles, schreibt Friedman, habe eine Plattform entstehen lassen, auf der geistige Arbeit und geistiges Kapital von überall her geliefert werden konnte. »Alles konnte jetzt zerlegt, verschickt, verteilt, ausgeführt und wieder zusammengesetzt werden. Das verschafft uns völlig neue Freiheiten in unserer Arbeitsweise, insbesondere bei geistig anspruchvollen Tätigkeiten«, zitiert Friedman den Gründer von Infosys und ehemaligen Chef des Unternehmens, Nadan Nilekani, der ihn auch zu dem Buch inspiriert hat.

Das Werk, das allein in den USA mehrere Millionen Mal verkauft worden ist und inzwischen in 25 Sprachen vorliegt, machte Friedman endgültig zum Guru der Globalisierung. Vor allem auf dem World Economic Forum, dem jährlichen Treffen der globalen Elite aus Wirtschaft, Politik und Kultur im schweizerischen Davos, wurde er Anfang 2007 gefeiert wie ein Rockstar. Doch seitdem mehren sich die kritischen Stimmen, die Zweifel anmelden: Ist die Welt tatsächlich so flach, wie sie Friedman von seinem Hochplateau des journalistischen Globetrotters aus sieht? Hat die umgekehrte kopernikanische Wende bereits stattgefunden, weil die Kommunikationskosten fast auf null gefallen sind?

Um diese Fragen zu beantworten und nach Höhenunterschieden in einer flach gewordenen Welt zu suchen, begeben wir uns auf eine kleine Weltreise: vom amerikanischen Cambridge über Armonk im Bundesstaat New York und die israelische Küstenstadt Tel Aviv bis nach Walldorf und St. Leon-Rot in Deutschland. Die These, mit der wir uns auf den Weg machen, lautet ganz einfach: Die Welt mag flacher geworden sein, aber umso leichter lassen sich auf dieser Scheibe die Erhebungen und Senken, die Unterschiede und Besonderheiten erkennen. Und vielleicht auch nutzen – was sowohl der Computerkonzern IBM als auch SAP versuchen.

Paradiesische Zustände. Für den Campus der Harvard Business School in Cambridge, Massachusetts, der Schwesterstadt von Boston, ist das noch eine Untertreibung. Das Gelände wirkt wie ein Lustgarten, in dem jemand ein paar Pavillons für Professoren und ihren kleinen Zirkel von Studenten aufgestellt hat. Geht man hinein in diese Wissenstempel, mit denen die Neue Welt so offensichtlich wie unbekümmert an die Antike anschließen will, scheinen die Zeiten sich zu mischen: ein echtes römisches Fußbodenmosaik, ein Atrium mit Wasserfläche, Schaukästen mit Dokumenten der amerikanischen Wirtschaftsgeschichte an den Wänden, schwere Türen, gedeckte Farben und teure Möbel, die – wie meist in Amerika – zu schwer, zu ledern, zu braun sind. Auch im Treppenhaus muss hier nicht gespart werden.

Wer hier, in dieser Stille studiert, hat es praktisch schon geschafft. Mehr noch als an den anderen amerikanischen Business-Schools wird in Cambridge die internationale Geschäftselite von morgen ausgebildet. Und an keiner dieser illustren Einrichtungen ist die Dichte von Managementgurus größer. Ein Clayton Christensen (*The Innovator's Dilemma*) bringt hier Studenten etwa bei, wie es erfolgreiche Unternehmen vermeiden, von innovativen Start-ups zerstört zu werden. Pankaj Ghemawat ist weniger bekannt, aber das dürfte sich noch ändern: Keiner seiner Kollegen hatte es in so jungen Jahren zum vollbestellten Professor an der Harvard Business School gebracht wie er. Mit 31 Jahren wurde er 1991 berufen. Inzwischen unterrichtet er vor allem an der IESE Business School in Barcelona.

Auf Friedman ist Ghemawat schlecht zu sprechen. Für den Wissenschaftler ist der Journalist lediglich ein weiterer »Globalisierungsapokalyptiker«. Mehr als 5 000 Neuerscheinungen zum Thema Globalisierung verzeichne die Library of Congress für die Jahre von 2000 bis 2004, berichtet der Harvard-Professor. Die meisten – ob von Befürwortern oder Gegnern einer von Marktkräften durchdrungenen Welt geschrieben – wollten ihren Lesern weismachen, dass eine totale Internationalisierung schon Realität oder nur noch eine Frage der Zeit sei.

Dank solcher ketzerischer Thesen war Ghemawat für Insider schon immer eine Art Anti-Friedman. Mit seinem 2007 erschienenen Buch *Redefining Global Strategy* hat er diese Rolle auch offiziell angenommen. Anders als Friedman nimmt der gebürtige Inder eher eine Froschperspektive ein. Er schaut von unten auf die Welt – und argumentiert mit Zahlen. Die meisten ökonomischen Aktivitäten, schreibt er, spielten sich noch innerhalb von Landesgrenzen ab. Ob Telefongespräche, Migration, Spenden, Investitionen, Reisen – grenzüberschreitend sind weniger als jene 10 Prozent, die der Wissenschaftler als derzeitigen Globalisierungsschnitt ausgemacht hat. Nur Patente, Wertpapierkäufe und Handel liegen darüber. Die Welt sei, so schlussfolgert er, höchstens »halbflach« – *semiglobalized*.

Es geht Ghemawat nicht darum, die Kräfte der Globalisierung zu verneinen. Auch er ist überzeugt, dass die Marktwirtschaft die Topografie der Erde noch weiter einebnen wird – aber bei weitem nicht so schnell wie allgemein erwartet. Zwar sind die Kommunikations- und die Transportkosten tatsächlich dramatisch gefallen. Ein dreiminütiges Telefongespräch zwischen London und New York kostete 1930 mehr als 350 Dollar, knapp siebzig Jahre später waren es nur noch 40 Cents und heute ist es – dank Internettelefonie – praktisch kostenlos. Aber Grenzen würden deswegen noch lange nicht verschwinden. Selbst im Internet seien nach Schätzungen bestenfalls knapp 20 Prozent des Datenflusses international.

Wenn Entfernung auf absehbare Zeit noch eine zu überwindende Hürde bleibe, argumentiert der Wissenschaftler, dann weil die Welt noch voller Unterschiede sei. Und das in allen wichtigen Dimensionen: kulturell, politisch, geografisch und wirtschaftlich. Selbst Länder mit der gleichen Sprache würden sich häufig schlecht verstehen. Eine gemeinsame koloniale und damit auch rechtliche Vergangenheit hilft dem Handel häufig weit mehr als etwa Glasfaserkabel mit superschnellen Datenleitungen. Physische und nicht digitale Transportwege spielen nach wie vor eine große Rolle. Und am allermeisten handeln immer noch die reichen Länder miteinander, einfach weil sie sich ökonomisch näher sind.

Selbst ein globaler Internetkonzern wie Google, der sonst kaum Grenzen kennt, kann diese »Entfernungen« nicht ignorieren. Da Russisch eine Sprache mit komplizierter Grammatik ist, die sich von Computern nicht so leicht interpretieren lässt, musste sich das kalifornische Unternehmen in Russland zunächst mit weit geringeren Marktanteilen bei Suchanfragen begnügen als in den meisten anderen Ländern der Welt – obwohl einer der beiden Gründer, Sergey Brin, dort geboren ist und mit sechs Jahren gemeinsam mit seinen Eltern in die USA auswanderte. Auch was Online-Werbung angeht, haben russische Konkurrenten auf dem Heimatmarkt die Nase vorn: Sie wussten von Anfang an, dass die meisten Anzeigenkunden keine Kreditkarte haben und boten daher vor allem andere Möglichkeiten der Bezahlung an. Erst seitdem Google vor Ort einen größeren Ableger hat, holt das Unternehmen schrittweise auf.

Google hat seine Fehler analysiert, und die Kalifornier waren lernfähig. Doch viele andere Unternehmen haben zu lange an die »Mär vom globalen Dorf« geglaubt, berichtet Ghemawat. Und das sei vielen teuer zu stehen gekommen, so etwa ausgerechnet Coca-Cola. Auch wenn der amerikanische Getränkemulti seit dem Zweiten Weltkrieg als Inbegriff einer Weltmarke galt, war er doch national aufgestellt: Die Tochterunternehmen in den einzelnen Ländern waren weitgehend selbstständig. Erst in den achtziger und neunziger Jahren setzte das Management auf weitgehende Zentralisierung und Standardisierung – mit unangenehmen Folgen. Weil die Töchter sich nicht mehr auf die lokalen Gegebenheiten einstellen konnten, schlitterte das Unternehmen immer mehr in die Krise. Im Januar 2000 riss ein neuer Firmenchef schließlich das Steuer wieder herum und verordnete große lokale Unabhängigkeit. Dieser radikale Kurswechsel hat die Lage des Unternehmens aber nur weiter verschlimmert. Erst sein Nachfolger Neville Isdell, der als Manager auf allen Kontinenten für Coca-Cola gearbeitet hat, versuchte seit 2004, einen gesunden Mittelweg zu gehen. Im Juli 2008 übernahm er den Vorsitz im Verwaltungsrat des Unternehmens. Seitdem leitet der türkischstämmige Muhtar Kent Coca-Cola.

Wie eine solche Mischstrategie aus globalen Standards und lokalen Besonderheiten in der Technologiebranche aussehen kann, zeigt ein Besuch in Armonk beim Computerkonzern IBM, dem großen Vorbild, Partner und Wettbewerber von SAP. Vor ein paar Jahren ist der Vorstand des IT-Klassikers von Manhattan in das Kaff eine Autostunde nördlich von New York gezogen. Statt in einem Wolkenkratzer residieren die IBM-Oberen jetzt in einen gediegenen feinen Glasbau – auch um deutlich zu machen, wie sehr sich das Unternehmen seit dem Ende der Hochzeit der Großrechner und dem Siegeszug des Personal-Computers in den achtziger Jahren verändert hat.

Erinnerte das kastenförmige IBM Hauptquartier früher an einen Mainframe, wirkt es jetzt eher wie ein elegantes modernes Schloss. Die Anfahrt führt durch einen großen Park. Fünf Minuten fährt der Besucher auf firmeneigenem Gelände durch den Wald, dann taucht der versteckte Bau hinter Nadelbäumen auf. Innen fallen die Leere und die Stille auf. Menschen begegnen einem hier kaum, dafür aber in einem zum Museum umfunktionierten Gang Steuerkonsolen und Speicherschränke längst ausgemusterter Großcomputer. An den Wänden hängt eine Reihe Ölgemälde – die Ahnengalerie der IBM-Bosse. Erst der *boardroom*, in dem sich regelmäßig der Vorstand trifft, lässt ahnen, dass von hier aus ein digitales Weltreich regiert wird: In den schweren ovalen Tagungstisch sind Computer eingelassen; über ihm hängen gleich mehrere große Videoleinwände. Der Raum erinnert ein wenig an Science-Fiction – oder weltumspannende Geheimdienste.

Sam Palmisano, der vorerst letzte Industrie-Aristokrat der IBM-Ahnengalerie, ist gerade außer Haus. Wie fast immer tourt der Vorstandsvorsitzende irgendwo auf der Welt herum, um einen Kunden zu überzeugen oder Mitarbeiter zu motivieren. Seine Abwesenheit vom Hauptquartier ist Programm: Seit Palmisano im Jahre 2002 Chef des Computerkonzerns geworden ist, arbeitet er unermüdlich daran, ihn zu einem global integrierten Unternehmen zu machen. Dieser Organisationsform gehöre die Zukunft, schrieb er 2006 in einem Aufsatz in *Foreign Affairs*, dem Fachblatt für Außenpolitik.

Wenn ein IBM-Chef so etwas sagt, dann klingt es überraschend. War denn nicht gerade Big Blue immer schon der Inbegriff eines globalen Unternehmens, das praktisch in jedem Land eine Tochter hatte? Doch damit gab sich Palmisano nicht zufrieden. Er betonte einen wichtigen Unterschied: IBM, so stellte er fest, war kein globaler, sondern ein multinationaler Konzern – nur eine Ansammlung relativ unabhängiger Landesgesellschaften. Ein global integriertes Unternehmen dagegen handle als eine Einheit und mit einer einheitlichen Strategie. Es verteile Arbeit rund um den Globus, dorthin wo sie am billigsten oder besten verrichtet wird. Und es kombiniere dann die Ergebnisse dieser Arbeit zu Produkten, die es weltweit vertreibt.

Am Software-Geschäft von IBM – das für sich genommen größer ist als SAP – lässt sich der Unterschied dieser Produktionsweise am besten veranschaulichen. Schon lange hatten die IBM-Landesgesellschaften ihre eigenen Labs, etwa Böblingen in Deutschland oder Toronto in Kanada. Aber bis in die späten neunziger Jahre herrschte vielerorts noch die Haltung, sich auf niemanden sonst als auf den eigenen Standort zu verlassen, berichtet Kristof Klöckner, heute so etwas wie der Übervater der 70 IBM-Software-Labs rund um die Welt. Als er damals die Leitung einer Gruppe von Entwicklern in Deutschland übernahm, schrieben die nicht nur ihre Programme, sondern auch die Hilfs-Software drum herum – obwohl sich andere IBM-Labs schon auf solches Beiwerk spezialisiert hatten.

Heute ist IBMs Netz von Entwicklungszentren dagegen »architekturgetrieben«, wie Klöckner es nennt. Die Labs stellen nicht mehr eine Sammlung von um die Erde verstreuten, eigenständigen Häusern mit hohen Mauern dar, sondern transparente Räume in einem Gesamtgebäude – IBMs Software-Architektur. Jeder Raum hat seine spezielle Funktion. Bei den meisten Projekten arbeiten Entwickler aus verschiedenen Räumen zusammen. Ein »Architektur-Rat« mit Vertretern aus allen Liegenschaften achtet darauf, dass die Konstruktion stabil bleibt und wie Projekte in ihm am besten verteilt werden.

Die Sparte IT-Dienstleistungen, seit einigen Jahren IBMs größtes Geschäft, ist ähnlich organisiert. Die meisten Angebote von IBM sind eine Kombination aus Unterdiensten, die an verschiedenen Orten erbracht werden – nicht zuletzt in Indien, wo das Unternehmen mittlerweile mehr als 70 000 Mitarbeiter beschäftigt. Um die jeweils besten von ihnen für seine globalen Projektteams zu finden, hat IBM gleich mehrere digitale Filter entwickelt. Ein Online-Marktplatz listet beispielsweise Mitarbeiter und ihre Fähigkeiten auf. Das Unternehmen testet sogar Software-Programme, mit denen die einzelnen Teams nach verschiedenen Kriterien wie etwa Auftragslage oder Erfahrung der Mitglieder dynamisch optimiert werden sollen.

Für den Harvard-Professor Ghemawat ist das Programm die höchste

Form einer neuen Globalisierungsstrategie. Bisher, schreibt er in seinem Buch, hätten sich Unternehmen zwischen zwei Polen bewegen
müssen: Entweder sie passen sich eher den lokalen Bedingungen an
(eine Strategie, die der Wissenschaftler »Adaptation« nennt) oder aber
sie setzen auf Standardisierung und Größenvorteile (»Aggregation«).
Das hat sich nun mit dem Internet und anderen Kommunikations-
techniken wie Mobilfunk oder Satellitentechnik grundlegend geändert. Diese leistungsfähigen, schnellen und billigen Wege zu kommunizieren, machen es jetzt zunehmend möglich, die Unterschiede
zwischen Standorten auszunutzen – also »Arbitrage« zu betreiben.

Dabei sind Kosten nur *ein* Faktor – und dazu noch einer, der auf
Dauer wahrscheinlich immer weniger wichtig sein wird, wie die Lohn-
steigerungen in Indien, China und anderen Ländern mit technologischen Ballungszentren zeigen. Theoretisch lässt sich mit allen Unterschieden spielen, seien sie kulturell, politisch, geografisch oder eben
ökonomisch. IBMs Personalabteilung etwa befindet sich größtenteils
auf den Philippinen, nicht zuletzt wegen der bekannten Hilfsbereitschaft der Menschen dort. Aus verschiedensten Gründen suchen Unternehmen weltweit nach solchen Standorten, die ganz bestimmte
Kriterien erfüllen. Die Software-Firma Autodesk plant etwa ein Entwicklungszentrum in Indien, um nicht zu sehr von der politischen
Lage in China abhängig zu sein. Microsoft plant ein großes Rechen-
kraftwerk in Sibirien, weil es dort die teure Kühlung spart.

Auch SAP sucht nach nutzbringenden Unterschieden in der Welt. In
einem Vorort von Tel Aviv wurden die Walldorfer fündig. In Ra'anana
im Norden der israelischen Küstenstadt tüfteln fast 700 Mitarbeitern
von SAP Labs Israel in mehreren Etagen eines Hochhauses an neuer
Software. Damit ist Ra'anana immerhin das viertgrößte Entwicklungszentrum nach Walldorf, Bangalore und Palo Alto.

Lab-Chef Mickey Steiner ist der erste, der zugeben würde, dass die
starke Präsenz nicht von Anfang an geplant war. Wie bei anderen
Standorten auch, kam SAP durch Unternehmensübernahmen nach
Israel. Im Jahre 1998 erwarben die Walldorfer dort eine erste kleine
Software-Firma. Weitere folgten, aber der entscheidende Zukauf war

TopTier, das damalige Unternehmen von Shai Agassi. 379 Millionen Euro war SAP diese Firma wert, bei der man den Chef und viele seiner engsten Mitarbeiter gleich mit übernahm. »Das war der Big Bang, der SAP zeigte, dass es auch hier viele Talente gibt, die zudem noch etwas anders sind«, erzählt Steiner. Viele ehemalige TopTier-Manager blieben zusammen mit Agassi bei SAP, eine ganze Reihe bis heute.

Israel gehört noch nicht zu den High-Tech-Standorten, die bereits weltweit Schlagzeilen gemacht haben. Doch in der Region um Tel Aviv ballen sich die Technologiefirmen. Mehr als 3 300 Start-ups zählte des Israel Venture Capital Research Centre Anfang 2008. Das sind pro Kopf mehr als in jedem anderen Land der Welt. Die Firmen beschäftigen direkt etwa 6 Prozent aller Erwerbstätigen in Israel. Zählt man die indirekten Jobs hinzu, bildet der High-Tech-Sektor die größte Branche des Landes.

Doch in Israel lässt sich der Boom sicher nicht mit niedrigen Kosten erklären. Die liegen nämlich sogar über den deutschen, wenn man alle direkten und indirekten Lohnzahlungen und Steuern mitrechnet. Was das Land zu einem so attraktiven Standort für die High-Tech-Industrie macht, ist vielmehr Intelligenz gepaart mit Leidenschaft – eine indirekte Folge der andauernden Krise im Nahen Osten. Was Israels Militär an Menschen und Material fehlte, musste es mit Einfallsreichtum und Technik wettmachen. Deswegen investiert es schon seit Jahrzehnten viel Geld in die technische Ausbildung ihrer Offiziere. Die meisten erfolgreichen israelischen Unternehmer haben daher ihr Geschäft in der Armee oder in ihr nahestehenden Hochschulen gelernt.

Folglich unterscheidet sich die Ingenieurskultur in Israel auch grundlegend von der im Silicon Valley: In der Armee geht es nicht darum, ein neues Spielzeug oder eine schicke Webseite zu entwickeln, hier geht es darum, technische Herausforderungen zu meistern und damit Leben zu retten. »Ingenieure und Unternehmer sind hier sehr, sehr technisch orientiert«, erklärt Steiner. Anfangs entwickelten sie meist Geräte oder Komponenten für die Fernmeldeindustrie – einer Branche, in der die technischen Anforderungen besonders hoch sind. Auch heute haben israelische Start-ups noch einen Hang zum Komplexen, etwa Chips für die neuesten Mobilfunkgeräte, bei denen das Land führend ist.

Moderne Benutzermasken oder neue Geschäftsprozesse stehen daher nicht auf dem Arbeitsprogramm von SAP in Israel. Die Entwickler dort beschäftigen sich eher mit hoch komplizierten Dingen wie der technischen Infrastruktur für die neuesten Software-Programme, oder sie basteln an einer Plattform, auf der sich die Software von SAP mit der von Microsoft verbinden lässt. Und wenn sich Mitarbeiter von der Dependance des deutschen Mutterhauses verabschieden, dann in der Regel nicht, weil sie woanders mehr verdienen würden, berichtet Steiner: »Wenn sich israelische Entwickler nicht gefordert fühlen, dann fangen sie an, nervös zu werden – und die Gefahr wird größer, dass sie sich nach etwas anderem umschauen.«

Umgekehrt hält SAP in Israel nicht nach einzelnen Entwicklern Ausschau, die man einstellen könnte. Viel praktischer und keineswegs unüblich ist dort die Rekrutierungsmethode per Firmenübernahme: Man kauft einfach eines der vielversprechenden Start-ups. Dadurch bekommt SAP nicht nur interessante neue Software für sein Produkt-Portfolio, sondern auch ein eingespieltes, funktionierendes Team. Ohne solche Übernahmen von internationalen Konzernen würden es andererseits viele in Israel entwickelte Innovationen auch nie über die Landesgrenzen hinaus schaffen. Denn die Unternehmer sind nicht nur sehr technisch orientiert, sondern auch weit weg von ihren wichtigsten Märkten in den Vereinigten Staaten, Europa und zunehmend auch Asien. Steiner: »Wir können da als Brücke zur Welt dienen.«

Am Standort Ra'anana mit seiner Spezialisierung auf komplexe Grundlagenprobleme lässt sich illustrieren, was SAP mit seiner Globalisierungsstrategie erreichen will. Wo sich früher die Entwicklungszentren relativ zufällig um die Nabe Walldorf scharten und in erster Linie der Zentrale als verlängerte Werkbank dienten, soll jetzt ein Netz von gleichberechtigten Labs entstehen, die jeweils die kulturellen und technologischen Stärken ihrer Region ausnutzen. »Das ist ein bisschen wie im normalen Leben: Es gibt ja französisches Essen, deutsche

Ingenieurskunst, japanische Qualität und amerikanisches Unternehmertum«, erklärt Claus Heinrich, SAPs Arbeitsdirektor und im Vorstand für die Koordination der Entwicklungszentren zuständig.

Aus der Sicht der Walldorfer Vorstandsetage ist Israel vor allem das Land der technologischen Ideen. Die gibt es auch im Silicon Valley, der Urmutter aller High-Tech-Zentren in der Welt. Doch in Kalifornien zeichnen sich die Entwickler zudem dadurch aus, dass sie ein gutes Gefühl für und reichlich Erfahrung mit Design und Marketing haben. In Indien lassen sich am schnellsten viele gut ausgebildete Programmierer einstellen. In Ungarn und Bulgarien ist der Talentpool zwar kleiner, aber die Länder sind geografisch und in ihrer Mentalität näher an der Zentrale. Zudem gibt es dort hoch spezialisierte Entwickler, die sich mit bestimmten technischen Details oder Programmiersprachen wie Java bestens auskennen. China ist noch immer billig, aber es ist nicht unproblematisch: Weil geistiges Eigentum dort nicht sicher ist, kümmert sich Shanghai hauptsächlich um die Anpassung der Software für bestimmte Branchen und Regionen. Wertvolles Knowhow kommt nicht nach China. Im Gegenteil, wenn dort etwas entwickelt worden ist, das nach einer vielversprechenden Lösung aussieht, dann wird das Wissen sofort abgezogen, um es zu sichern. Deutschland ist nach wie vor unschlagbar, wenn es beispielsweise um SAPs Plattform und das große Ganze geht. Außerdem machen sich in Walldorf die jahrzehntelange Praxis und der ständige Austausch mit Kunden bezahlt. Wenn ein Problem komplex ist, die Lösung am Ende aber sicher und zuverlässig beim Kunden funktionieren muss, dann ist das bei SAP in der Regel eine Aufgabe für den Stammsitz.

Natürlich sind dies alles grobe Klischees, und nur selten entspricht die Realität diesen Vorstellungen ganz genau. Aber der SAP-Vorstand versucht, die Entwicklung neuer Produkte zumindest annäherungsweise optimal über den Globus zu verteilen und dabei komparative Vorteile einzelner Standorte zu kombinieren. Auf einer »Fit-Map« schieben die Manager Entwicklungsprojekte wie Mosaiksteine herum, bis sich alles zusammenfügt. Dabei müssen auch andere Standortfaktoren bedacht werden, wie Risikominimierung oder Subventionen, die man möglicherweise in Anspruch nehmen kann. Das zweite indische Lab in Gurgaon gibt es vor allem deswegen, weil Bangalore kein ganz ruhiges Pflaster ist. So können etwa Trauerfeierlichkeiten für einen toten Schauspieler die Stadt gleich für mehrere Tage lahmlegen. Noch schlimmer können sich die in Indien häufig gewaltsam ausgetragenen politischen Unruhen auswirken. Auch aus solchen Gründen birgt die Konzentration auf einen Standort Risiken. Offensichtlich sind darüber hinaus Subventionen ein wichtiger Faktor. Bangalore lockte etwa zur Zeit der ersten Lab-Gründung noch mit jahrzehntelanger Steuerfreiheit. Heute ist dieser Bonus in der überfüllten Technologiemetropole für Neuankömmlinge längst abgeschafft. Aber in Kanada fand SAP noch einen zahlungswilligen Staat. Im Lab in Montreal stecken nun auch kanadische Steuergelder.

Doch manchmal muss SAP-Vorstand Heinrich die Gewichte auf seiner SAP-Weltkarte auch ziemlich unstrategisch verschieben, wenn es etwa einfach darum geht, schnell irgendwo ein Team aufzubauen. Erst hinterher wird dann wieder für Ordnung gesorgt. »Wenn wir feststellen, dass an einem Ort 100 Leute sind, die Customer-Relationship-Management und an einem anderen hundert, die Supply-Chain-Management machen, verschieben wir die dann schrittweise. Anwendungen haben immer ihren lokalen Schwerpunkt«, erläutert Heinrich. So jedenfalls läuft es in der Theorie. In der Praxis weiß jeder SAP-Manager davon zu berichten, wie schnell sich Pläne und Projekte ändern, Mitarbeiter neue Aufgaben erhalten, Teams neu zusammengestellt oder auseinandergerissen werden und man nie ganz genau weiß, wer eigentlich dafür verantwortlich ist.

Das beste praktische Beispiel für die internationale Arbeitsteilung ist bisher Business ByDesign, SAPs neues Online-Angebot für mittelständische Unternehmen. Das Lab in Indien ist für die Benutzeroberflächen verantwortlich, also die Darstellung des Programms, die der Kunde am Ende auf seinem Bildschirm sieht. In Bangalore ballt sich das Wissen, um solche *screens* und wie diese mithilfe der Programmiersprache Java zusammenzubauen sind. In Shanghai konfigurieren Programmierer das neue Produkt für verschiedene Branchen. Und die erfahrenen SAPler in Walldorf kümmern sich um die *business logic*, das wirtschaftliche Gehirn der Internet-Software, das verborgen im Hintergrund die Fäden zusammenhält, wenn Nutzer in den Kundenunternehmen mit Business ByDesign arbeiten.

Diese Art der Arbeitsteilung über Ländergrenzen hinweg mag schon kompliziert klingen, in Wirklichkeit ist sie noch viel komplizierter, und das liegt auch an der Natur der Software von SAP. Indische IT-Unternehmen können ihre Dienstleistungen unter anderem deswegen weltweit anbieten, weil sie sich ohne viel Kommunikation mit dem Auftraggeber herstellen lassen. Anders als SAP verkauft etwa IBM keine eigenen betriebswirtschaftlichen Anwendungen, sondern Big Blue liefert den programmatischen Unterbau für viele IT-Systeme. Die Komponenten dieser Software lassen sich leichter getrennt entwickeln und am Ende wie Bausteine zusammenstecken. Darum fällt es IBM leichter als den Walldorfern, ihre Software-Entwicklung über den Globus zu verteilen. SAP-Programme sind dagegen so komplex und intern verwoben, dass die Entwickler enger zusammenarbeiten müssen.

Das ist auch der Grund dafür, dass manche Programmierteams von SAP *open-source communities* ähneln, jenen Gruppen von um die Welt verstreuten Entwicklern, die gemeinsam kostenlose Software wie das Betriebssystem Linux schreiben. Die Mitglieder der »virtuellen Teams« stehen ständig in Kontakt, sei es per E-Mail, Instant Messaging oder in Video- und Telefonkonferenzen. Ständig aktualisierte Online-Verzeichnisse wie etwa Wikis oder andere Internetdienste helfen ihnen, die Arbeit zu koordinieren. Oft treffen sie sich nur am Anfang eines Projekts persönlich, damit jeder zumindest eine ungefähre Vorstellung davon hat, mit wem er anschließend fast täglich in Verbindung ist, um neue Software zu programmieren.

»Angesichts des hohen Kommunikationsaufwands mag man sich fragen, ob sich eine solche Teamstruktur überhaupt lohnt«, schreibt Clas Neumann, der oberste SAPler in Bangalore, in einem *Praxishandbuch Indien*, das er gemeinsam mit einem Freund verfasst hat. Und wer Neumann, der auch für die Entwicklung von Business ByDesign mitverantwortlich ist, bei einem »virtuellen Meeting« über die Schulter schaut, versteht schnell, was er meint. Während er am Telefon in einer

Konferenz mit Kollegen in Walldorf und China technisches Kauder-
welsch redet, zeigt sein Bildschirm im schnellen Wechsel Dokumente
mit vielen Zahlen und Texten – offenbar der aktuelle Gesprächsgegen-
stand.

Solche virtuellen Treffen zu organisieren, ist allein schon wegen
der verschiedenen Zeitzonen nicht ganz einfach. Und komplexere
Themen, wie etwa ein neues Software-Konzept, lassen sich nur in direkten Sitzungen richtig diskutieren. Aber es sind gerade die trotz aller Technik noch nötigen Besuche in Walldorf, die Neumann immer
wieder daran erinnern, warum virtuelle Teams ein »sehr hohes Maß
an sozialer und emotionaler Intelligenz« erfordern: Nur mit entspre-
chendem Einfühlungsvermögen und gegenseitigem Verständnis lassen sich die großen kulturellen Unterschiede zwischen den Standorten überwinden.

Als Neumann etwa in Bangalore seine ersten Arbeitsaufträge formulierte, geschah zunächst gar nichts: Der Deutsche hatte sich nicht
deutlich genug ausgedrückt und anschließend gleich den zweiten
Fehler begangen, indem er nicht nachfasste, was aus den Aufträgen
geworden war. In Deutschland reichen den meisten Mitarbeitern nur
grobe Leitlinien, an denen sie entlangarbeiten können. Viele Inder erwarten dagegen, dass eine Aufgabe detailliert beschrieben wird – und
das mehrmals. »Wenn ich etwas nicht regelmäßig abfrage«, sagt Neumann, »dann denken viele, dass ich mich nicht mehr dafür interes-
siere.«

Andere indische Eigenheiten sind ähnlich gewöhnungsbedürftig.
Wenn es Probleme bei einem Projekt in Bangalore gibt, kann ein Manager in Walldorf nicht unbedingt davon ausgehen, dass er rechtzeitig davon erfährt: Indische Mitarbeiter schrecken oft davor zurück,
Schwierigkeiten offen anzusprechen. Sie versuchen stattdessen, die
Probleme allein zu lösen. Auch Terminzusagen sind mit Vorsicht zu
genießen: oft sind sie *tentative* – vorläufig. Neumann: »Wir Deutsche
planen unsere Zeit immer ganz genau. Inder haben einfach Zeit und
halten sich ihre Optionen offen.«

Richtig kompliziert kann es werden, wenn in Teams neben indischen und deutschen auch chinesische und israelische SAPler mitar-

beiten. Chinesen orientieren sich vor allem an Hierarchien, bei ihnen spricht immer nur der Projektmanager, während die anderen Entwickler nur dann etwas sagen, wenn sie gefragt werden. Israelis sind dagegen ausgesprochen direkt, was gerade von Asiaten oft als Aggressivität gedeutet wird. Und beide Nationalitäten haben gelegentlich Kommunikationsprobleme mit den indischen Kollegen: die Chinesen – offiziell nach im Krieg mit dem südwestlichen Nachbarn – fühlen sich ihnen kulturell überlegen; die Israelis legen großen Wert auf Offenheit und beachten kaum Hierarchien.

Um solche interkulturellen Reibungsverluste zu begrenzen, setzte SAP anfangs vor allem auf Schulungen. Für deutsche Manager etwa, die nach Bangalore ziehen, ist solches Training Pflicht – genauso wie in umgekehrter Richtung. Mitte 2006 richtete SAP zudem als eines der ersten deutschen Unternehmen eine eigene Abteilung ein, die systematisch kulturelle Vielfalt propagiert. »Global Diversity Office« heißt die Stelle, die von einer Amerikanerin geleitet wird, die zwischen Walldorf und Chicago pendelt. Zwar wird Alice Leong nie über so viele Mitarbeiter verfügen wie etwa ihre Kollegin bei IBM, wo mehr als 40 Beschäftigte das Verständnis zwischen den Kulturen fördern. Aber ihr Einfluss soll überall im Unternehmen spürbar sein. Leitende Manager sollen weltweit für kulturelle Unterschiede sensibilisiert werden und bei ihren Entscheidungen stets mit einbeziehen, wie sich die Differenzen in den Arbeitsalltag einbauen lassen.

Dabei stehen die kulturellen Unterschiede selbst allerdings nicht im Vordergrund. Sich zu sehr darauf zu konzentrieren, sei kontraproduktiv, erklärt Leong. Denn dann bestünde die Gefahr, dass sich Teammitglieder gegenseitig in Schubladen einordnen und sich die Unterschiede dadurch eher verfestigen als lösen, nach der Vorstellung: Der ist Inder, der kommt bestimmt spät. Viel wichtiger sei, dass alle in einem Team offen über ihre Präferenzen reden und zu einem gemeinsamen Verständnis kommen, wie sie arbeiten wollen. »Mit Vielfalt umzugehen, muss ein Teil unserer Erbmasse werden – egal, ob es um kulturelle Fragen, Geschlecht oder Alter geht«, erklärt Leong.

Ein erster Erfolg wäre es schon, wenn sich SAP-Mitarbeiter regelmäßig vor jedem Projekt zu einem neuen Online-Dienst des Global

Diversity Office durchklicken würden. Nach mehreren Dutzend Fragen erstellt der Dienst für jeden SAP-Beschäftigten ein Persönlichkeitsprofil mit sechs Dimensionen, die im Geschäftsleben wichtig sind, etwa Teamfähigkeit, Planungshorizont oder Risikoscheu. Die Ergebnisse lassen sich dann mit jenen der anderen Teammitglieder vergleichen. Der Zweck der Übung: Bewusstsein darüber zu schaffen, wo die Unterschiede liegen, um zu lernen, damit umzugehen.

Es wird wohl noch einige Zeit dauern, bis SAPs *wetware* – wie sich die Branchenangehörigen der IT-Industrie selbstironisch im Gegensatz zu Hardware und Software nennen – weltweit kompatibel ist. Was die Software angeht, ist das Unternehmen schon wesentlich weiter. Ein Abstecher nach St. Leon-Rot bietet dafür Anschauungsmaterial. Hier, etwa 20 Autominuten südlich von Walldorf, sitzt die Abteilung Globalization Services. Eigentlich wäre der Name Localization Services angebrachter. Denn die Abteilung mit weltweit 650 Mitarbeitern arbeitet daran, die betriebswirtschaftlichen SAP-Programme an die lokalen Märkte anzupassen. Das bedeutet zunächst einmal viel Übersetzungsarbeit: Mehr als 30 Sprachen spricht SAPs ERP-System mittlerweile. Ändert sich das Original eines Textbausteins in dem Programmpaket, das heute in der Urversion nur noch in Englisch verfasst wird, machen sich überall auf der Welt Übersetzer an die Arbeit.

Weitaus aufwändiger ist allerdings die zweite große Aufgabe der Abteilung: Sie muss dafür sorgen, dass die Software in möglichst vielen Ländern Recht und Gesetz entspricht. Gerade dabei zeigt sich, wie verschieden die Welt noch ist: Jedes Land hat seine rechtliche Eigenheiten, die bei der Software-Entwicklung berücksichtigt werden müssen. In Brasilien zahlen Unternehmen Steuern auf Steuern. In Russland verlangen Wirtschaftsprüfer mehr als 200 Formulare, bevor sie ihren Stempel unter den Jahresabschluss setzen. In Japan gelten ganz spezielle Regeln, wie Rechnungen auszusehen haben.

Tausende solcher globaler Unebenheiten gibt es. Damit die SAP-Software bei einem Kunden richtig funktioniert, müssen Unternehmen einen ganzen Katalog von Fragen beantworten: In welchem Land wird das Programm eingesetzt? In welcher Währung wird gerechnet?

Welcher Kalender ist maßgeblich? Wann fängt das Finanzjahr an? Wird Mehrwertsteuer verlangt und wenn ja, in welcher Höhe? Welche Größeneinheiten gelten? Wie hoch ist die Inflation? Nimmt man etwa das zentrale SAP-Buchhaltungsprogramm *Financials*, dann wird allein dies in über 50 lokalen Varianten angeboten – und es kommen ständig neue hinzu.

SAP-Wettbewerber begegnen dieser Vielfalt häufig, indem sie ihre Programme klonen und dann für die lokalen Begebenheiten umschreiben. Aber das hat gerade für global operierende Konzerne einen großen Nachteil: Ein multinationales Unternehmen muss dann in jedem Land eine eigene Version der Software betreiben und diese verschiedenen »Instanzen« umständlich so integrieren, dass sich tatsächlich automatisch ein globaler Überblick herstellen lässt. SAP hat dagegen seiner Software – zumindest den neueren Produkten – »gleich am Anfang das Globalisierungs-Gen eingespritzt«, sagt Michael Berchtold, einer der Manager der Abteilung.

Konkret heißt das: Der harte Kern der Software ist überall gleich. Aber er ist mit einer »Globalisierungsschicht« überzogen, in der alle lokalen Eigenheiten gespeichert sind und die praktisch wie ein Filter wirkt, durch den alle Daten hindurch müssen. Wird die Software für ein neues Land angepasst oder ändern sich Regeln, dann können solche Neuerungen leicht in diese Schicht eingebaut werden. »Das ist besonders in schnell wachsenden Märkten wie Indien oder China wichtig, wo die Finanzminister etwa ständig neue Steuergesetze produzieren«, erklärt Berchtold.

Theoretisch könnten Berchtold und seine Kollegen den SAP-Programmen beibringen, auch noch das letzte der 200 Formulare für den russischen Wirtschaftsprüfer automatisch auszuwerfen. Aber oft lohnt sich solche Kleinarbeit nicht, denn den Kosten stehen nicht genügend Kunden gegenüber. Deswegen überlässt SAP dieses Geschäft häufig lokalen Partnern. Aber Berchtold geht davon aus, dass seine Abteilung künftig noch viel mehr ins Detail gehen muss, um neue Märkte zu erschließen. Für indische Behörden ist die Software beispielsweise nur dann akzeptabel, wenn sie außer Englisch mindestens noch 4 der 22 in der Verfassung aufgelisteten Amtssprachen des

Subkontinents beherrscht. Einige nationale Besonderheiten wird SAP kaum jemals berücksichtigen, auch wenn sie immer wieder mal gewünscht werden: etwa jene Art der doppelten oder genauer gesagt: vierfachen Buchführung, die Steuern spart.

Theoretisch und technisch scheint SAP die Globalisierung im Griff zu haben. Aber wie kompatibel, fragt das nächste Kapitel, ist die Wetware, sind die Menschen in Walldorf mit der Welt?

Kapitel 7

Walldorf – die Furcht vor dem Abseits

»Wir sind gerade in einem Stadium,
wo etwas abbricht, das andere aber noch nicht richtig da ist.«

Helga Classen, ehemalige Vorsitzende des SAP-Betriebsrats

»SAP – Alle Richtungen« steht in großen Lettern auf dem Schild der Ausfahrt. Aber auch ohne diesen unübersehbaren Hinweis ließe sich das Hauptquartier von SAP kaum verfehlen. Inmitten der badischen Acker- und Wiesenlandschaft wirkt die Ansammlung von mehrstöckigen Bürogebäuden wie ein Fremdkörper. Ein paar Abzweigungen noch, und plötzlich steht man mitten im SAP-Campus, nicht in Walldorf selbst, eher dahinter, in Straßen, die nach den ganz großen Erfindern benannt sind, nach Rudolf Diesel, Robert Bosch, Otto Hahn und Dietmar Hopp.

Am besten aber nähert man sich diesem ganz eigenen Planeten im Kraichgau langsam – mit Zug und Bus. Rund zehn Minuten dauert die Fahrt vom Heidelberger Hauptbahnhof zur S-Bahn-Haltestelle Wiesloch-Walldorf, die gerade mit Millionenaufwand modernisiert wird. Eine Betonunterführung unter den Gleisen führt zum Bus, der schon auf seine internationale Kundschaft wartet. Nach weiteren zehn Minuten Fahrt durch die letzten Felder, die das gierig wachsende Industriegebiet noch nicht geschluckt hat, vorbei am Betriebsgelände der Heidelberger Druckmaschinen AG, ist man am Ziel.

Je näher man dem SAP-Campus kommt, desto deutlicher lässt sich der Pulsschlag des zwischen Wald und Feldern versteckten Konzerns spüren. Auf den Bahnhöfen, in den Zügen und erst recht im Bus fallen immer häufiger die drei Buchstaben – mit höchst unterschiedlichen Akzenten. Ein junger Amerikaner, vielleicht Mitte 30, der offenbar erst kürzlich von Microsoft zu SAP und von den USA nach Deutschland gewechselt ist, regt sich auf: »Ich frage mich wirklich, wie SAP so erfolgreich sein kann. Es dauert ja eine Ewigkeit, um hier irgendetwas geregelt zu bekommen. Diese Bürokratie! Und dann sitzt mein Chef auch noch in einer anderen Zeitzone.« Früher, bei Microsoft, da sei man als Entwickler wirklich verwöhnt worden, »wie ein wertvolles Produktionsmittel« habe die Gates-Firma ihn und seine Kollegen behandelt. Der neue deutsche Kollege ihm gegenüber sucht entschuldigend nach Gründen für das andere Tempo und das ganz andere Betriebsklima: »Hier haben eben nicht die Programmierer das Sagen, hier bestimmen die Geschäftsleute.«

Ein paar Sitzreihen weiter berichtet eine deutsche SAP-Mitarbeiterin über die Probleme eines Bekannten: »Der Hans macht jetzt *knowledge transfer* nach Indien. Mann, ist der frustriert. Der weiß noch gar nicht, was danach mit ihm passiert.« Und im Bus berichtet ein indischer Entwickler über die schwierige Zusammenarbeit zwischen Deutschen und ihren amerikanischen Kollegen: »Die können sich überhaupt nicht riechen. Mal sehen, ob das jetzt besser wird, nachdem Shai Agassi gegangen ist.«

Solcher Büroklatsch ist gewiss nichts Ungewöhnliches für ein Unternehmen der Größenordnung von SAP mit weltweit knapp 52 000 Beschäftigten. Doch die Themen der Software-Pendler unterscheiden sich von denen in eher traditionellen deutschen Firmen. Immer wieder geht es um Reibungsverluste zwischen Kultur- und Zeitzonen. SAPs schnelle Globalisierung, die Einkehr eines weniger familiären und mehr von abstrakten Leistungskriterien bestimmten Managementstils sowie die Verschiebung der Gewichte weg vom Stammsitz Walldorf – all das hat die Belegschaft am Hauptsitz des Weltkonzerns verstört. Zwei Fragen drängen sich auf: Wie viel hat SAP bereits vom selbst gesteckten Ziel erreicht, ein global integriertes Unternehmen zu werden? Und wie weit stehen die Mitarbeiter der Firmenzentrale hinter dieser Idee, auch wenn von ihnen verlangt wird, alte Gewohnheiten gegen neue Herausforderungen zu tauschen?

Nimmt man als Maßstab die Sprachenvielfalt in den öffentlichen Verkehrsmitteln rund um Walldorf, dann bleiben kaum Zweifel, dass hier – inmitten der deutschen Provinz – eine international geprägte Enklave entstanden ist. Auch auf den Fluren und in den Kantinen der SAP ist diese kulturelle Bandbreite offensichtlich. In manchen Bereichen, etwa dort, wo die Programme auf die lokalen Steuervorschriften in Dutzenden von Ländern überprüft werden, findet der Besucher eine Fahnenschau wie bei den Olympischen Spielen. Doch um zu verstehen, welche tektonischen Spannungen unter dieser weltoffenen Oberfläche lauern und sich gelegentlich entladen, muss man zurückschauen in die Geschichte des Software-Konzerns.

SAP, das hatte einmal etwas vom Paradies auf Erden. Die Mitarbeiter verdienten besser als alle anderen, sie wurden vom Unternehmen fürsorglich behandelt, Entlassungen waren unbekannt. Die Arbeitsatmosphäre hatte etwas Studentisches, man suchte sich seine Aufgaben, arbeitete an eigenen Projekten, teilte die Bürozeiten selbstständig ein. Wenn einen der Job langweilte, dann fing man etwas Neues an und suchte sich dafür eine Nische irgendwo unter dem Dach der SAP. Auch als die Mitarbeiterzahl sich bereits im fünfstelligen Bereich bewegte, gab es unter den Programmierern immer noch dieses Familiengefühl, das Hopp, Plattner und ihre Kollegen in den ersten SAP-Jahren geschaffen hatten. Das gemeinsame Kicken nach Feierabend gehörte genauso dazu wie die offene Tür der Firmengründer.

Wer ein Problem hatte, sprach bei Hopp vor, »Vadder Hopp«, wie er bis heute von vielen genannt wird: nicht um Befehle zu empfangen, sondern weil er Hilfe suchte – und bekam. Hopp verstand es, den Mitarbeitern in Weihnachtsansprachen ein sicheres Gefühl zu geben, dass sie es seien, die gebraucht würden und die den Wert des Unternehmens schüfen. Er verschickte Rund-Mails zu politischen Anlässen, wie etwa den Brandanschlägen auf Ausländerwohnungen in Deutschland, er forderte zu Spenden auf und war dadurch auch das verlässlich gute Gewissen des Unternehmens.

Flache Hierarchien und die Abneigung gegen alles Bürokratische gehörten zu seinem Managementstil ebenso wie die Fürsorge durch das zinslose Darlehen für den Hausbau, die zusätzliche Altersversorgung, den Dienstwagen oder das kostenlose Mittagessen – auch für die Kinder oder den Ehepartner, für den ortsansässigen Handwerker und den Nachbarn.

Wachstum schien diesen Wohlstand zu garantieren. Bis zur Krise in der Informationstechnologiebranche 2001 wuchs die Belegschaft im Schnitt um mehr als 30 Prozent jährlich. Es gab Jahre, da genügte es, einen Hochschulabschluss vorweisen zu können, gleichgültig ob in Physik, Biologie, Englisch oder Germanistik. Sogar mit einem Lehramtsexamen in Katholischer Theologie durfte man auf einen Job in Walldorf hoffen, das zeitweise zum Wallfahrtsort für arbeitslose Lehrer mutierte. Die Pädagogen mussten sich mit den für sie ungewohnten Lehrbüchern in wenigen Monaten per Crashkurs zu SAP-Experten fortbilden.

Die Börse jubelte: Nie hatte es in Deutschland eine ähnlich erfolgreiche Börsengeschichte gegeben, die neben den Chefs auch viele Mitarbeiter und noch mehr Aktionäre reich machte. Wer 1988 eine SAP-Aktie erwarb, der hatte bis zum Jahr 2000 einen Gewinn von 14 000 Prozent gemacht. Anders ausgedrückt: Wer das Papier am 4. November 1988 zum Emissionspreis von 750 Mark gekauft hatte, der konnte es zwölf Jahre später für 105 000 Mark verkaufen. Trotzdem blieb man in Walldorf bescheiden, zurückhaltend, fast scheu und abgeschottet nach außen, so wie ein typisches deutsches Mittelstandsunternehmen, das nur zufällig zum Weltkonzern aufgestiegen war. Selbst die SAP-Gründer blieben – anders als ihre amerikanischen Star-Kollegen Bill Gates von Microsoft, Larry Ellison von Oracle oder Steve Jobs von Apple – der deutschen Öffentlichkeit lange Zeit fast unbekannt. Deswegen konnte Gerd Meissner für seine Firmenbiografie der ersten 25 Jahre des Unternehmens den Titel *Die heimliche Software-Macht* wählen.

Manches von dieser Wirtschaftsidylle ist geblieben. Die Einteilung der Arbeitszeit bleibt formell jedem Mitarbeiter selbst überlassen, Geschäftswagen und Kredite für Häuslebauer gibt es noch, das Kantinenessen ist frei – allerdings nicht mehr für Betriebsfremde –, und auf den Fluren laden kleine Selbstbedienungscafés zu Gratis-Latte und Small Talk ein. Das Sportangebot ist reichlich, Fortbildung, medizinische und psychologische Betreuung der Mitarbeiter sind selbstverständlich.

Doch vieles hat sich bei SAP auch verändert. Das fängt schon bei der Sprache an, denn offiziell spricht das Unternehmen inzwischen Englisch, auch in Deutschland. Das ist bisweilen eine Herausforderung für die Mitarbeiter bis hinein in den Vorstand. Der Sprachwechsel fiel manchen in Walldorf, vor allem der ersten Generation von Mitarbeitern, noch aus einem anderen Grund schwer: Nun ließ sich endgültig nicht mehr verdrängen, dass das Unternehmen nicht mehr das alte, dass SAP nicht mehr ihre Heimat war.

Wer durch die zahlreichen graublauen Bürokomplexe streift, die einer nach dem anderen als sichtbares Zeichen des Wachstums auf die Wiese gesetzt worden sind, der fühlt sich an einen Dachsbau erinnert. Unterirdische Verbindungen, Brücken, die von einem Kasten zum nächsten leiten – streng nach Fertigstellung durchnummeriert – und endlose breite Gänge, in fünf oder mehr Stockwerken übereinander gelegt, führen wie Hauptverkehrsstraßen in die kleinen Flure mit den Bürowaben, in denen SAP-Mitarbeiter Software konzipieren, programmieren, verwalten und verkaufen.

Das mag sich nicht von anderen Arbeitsplätzen unterscheiden, wo am Computer gearbeitet wird. Aber viele Beschäftigte haben noch die alte SAP im Kopf, die der Patron Hopp und der Freigeist Plattner prägten, deren Ideen noch in einzelnen Zeilen der SAP-Software steckten. Heute gibt es in den SAP-Programmen kaum noch Code, der von den Gründern stammt. Und so wie ihre Handschrift als Programmierer bei SAP mit der Zeit verblasste, so löste sich der alte Teamgeist mit ihrem Abgang schleichend auf. Gleichzeitig erlebte die Firma eine rasante Internationalisierung, eine ungebremste Einstellungswelle und den Wandel zu einem nicht mehr von den Gründern, sondern von angestellten Managern geführten Unternehmen. Das eingeschworene Team, in dem jeder alles kann und das abends gemeinsam Sport treibt, gibt es nicht mehr. Im Gegenteil, jedes Team muss immer wieder neu geschaffen werden – in mehreren Sprachen und aus mehreren Kulturen.

In anderen Firmen würden derartige Veränderungen endlose Debatten im Betriebsrat auslösen. Aber einen solchen gab es damals bei SAP nicht – was das Unternehmen zur absoluten Ausnahme unter den DAX-Konzernen machte. Anstelle eines gewählten Gremiums sollten acht Angestellte im Aufsichtsrat Arbeitnehmerinteressen vertreten, doch sie hatten bisher nur den Luxus zu verwalten. Je schneller und grundlegender sich SAP veränderte, desto weniger funktionierte dieser maßgeschneiderte Transmissionsriemen. Aufgestauter Unmut machte sich schließlich Luft in einer »Amerikanisierungsdebatte«.

Dabei ging es nur vordergründig um Amerika und die von dort übernommenen Geschäftsgewohnheiten. Den Anstoß zu dieser Debatte gab ein ganzes Bündel von Gründen: die neue Marschrichtung der SAP, die zunehmende Internationalisierung, die seit dem Gang an die Wall Street 1998 wachsende Bedeutung von Gewinnmargen und Umsatzzielen, die Einstellung zahlreicher US-Manager und wie diese mehr oder weniger sichtbaren Zwänge das Betriebsklima in Walldorf immer stärker bestimmten. Dazu kam, dass all der Wandel mit einem technischen und organisatorischen Neuanfang nach dem Platzen der Internetblase zusammenfiel. Die Chefetage nahm die gärende Unzufriedenheit schließlich so ernst, dass sie die Stimmung mit zwei Betriebsversammlungen im großen Speisesaal beruhigen wollte. Dort traten gemeinsam mit dem Pressesprecher deutsche Führungskräfte auf, die amerikanischen Managern unterstellt waren. Sie beschrieben ihren Arbeitsalltag und wie sie die Kooperation mit den Chefs und deren Methoden erlebten, dann durfte das Publikum Fragen stellen.

Was dort ausgesprochen wurde, ermöglichte einen Blick in die tiefe Kluft zwischen zwei Arbeitswelten. Die deutschen SAPler bekannten, sie seien häufig vor den Kopf gestoßen vom aggressiven Auftreten ihrer US-Kollegen, etwa von dem Formulieren und Einfordern klarer Zielvorgaben. Getrieben seien die Amerikaner von dem in Walldorf unbekannten Gefühl, dass sie ihren Auftrag um jeden Preis zu erfüllen hätten, schließlich könnten sie ansonsten jeden Tag gefeuert werden.

Und es stimmte ja auch: Selbst bei SAP wurde jenseits des Atlantiks schnell entlassen. Als etwa Bill McDermott, früher bei Siebel und heute im SAP-Vorstand, 2002 Chef der US-Landesgesellschaft wurde, setzte er zu Dienstantritt als Erstes 44 Leute vor die Tür. Sie hätten keine ausreichende Leistung gebracht, so die offizielle und ganz bewusst öffentlich gemachte Begründung.

Deutsche SAP-Kollegen wurden durch solche Methoden schockiert, waren sie doch – so zumindest der Anspruch – noch auf Konsens, Kooperation und Selbstbestimmung gepolt. Hasso Plattner hat diese Walldorfer Campus-Welt einmal als eine annähernd hierarchiefreie Kommune mit hoher Selbstausbeutungsrate beschrieben, in der sich jeder ausschließlich durch seinen Beitrag zum ganzen Organismus definiert. Kündigungen passten dazu ebenso wenig wie ein System aus Befehl und Gehorsam oder individuelle Zielvereinbarungen, die bei SAP in dieser Zeit eingeführt worden waren. Seitdem wird jeder Mitarbeiter im Rahmen des Talentmanagements einmal im Jahr beurteilt und in eine von vier Gruppen eingeteilt: die 5 Prozent Top-Talents, die 10 Prozent High Potentials, die 80 Prozent Achiever und schließlich die 5 Prozent Improver. Gerade über Letztere gibt es bei SAP mehr Gerüchte als offizielle Auskünfte. Mitarbeiter berichten davon, dass jene, die ganz unten einsortiert werden, spezielle Programme besuchen müssen, um auf das durchschnittliche Leistungsniveau zu kommen. Wer das nicht schaffe, mit dem werde über einen Auflösungsvertrag verhandelt. Offiziell bestreitet das Unternehmen jedoch, dass es eine »Quote von Mitarbeitern gibt, die aussortiert werden sollen«.

Auf wenig Verständnis stieß auch, dass seit dem Börsengang in den USA Shareholder-Value immer größer geschrieben und Quartalsberichte immer ernster genommen wurden. Nach dem Platzen der Internetblase 2001 und in der Finanzkrise 2008 reagierte das Management sofort mit Einschränkungen bei Dienstreisen und kürzte Zuschüsse für Unternehmensfeiern und für die Kantine – alles unter der Vorgabe, die Gewinnmarge nicht abfallen zu lassen und am besten weiter auf den angestrebten Wert von über 30 Prozent zu verbessern, damit SAP nicht zum Übernahmekandidat werde. »Im Blickpunkt des Managements standen häufig erst einmal die Shareholder und dann die Mitarbeiter, auch wenn es verbal anders gedreht wurde«, sagt Helga Classen, die bis 2008 als Arbeitnehmervertreterin im Aufsichtsrat saß. Für alte SAP-Mitarbeiter aus der Hopp-Zeit kam das einer Kränkung gleich.

Niemand jedoch verkörperte die beklagte Amerikanisierung so sehr wie Technikvorstand Shai Agassi. Der von außen bewunderte Heißsporn aus dem Silicon Valley stöhnte kaum verhohlen über das behäbige Walldorf, stellte reihenweise Amerikaner in Leitungspositionen ein, sorgte für frischen Wind bei SAP und machte Druck. Er verordnete etwa einen 100-Tage-Plan mit dem Ziel, SAPs Entwicklungsarbeit zu reformieren und zu beschleunigen – und verkürzte ihn, als er angelaufen war, auf 50 Tage. Programmierer wurden von ihm zu Höchstleistungen verdonnert: Einmal hatten zehn von ihnen in zwölf Wochen 100 Analyseprogramme zu schreiben; das Projekt lief unter dem programmatischen Namen »Hercules«. Zu erreichen waren solche Ziele oft nicht, schon gar nicht mit dem in Walldorf üblichen Anspruch an Produktplanung und Qualität. Doch sollten die Übungen vor allem Unruhe in die allzu behütete SAP-Welt bringen und neue Ideen provozieren. Die Schnellentwickler wider Willen halfen sich etwa, indem sie ein Programm erdachten, mit dessen Hilfe sich andere Programme schreiben ließen.

Auch das Marketing veränderte sich. Agassi kündigte plötzlich neue Software an, die es noch gar nicht gab, damit die Kunden nicht bei Wettbewerbern einkaufen gehen, die in der Entwicklung schon weiter waren. Über solche *vapourware* (»Dampfware«) amerikanischer Software-Verkäufer hatte man sich in Walldorf jahrzehntelang lustig gemacht und stolz auf die soliden eigenen Produkte verwiesen, die wirklich die Funktionalität besaßen, die man versprach. In Erinnerung blieb auch die peinliche Begegnung mit einer Sekretärin, die während einer Personalversammlung offenherzig vor fast 1 000 Kollegen ein Problem an ihrem Arbeitsplatz schilderte. Agassi warf den Ball an sie zurück: »Kümmere dich drum, finde eine Lösung, und gib mir in drei Wochen Bescheid, wie sie aussieht«, soll seine Antwort gewesen sein. Die Kollegin war – für jedermann sichtbar – vollkommen überfordert. »Danach gab es keine Veranstaltung mehr, auf der jemand ein Problem geschildert hätte«, berichtet ein Augenzeuge.

Stattdessen machten in Walldorf mehr oder weniger gut belegte Gerüchte die Runde über das angeblich mangelhafte technische Wissen Agassis, der auch schon vor seiner Zeit bei SAP kein Projekt wirklich zu Ende gebracht habe. Oder darüber, dass er SAP neben seiner eigenen Firma TopTier auch noch die seines Vaters und sogar noch eine weitere seines Schwagers angedreht habe. Obwohl es für Nepotismus keine Belege gibt, passte das Gerede ins Bild. Auch die bei jeder Rede flott vorgetragenen Geschichten und Anekdoten Agassis nervten die deutschen Ingenieure zunehmend, erst recht sein Auftritt mit grellem Superman-Umhang bei einer Firmenveranstaltung. Der Agassi-Stil war zwar auflockernd und kurzweilig, doch in Walldorf kam die leichtfüßige und leicht zu durchschauende Motivationsstrategie immer schlechter an. Sie wurde bald zum Markenzeichen der Amerikanisierung.

»Ich war nicht nur jemand, der Anstöße gegeben hat, ich wurde auch zum Blitzableiter«, urteilt Agassi selbst über seine Rolle als provozierender Reformer, die ihm der SAP-Vorstand auch bewusst zugeteilt hatte. Zumindest in Walldorf ist die Art seines Auftritts weitgehend danebengegangen. Statt Strukturen aufzubrechen, verstärkte Agassi sie ironischerweise sogar eher noch. »Er hätte nie in Walldorf andocken können«, sagt ein langjähriger SAP-Mitarbeiter, der einige Jahre zu Agassis Team gehörte, »die Leitung muss gewusst haben, dass die Leute hier innerlich gekündigt hätten, wenn er Unternehmenschef geworden wäre.«

Beim Vorstand dürften die Alarmglocken schon nach einer unternehmensinternen und nie veröffentlichten Umfrage geläutet haben. Deren Ergebnis: Vier von fünf deutschen SAP-Mitarbeitern fürchteten eine Amerikanisierung ihres Unternehmens. Diese Angst vor der Veränderung ging bis in den Softwarecode. Stefan Schulz, ein weiterer Arbeitnehmer im Aufsichtsrat, schrieb etwa eine kleine interne Denkschrift. Er warnte vor den »Quick Fixes« à la Agassi und stellte das »German Engineering« als einzigen Garanten für Wachstum und Qualität heraus. Schulz stand für eine große Gruppe selbstbewusster deutscher Software-Ingenieure, die ihr ausgeprägtes Qualitätsbewusstsein gegen den zunehmenden Einfluss des überfliegenden amerikanischen Pragmatismus auf die SAP-Programme und die Unternehmenspolitik verteidigen wollten.

Von außen war dieser Bruch kaum wahrnehmbar. Und auch im Innern des SAP-Imperiums wurde er bis dahin mehr gespürt als je wirklich ausgesprochen. Vielleicht wäre das auch noch einige Zeit so geblieben, wäre nicht das Verhalten eines anderen US-Managers hinzugekommen: Bob Stutz. Auch er war aus dem Silicon Valley – 2005 vom Wettbewerber Siebel – zu SAP gekommen und gehört inzwischen zur Führungsebene direkt unterhalb des Vorstands. Mit den Erfahrungen bei Siebel im Rücken sollte er SAPs damalige Problemsparte – Programme zum Management von Kundenbeziehungen – auf Trab bringen. Deswegen stellte der hemdsärmelige Amerikaner Arbeitspläne auf, die nur mit einer 50-Stunden-Woche erfüllt werden konnten.

Viel zu arbeiten, war für die meisten SAPler ebenso selbstverständlich wie nachts für eine Telefonkonferenz mit den USA wach zu bleiben – aber eben nur aus freien Stücken, aus eigener Verantwortung und weil sie sich mit den Zielen und dem Unternehmen identifizieren konnten. Die Selbstverständlichkeit, mit der Stutz diese Mehrleistung jetzt einforderte und sich dabei über alle deutschen Arbeitsgesetze hinwegsetzte, löste diesen Grundkonsens auf und brachte die Mitarbeiter in Walldorf gegen ihn auf: »Er hat sich aus Sicht der deutschen Mitarbeiter nicht fair, kooperativ und respektvoll verhalten«, sagt Helga Classen. Sie ist überzeugt, dass Stutz damit den letzten Anstoß zur Gründung eines Betriebsrats gab, an dem eine kleine Gruppe unter den SAP-Beschäftigten seit Jahren vergeblich gewerkelt hatte. »Insofern ist der Betriebsrat eine Konsequenz der Amerikanisierung«, so Classen.

Anfang 2006 wagten sich drei von der IG Metall unterstützte Initiatoren an das Projekt heran: Jens Weidner, Bernhard Rummel und Eberhard Schick. Schon ihre Einladung zu einer Betriebsversammlung, um einen Wahlvorstand für eine Betriebsratswahl zu bestimmen, löste einen Sturm der Empörung aus. Gründer, Vorstand, die Arbeitnehmervertretung und die allermeisten Mitarbeiter wetterten dagegen. Hopp sah gar sein Lebenswerk bedroht und drohte nun seinerseits, dass ein Software-Unternehmen seinen Stammsitz schneller verlagern könne als Industriebetriebe. »Da Walldorf im Konkurrenzkampf mit vielen möglichen Standorten auf dieser Welt steht, wird es, wenn es Flexibilität verliert, nicht mehr konkurrenzfähig sein. Dann kann es halt passieren, dass eines Tages, möglicherweise ganz schnell, die Zentrale nicht mehr in Walldorf ist«, erklärte er. Hopp befürchtete vor allem einen von außen, von den Gewerkschaften gesteuerten Betriebsrat. Vorstand und Belegschaft starteten sogar eine Kampagne zur Änderung des Betriebsverfassungsgesetzes. Wie zu erwarten, gewann man nur die Freien Demokraten für diesen Vorstoß, der versandete, kaum dass er in Bewegung gekommen war.

Als die Betriebsversammlung schließlich Anfang März 2006 stattfand, stimmten mehr als 90 Prozent gegen einen Betriebsrat. Doch die Initiatoren, von denen zwei aufgrund des internen Drucks aufgegeben hatten und durch zwei andere Kollegen ersetzt worden waren, wollten nicht klein beigeben. Sie beantragten beim Arbeitsgericht die im Betriebsverfassungsgesetz vorgesehene Bestellung eines Wahlvorstands. Das steigerte bei manchem Entwickler den Ärger zu blankem Hass. In der Post und im E-Mail-Eingang der drei Betriebsratsvorkämpfer fanden sich Hunderte Nachrichten wie: »Ihr seid doch krank«, »Haut ab!« oder »Durchschnittstypen, die nicht weiterkommen«; einer schrieb: »In meinen Augen seid Ihr eine Schande für SAP«, ein anderer: »Ich finde Euch charakterlos«.

Selbst Henning Kagermann, der Vorstandsvorsitzende, konnte nicht begreifen, dass drei Antragsteller ausreichten, um einen Betriebsrat gegen eine überwältigende Mehrheit der Beschäftigten zu gründen: »Bisher dachte ich immer, dass in einer Demokratie eine Minderheit die Meinung der Mehrheit akzeptiert.« Die Unternehmensleitung und selbst die bisherige Arbeitnehmervertretung beauftragten Juristen zu prüfen, ob und wie sich ein Betriebsrat doch noch verhindern ließe.

Doch die Rechtslage war eindeutig, und so wechselte man die Strategie. Wenn schon ein Betriebsrat gewählt werden müsste, dann sollten die Mitarbeiter wenigstens für einen stimmen, der »nicht von außen«, also von den Gewerkschaften bestimmt sei, sondern für »einen Betriebsrat aus unserer Mitte«, wie Kagermann formulierte. Insgesamt zehn Listen mit 414 Kandidaten traten schließlich am 21. Juni 2006 gegeneinander an. Einige der Listen trugen nostalgische Wohlfühlnamen wie »Mensch statt Ressource«, »Der Mensch im Mittelpunkt«, »Kommunikation statt Konfrontation« oder sogar »Weniger ist mehr«. Die Wahl wurde zum erwünschten Vertrauensbeweis für die alte Arbeitnehmervertretung, deren Kandidaten die mit Abstand meisten Stimmen der 10770 Wahlberechtigten auf sich versammelten. Doch die Gewerkschaftsliste brachte es immerhin auf 9 Prozent der Stimmen und 3 der 37 Sitze.

Die meisten Wunden sind inzwischen verheilt, die anfangs fast verfeindeten Fraktionen im Betriebsrat haben in schmerzhaften Auseinandersetzungen gelernt, miteinander umzugehen, auch wenn einer der Gewerkschaftsvertreter noch anderthalb Jahre nach der Wahl öffentlich fragte: »Wann werden wir von unseren KollegInnen bei SAP wieder gleichwertig behandelt und müssen nicht länger Ausgrenzungen fürchten?« Die Belegschaft hat die Institution Betriebsrat weitgehend akzeptiert. »Es geht nicht mehr um das Ob, sondern das Wie, etwa wie er offensiver sein könnte«, meint ein Mitglied. Die Betriebsratsgründung steht für eine symbolträchtige Bruchstelle in der Geschichte des Unternehmens, an der etwas sichtbar wurde, was viele noch nicht wahrhaben wollten: SAP war ein ziemlich normales Unternehmen geworden, das sich 34 Jahre nach der Gründung mehr denn je in einem globalen Wettbewerb befand – um Software, um Talente, um Kapital und um Kunden.

Erst Amerikanisierung, dann Betriebsrat. Zu diesen zwei großen internen Debatten hat der rasche Wandel bei SAP bisher geführt. Aber was ist mit der Globalisierung? »Darüber«, sagt ein Betriebsrat, »hat es bei uns bisher keine wirkliche Debatte gegeben«. Dieses Statement ist erstaunlich – und beunruhigend. Schließlich war und ist der Wandel von SAP zu einem global integrierten Unternehmen eine zentrale Säule seiner Strategie. Und gerade die macht heute die Besonderheit von SAP aus, in Deutschland und in der Welt.

Doch das Thema kommt in Gesprächen schnell auf. Was Mitarbeiter in Walldorf hierbei mehr als alles andere umtreibt, ist die Zukunft des Standorts. Sie fürchten, Opfer der globalen Arbeitsteilung zu werden. Zwar stellt SAP nach wie vor auch hierzulande ein, doch die

Wachstumsraten im Ausland übertreffen bei Weitem die im Vergleich dazu eher bescheidenen Neueinstellungen in Deutschland. Waren etwa im Jahr 2000 noch gut drei Viertel der gesamten Entwicklung in Deutschland angesiedelt, werden heute nur noch rund 50 Prozent der SAP-Software im Inland programmiert. Dieser Trend spiegelt sich im Management wider: Seit dem Jahr 2000 wuchs die Zahl der nicht-deutschen Führungskräfte von einem Drittel auf deutlich mehr als die Hälfte. Und während bis Anfang 2007 Shai Agassi als einziger Ausländer im Vorstand saß, sind es zwei Jahre später vier von neun Topmanagern.

»Wir können doch nicht im Ausland wachsen, wo wir inzwischen 80 Prozent des Umsatzes machen, und dann vor allem in Deutschland einstellen«, begründet Kagermann die Firmenpolitik. Im ersten Halbjahr 2008 wuchs die SAP-Belegschaft in Deutschland um 550 Mitarbeiter, im Ausland gab es gleichzeitig ein Plus von 7000. Anders ausgedrückt: Für jeden deutschen Arbeitsplatz schuf SAP 13 im Ausland. Hauptgrund für den überproportionalen Zuwachs war 2008 allerdings der Zukauf des französisch-amerikanischen Unternehmens Business Objects mit über 6000 Mitarbeitern. Doch auch im Jahr zuvor war SAP weltweit um 4668 Stellen gewachsen, davon nur 534 in Deutschland.

Angesichts solcher Zahlen ist es verständlich, dass sich unter deutschen Mitarbeitern vor allem eine Sorge breitmacht: Das Hauptquartier könnte irgendwann zu einer Filiale eines in China oder in Indien angesiedelten globalen Konzerns degradiert werden. Für viele in Walldorf wäre dies schlichtweg SAPs Ende. Dort versteht man sich noch immer als das Herz, das dem SAP-Organismus den Puls vorgibt. Hier sind die loyalen Programmierer zu Hause, die erfahrenen SAP-Jünger, die als wichtigste Kennziffer die Jahre ihrer Betriebszugehörigkeit vor sich hertragen. Und die ist in der Regel deutlich länger als die der im Ausland beschäftigten Kollegen: Während der weltweite statistische Durchschnitts-SAPler 2007 – einschließlich der deutschen Beschäftigten – auf eine Betriebszugehörigkeit von 5,4 Jahren kam, waren es bei der Untergruppe der deutschen Mitarbeiter 8,6 Jahre. Die Wahrscheinlichkeit, dass ein SAPler in einer der ausländischen

Dependancen kündigt, ist mit 10,3 Prozent rund fünfmal höher als dass ein Mitarbeiter in Deutschland das Unternehmen verlässt (2,2 Prozent).

Doch lange Betriebszugehörigkeit und tiefe Kenntnisse des Software-Systems haben an Bedeutung verloren in einer Welt, die sich laufend verändert, neue Anforderungen stellt, schnelle Anpassungen erwartet und viel Verwaltung mit sich bringt. »Wir arbeiten heute ganz anders« – dieser Satz ist in unterschiedlichen Versionen in Walldorf immer wieder zu hören. Die Freiheiten sind kleiner, die Vorgaben wichtiger geworden, berichten Mitarbeiter. Sie klagen über den Verlust an Einfluss, über sich stärker ausbildende Hierarchien, viel zu häufige Umorganisationen und immer undurchsichtigere Entscheidungen von oben. »Die hohe Identifikation, die wir mal hatten, die geht runter«, beobachtete Helga Classen.

Auf einer Betriebsversammlung schilderte beispielsweise ein Alt-SAPler, der seit über 20 Jahren dabei ist, wie sich die Kontrollen langsam in den Arbeitsalltag eingenistet haben und er nun Buch darüber zu führen habe, wie er etwas gemacht hat, wann er es gemacht hat und wie viel Kapazität er noch besitzt. Zwei Stunden am Tag komme er bestenfalls noch zum Programmieren. Mit einer Uni oder gar einer Software-Kommune vergleicht das Unternehmen kaum noch jemand. Es gibt zahlreiche Hierarchieebenen, die von einigen Managern, vor allem aus den USA, strikt verteidigt werden. Da dürfen dann etwa E-Mails nur noch auf dem Dienstweg an die nächsthöhere Ebene geschickt werden – was anfangs zu ungläubigen Nachfragen bei der Arbeitnehmervertretung führte, warum man denn nicht mehr, wie früher üblich, gleich die zuständige Person anschreiben könne, unabhängig von deren Position im Unternehmen.

Auch die Arbeit an der Software hat sich dramatisch verändert. Der Programmierer, der früher gerne sein Selbstverständnis als Computerkünstler pflegte, wird heute eher gefürchtet. Denn für Individualismus ist der Platz eng geworden in einer Firma, die ihre Programme aus Modulen zusammensetzt, die sich alle miteinander kombinieren lassen sollen, in der Aufgaben zerlegt werden in kleine überschaubare Teilprojekte und in der ein Rädchen sich mit dem anderen drehen muss. Spielräume sind verschwunden, Grenzen wurden enger gezogen, Regeln gewannen überall an Bedeutung, ob beim Marketing, bei der Personalverwaltung oder beim Programmieren. Die Entwicklungsgruppe, die etwa für ein Programm von einer ersten Skizze bis zur Auslieferung verantwortlich war, gibt es nicht mehr. Immer mehr SAPler empfinden ihren Job inzwischen als moderne Fließbandarbeit mit straffen inhaltlichen und zeitlichen Vorgaben.

In einer solchen Stimmungslage bleibt die gewünschte interkulturelle Zusammenarbeit oft auf der Strecke. Schauen wir noch einmal zurück nach Bangalore und nach Palo Alto, diesmal jedoch vom Standort Walldorf aus. »Indien, die Qualität von da ist eine Katastrophe«, sagt einer, der früher als Vorstandsassistent gearbeitet hat, und schüttelt sich dabei. Vor allem zu Beginn der Arbeit in Indien habe man eher kleine Programmteile dorthin gegeben, doch die kleinteilige Modularisierung brachte den Entwicklern nur noch zusätzliche Probleme: »Man kann die Aufgaben nicht so zu Ende spezifizieren.« Und als die Ergebnisse aus Indien in Walldorf ankamen, »mussten wir nachträglich deutsche Qualität reinbringen«. Nach ersten Erfahrungen wurden dafür in Walldorf schon Monate im Voraus Sonderschichten an Wochenenden eingeplant.

Das Lab in Palo Alto erscheint von Walldorf aus dagegen wie eine Spielwiese für Theoretiker. Dort hat SAP in den vergangenen Jahren die Forschungs- und Entwicklungsarbeiten konzentriert, um näher an der Innovationsquelle des Silicon Valley zu sein. Palo Alto soll Ideen liefern, die in Walldorf marktfähig gemacht werden. Indirekt wurden damit kulturelle Vorurteile noch verstärkt: In Walldorf gelten die kalifornischen Mitarbeiter als Traumtänzer, die sich um die praktische Anwendbarkeit nicht scheren, während man selbst durch die Anforderungen aus Palo Alto ständig überfordert wird – Walldorf als Reparaturbetrieb. Aus Palo Alto schallt es dann zurück, man werde oft nicht ernst genommen im Hauptquartier, über dessen vermeintlich behäbigen Arbeitsstil man in Kalifornien ohnehin gerne mal die Nase rümpft. »Beide Seiten verstehen sich aus unterschiedlichen Gründen nicht«, sagt ein langjähriger Mitarbeiter, der schon auf beiden Seiten zu Hause war. »Die in Palo Alto fragen: ›Warum seid ihr so borniert?‹ Da kommt dann das alles raus mit deutscher Ingenieurskunst und mit der Inflexibilität. Aus der anderen Richtung kommt dann der Vorwurf: ›Ja, macht doch mal realistische Konzepte.‹ Das ist eine ganz verzwickte Situation.«

Ausländischen Kollegen kommt die Welt der alteingesessenen SAP-Kollegen in Lebensstellung oft eng und unflexibel vor. Außerdem fühlen sie sich ausgeschlossen aus den Walldorfer Zirkeln, die – so der leicht entstehende Eindruck – nur ihre Pfründe gegen wachsende Ansprüche des Wettbewerbs verteidigen wollen. Unter den Ausländern hebt auch weniger die Dauer der Betriebszugehörigkeit das Selbstbewusstsein als die Zahl der Firmen, bei denen sie schon gearbeitet und Erfahrungen gesammelt haben. Diese beiden mit Vorurteilen beladenen Sichtweisen – die deutschen »Pedanten« und die amerikanischen oder indischen »Überflieger« – zu vereinen, ist heute eine der schwierigsten Aufgaben des SAP-Managements.

Ein indischer Mitarbeiter, der Anfang 2008 nach Walldorf kam, lobt zwar, wie sich SAP nach dem Umzug um ihn gekümmert und sogar seiner Frau einen Job besorgt hat. Auch bemühe sich SAP, eine Kultur der Vielfalt zu etablieren und den Mitarbeitern klarzumachen, dass sie für ein globales Unternehmen arbeiten. »Aber trotzdem gibt es die Tendenz, Leute aus Indien zu unterschätzen und etwa davon auszugehen, dass sie ihre Arbeit nicht rechtzeitig abliefern«, erklärt er, »aber vielleicht ist es auch besser so, wenn man unterschätzt wird.«

Wer SAPs Hauptquartier nach Gesprächen mit Mitarbeitern wieder verlässt, der ahnt: Dieses Unternehmen steckt mitten in einem schwierigen Übergang, der noch einige Zeit andauern wird. Dass es zur Globalisierung des Unternehmens keine Alternative gibt, wird von den meisten Mitarbeitern akzeptiert, auch wenn Ängste damit verbunden sind. Aber viele lernen noch, damit umzugehen. »Wir sind gerade in einem Stadium, wo etwas abbricht, das andere aber noch nicht richtig da ist«, sagt die ehemalige Betriebsratsvorsitzende und langjährige Vorsitzende der Arbeitnehmervertretung Classen.

Das ist sicherlich keine Überraschung angesichts der Geschwindigkeit, mit der SAP in den vergangenen Jahren seine Globalisierung betrieben hat. Aber SAPs Chefs hätten auch versäumt, eine positive Vision der globalen Arbeitsteilung zu vermitteln, stellt Classen fest. »Die Mitarbeiter haben zwar die Grundlagen, um im Veränderungs- prozess zu bestehen«, meint sie, »aber sie müssen etwas dafür tun. Und das Management muss ihnen eine Richtung aufzeigen, damit sie wissen, wie sie sich entwickeln müssen, um nicht abgehängt zu werden.«

Hopps Position war zumindest eindeutig: »An der Globalisierung kommt heute keiner mehr vorbei, das müssen auch die Gewerkschaf- ten lernen«, argumentierte der Firmengründer, als es um die Grün- dung des Betriebsrats ging. Doch in Walldorf drückte sich sonst nie- mand so klar aus, man ging der Konfrontation lange Zeit lieber aus dem Weg, auch der ansonsten gewiss nicht scheue Hasso Plattner, der nach mehr als zehn Jahren in Kalifornien selbst zum Amerikaner ge- worden war. »Alle zwei Jahre bekam er diese Anfälle, da hat ihn Wall- dorf total genervt«, berichtet ein führender Manager aus seinem Lei- tungsteam. »Aber Plattner schwieg, anstatt nach Walldorf zu gehen und den Leuten zu sagen: ›Hey, die Welt hat sich nach 30 erfolgrei- chen Jahren verändert, wir müssen uns jetzt ebenfalls verändern, wenn wir weiter erfolgreich bleiben wollen‹.« Ein Drittel der Walldor- fer wäre sofort dabei gewesen, ist der Manager überzeugt. »Bei einem weiteren Drittel hätte es ein bisschen gedauert, und ein Drittel wäre gefallen.«

Doch Plattner ging wie immer seinen eigenen Weg, entschied etwa, das globale Marketing in New York anzusiedeln, um Walldorf von dort aus in Bewegung zu bringen. Das Ergebnis: »Die Leute in Deutschland waren sofort dagegen und sprachen nur von den Typen, die sich in New York den Kaffee mit 7 000 Dollar teuren Espressomaschinen ko- chen.« Ähnlich sei es bei Shai Agassi gelaufen: »Was glaubte Plattner, was passiert, wenn er einen von außen anstellt, ihn als seinen Erben installiert und ihn dann in der Firma als Elefanten im Porzellanladen auftreten lässt?«

Kagermann, der ehemalige Physikprofessor, geht die Globalisie- rung dagegen sehr analytisch an. Gerade durch die Konzentration auf

Qualität und Zuverlässigkeit werde die Stärke des Standorts betont, argumentiert er: »Wir Deutschen eignen uns dafür, weil es sehr systematisch ist, also ingenieurmäßig.« Hierzulande denke man eben etwas bürokratisch, in Prozessen und deren Organisation. »Im Maschinenbau waren wir ja auch immer gut, vor allem im Spezialmaschinenbau, oder wenn hohe Integration verlangt ist. Wir waren aber nie gut darin, die billigen Handys zu bauen.«

Während amerikanische Entwickler schnell irgendwelche vorläufigen Versionen von Software in aufwändig gestalteten Präsentationen vorführen könnten, »muss bei uns das Kind zwölf Monate im Bauch sein, bis es dann wissenschaftlich tief durchdekliniert das Licht erblickt«. Diese beiden Kulturen zu vereinen, bezeichnet Kagermann als seine schwierigste Managementaufgabe. Er will diejenigen, die schnell innovative Ideen umsetzen, aber er braucht auch diejenigen, die für verlässliche Qualität und industrielle Standardisierung sorgen. Die Gefahr ist, beide Seiten entweder durch zu lange oder zu kurze Entwicklungszyklen zu frustrieren. »Der Punkt ist, es so zu verbinden, dass sich beide Seiten vertrauen und nicht gegeneinander gehen.«

Aber Kagermann erkennt auch, dass diese sehr nüchterne Sicht auf Standortqualitäten schnell an Grenzen stößt. »Ich persönlich habe manche Schwierigkeiten bei der Globalisierung unterschätzt«, gibt er unumwunden zu, »ich habe die Emotionen, die eben auch eine Rolle spielen, vielleicht zu sehr hinten angestellt.« Kagermann vertraute bei seinen Ingenieuren auf die Kraft der Argumente, die sich aus den Veränderungen durch die Globalisierung ergeben. »Wenn ich ehrlich bin, dann habe ich zu sehr an die Ratio geglaubt.« Dennoch, meint der scheidende SAP-Vorstandssprecher: »Wir sind sicher noch nicht ganz durch, aber wir sind sehr weit, wenn ich uns mit anderen vergleiche.«

Für eine fundierte Außensicht der Lage in Walldorf fährt man am besten nach München zum Institut für Sozialwissenschaftliche Forschung (ISF). Dort arbeitet Andreas Boes, der seit fast 20 Jahren mit einer kleinen Gruppe von Wissenschaftlern die deutsche IT-Industrie erforscht. Ende 2008 schlossen Boes und seine Mitarbeiter ein mehrjähriges Projekt ab, das von großen deutschen Firmen der Branche und dem Bundesministerium für Bildung und Forschung unterstützt wurde. Die Fragestellung lautete: Wie ist der Standort Deutschland in der Informationstechnologie für die Globalisierung gewappnet?

Die Forscher untersuchten dafür 30 Unternehmen, führten fast 250 Interviews, reisten nach Indien, Osteuropa und ins Silicon Valley. Das Ergebnis ist nicht gerade ermutigend: Zwar hat die deutsche Informationstechnologiebranche viele Erfolgsgeschichten zu bieten. Aber rund drei Viertel der Beschäftigten in dem Sektor arbeiten für Unternehmen, deren Strategie sie zu potenziellen Opfern der Globalisierung macht – entweder, weil sie zu sehr auf den Binnenmarkt konzentriert sind oder weil sie die Auslagerung der Produktion ins billigere Ausland vor allem als Mittel sehen, um die Kosten zu senken.

Um es gleich zu sagen: SAP dürfte nicht zu den »Unternehmen mit gefährdeten Strategiemustern« gehören, wie Boes es nennt. Im Gegenteil: Die Walldorfer haben, gemessen an den Forschungsergebnissen aus anderen Unternehmen, vieles richtig gemacht. Sie haben nicht einfach nur passiv auf die Globalisierung reagiert, sondern sind die Herausforderung von sich aus offensiv angegangen. Und sie haben ebenso wenig die Software-Entwicklung einfach nur unter Kostengesichtspunkten ausgelagert, wie solche Unternehmen, die Boes und seine Mitarbeiter für gefährdet halten. SAP strebt vielmehr an, ein global integriertes Unternehmen zu werden, das seine international verteilten Standorte mit jeweils unterschiedlichen Aufgaben und Schwerpunkten trotzdem wie aus einem Guss steuert.

Doch einen wesentlichen Faktor für den Erfolg dieser strukturellen Internationalisierung hat SAP wie fast alle deutschen Unternehmen bisher nicht ausreichend berücksichtigt: die Motivation und die Kompetenzen der Mitarbeiter. Nur wenn die Beschäftigten die Globalisierungsstrategie ihres Unternehmens unterstützen können und wollen, hätte diese auf Dauer eine Chance zu gelingen, meint Boes. Das bedeute nicht zuletzt, dass Unternehmen ihren Mitarbeitern und ihren Standorten klare Perspektiven bieten müssten. »Wer weltweit erfolgreich sein will«, fordert Boes, »muss die Menschen zu Hause mitnehmen – und ihnen eine positive Vision der Globalisierung vermitteln.«

SAP kämpft noch mit den Folgen der Globalisierung, da steht die Informationstechnologie wieder vor einem Epochenwandel. Sie wird allgegenwärtig, löst sich zugleich langsam auf. Das folgende Kapitel ist eine Reise in eine neue Dimension.

Kapitel 8

Die Wolke – wie Technik verdampft

>»Der Sektor hat eine post-technische Phase erreicht,
in der nicht mehr die Technik selbst im Zentrum steht,
sondern der Mehrwert, den sie Unternehmen und
Verbrauchern bringt.«

Irving Wladawsky-Berger, ehemaliger Chefdenker von IBM

Nach Quincy verirrt sich kaum jemand. Die Autofahrt von Seattle, der nächsten größeren Stadt, zu der Gemeinde mit nur 5 000 Einwohnern führt über hohe Berge und dauert mindestens drei Stunden. Aber in diesem abgelegenen Ort im Zentrum des amerikanischen Bundesstaates Washington herrscht wahrscheinlich die weltweit höchste Konzentration an Servern, jenen mächtigen Computern, die riesige Datenmengen für den Abruf über das Netz speichern. Firmen wie Microsoft und Yahoo haben in Quincy ein halbes Dutzend Rechenzentren gebaut, jedes von ihnen so groß wie eine Autofabrik. Der Neubau von Microsoft soll, wenn er einmal ganz fertiggestellt ist, 300 000 Server beherbergen.

Quincy ist allerdings längst nicht der einzige Ort, an dem solche Computerkraftwerke entstehen. Verstreut über die ganze Welt werden *data centers*, wie sie im Fachjargon heißen, hochgezogen. Sie entstehen vor allem da, wo der Strom ausreichend und billig ist – wie in Quincy dank der Dämme mit ihren Turbinen im Columbia River. Denn der Energiehunger dieser Rechenfabriken ist enorm: Die Server müssen nicht nur mit Strom für ihren eigenen Betrieb gefüttert, sondern auch ständig gekühlt werden. Für Orte weit ab vom Schuss, wie Quincy, eröffnet das ganz neue Chancen. Ein idealer Standort für diese neuen, menschenleeren Fabriken ist zum Beispiel Island. Dank der Erdwärme gibt es dort Strom im Überfluss und als Zugabe viel kalte, trockene Luft, was die Kühlung stark erleichtert und verbilligt.

Die riesigen Rechenzentren sind der physische Beweis dafür, dass *computing*, also wo und wie die Computerbranche rechnen lässt, wieder einmal seine Form verändert. Am Anfang, also in den sechziger und siebziger Jahren, stand der Großcomputer, die Urform einer Rechnerplattform. Alles baute auf diesem Mainframe auf: das Betriebssystem, das einen Computer überhaupt zum Leben erweckt, die Datenbank, in der die digitalisierten Inhalte abgelegt sind, und die Anwendungsprogramme, mit denen sich diese Daten verändern, auswerten oder weiterverarbeiten lassen. Zu Letzteren gehörte auch R/2, SAPs erstes komplettes Programmpaket.

Doch mit Beginn der achtziger Jahre wurde dieser Computer-Goliath von vielen kleinen Rechen-Davids, vor allem den Personal Computern (PCs), vom Thron gestoßen. Damit änderte sich auch die vorherrschende Architektur der Branche und wurde zu einer Kombination aus *client,* meist ein PC, und verschiedenen leistungsfähigen Servern. In vielen Unternehmen ähnelte die IT-Ausrüstung fortan einer geologischen Formation mit drei horizontalen Schichten. Ganz unten lagerte die Hardware, also Computer, Datenspeicher und Datennetze. Darüber legte sich eine erste Software-Schicht aus »Infrastruktur«-Programmen wie Betriebssystemen und Datenbankprogrammen. Diese Ebene diente auch als Basis für die dritte Schicht: die Anwendungsprogramme.

Inzwischen sind wir in der nächsten Technologieperiode angekommen, eben der Zeit der *data centers.* Deren offensichtliche Größe und Mächtigkeit leitet eigentlich in die Irre. Denn diesmal wechselt die IT-Formation nicht einfach nur ihre Architektur, sondern sie geht über in einen anderen Aggregatzustand. Die Schichten brechen auf, sie verflüssigen sich – und werden aller Voraussicht nach verdampfen zu *computing clouds,* virtuellen Wolken aus Rechenkraft, die Unternehmen je nach ihrem aktuellen Bedarf anzapfen können.

Aber wie kommt es zu diesem Wandel, welche Kräfte treiben den Prozess an, der die hergebrachte Struktur der Informationstechnologie verdampfen und die Rechenwolken abheben lässt? Und wie ist diese Wolke gebaut, woraus besteht sie, wie ist sie mit dem Boden verbunden? Das Kapitel wird diese Fragen in drei Schritten beantworten: Zunächst geht es um den Kontext des Wechsels der Plattform, dann um Infrastruktur sowie Software und schließlich um die Peripherie der Wolke – all jene Dinge, die sie mit der Außenwelt verbinden. Mit der Software von SAP scheint das alles zunächst nicht sehr viel zu tun zu haben. Doch gerade auch über diese Dinge denken SAP-Forschungschef Lutz Heuser und sein Team viel nach. Und wer die Zukunftspläne des Unternehmens und damit die nächste Etappe der Informationstechnologie verstehen will, der muss wissen, wie grundlegend sich die technologische Grundlage gerade verändert. Am Ende dieses Prozesses werden nach Voraussagen Informationen und Daten ähnlich wie heute der Strom aus der Steckdose kommen und ebenso vielseitig anwendbar sein, mit dem Unterschied, dass man erstens dank des Datenfunks keine Steckdose mehr braucht und zweitens dieses digitale Netz sich dauernd mit neuesten Informationen aktualisiert, um ein immer vollständigeres Abbild der Wirklichkeit in Echtzeit zu schaffen.

Es ist auffällig, dass in der Informationstechnologie die Revolutionäre mit jedem Plattformwechsel jünger wurden. Für den Beginn der Branche und für den Aufstieg des Mainframe-Rechners stand noch IBM-Chef Thomas J. Watson Jr., ein grauhaariger Herr Mitte 50. Bill Gates war erst Anfang 30, als zahlreiche kleine Personal-Computer die Vorherrschaft des Großrechners ablösten. Der Microsoft-Gründer wurde zum Gesicht der neuen Ära. Im Juli 2008 zog sich Gates aus dem aktiven Geschäft seines Unternehmens zurück. Der neue Star der Branche ist noch einmal zehn Jahre jünger: Mark Zuckerberg, der Gründer von Facebook, einem schnell wachsenden sozialen Netzwerk im Internet, dessen Mitglieder dort ihren elektronischen Freundeskreis ebenso pflegen wie ihre eigene digitale Online-Repräsentanz. Im Alter von 23 Jahren schaffte Zuckerberg 2008 bereits den Sprung in den exklusiven Club der Bestverdienenden, den das amerikanische Wirtschaftsmagazin *Forbes* jedes Jahr zusammenstellt.

Doch der Eindruck trügt: Die Informationstechnologie ist kein ewiger Jungbrunnen. Ganz im Gegenteil: Mit jedem Plattformwechsel ist die Branche gereift. Und es sind vor allem drei seit Jahrzehnten wirkende Kräfte, die sie auf die nächste, höhere Ebene heben: Immer

schnellere Chips und Datenleitungen schaffen neue technische Möglichkeiten, immer größere Komplexität sorgt für den Antrieb zur Vereinfachung und immer bessere technische Standards liefern den
Klebstoff für die neue Plattform.

Der wahre Star der Branche ist denn auch fast viermal so alt wie
Facebook-Erfinder Zuckerberg: Gordon Moore. Im Jahre 1965 machte
der Mitgründer des Chipkonzerns Intel die wohl berühmteste Vorhersage des Computerzeitalters. Er glaubte, dass sich die Zahl der Transistoren auf einem Chip und damit die Leistungsfähigkeit dieser zentralen Rechenbausteine eines Computers in regelmäßigen, kurzen
Abständen verdoppeln würden: »Jedes Jahr«, prophezeite Moore zunächst, korrigierte sich später aber auf »alle zwei Jahre«. Der Durch-
schnitt – »alle 18 Monate« – wurde dann als »Moore's Law« zum Grund-
gesetz der Chipentwicklung.

Dieses »Gesetz« von der Verdopplung der Rechenkraft hat sich weitgehend bewahrheitet. In den 30 Jahren zwischen 1971 und 2001 konnte
Intel auf seinen Chips tatsächlich die Zahl der Transistoren alle 1,96 Jahre verdoppeln. Und daran wird sich in dieser und der folgenden Deka-
de nicht viel ändern, auch wenn Intel und andere Chipproduzenten
ihre Prozessoren inzwischen mit mehreren, parallel arbeitenden elektronischen Gehirnen (cores) ausstatten, um den Energiehunger und
damit die Hitzentwicklung der Rechenbausteine zu bändigen.

Hinter »Moore's Law« steckt freilich kein physikalisches Naturgesetz, sondern eine Art natürlicher Rhythmus wie in einem Stoffwech-
selkreislauf: In diesem Tempo konnte die Computerbranche die immer schnelleren Chips gut verdauen – und war willens, dafür zu
bezahlen. Die schnelle Verdopplung der Transistoren war zudem die
Quelle eines unbändigen Optimismus, der während des ersten Internetbooms seinen Höhepunkt erreichte. Plötzlich wuchs alles expo-
nentiell – in immer kürzeren Abständen und scheinbar grenzenlos:
Internetanschlüsse, Webseiten, Übertragungskapazitäten, Risikoka-
pital, Aktienkurse.

Der Börsencrash von 2001 bereitete dem fast religiösen Glauben
an ein ökonomisches Paradies mit der Börse als einem finanziellen
Perpetuum mobile im Zentrum ein abruptes Ende. Der Einbruch mar-

kiert auch den technologischen Wendepunkt: Kurz nach der Jahrtausendwende stand, dank »Moore's Law«, genug Rechenkraft zur Verfügung, um wieder eine neue Plattform der Informationstechnologie zu bauen – genauso wie beim Wechsel Anfang der neunziger Jahre vom Mainframe zur Client/Server-Architektur. Und mehr noch als damals verheißt der Wechsel mehr Flexibilität auf allen verschiedenen Ebenen, von der zugrunde liegenden Infrastruktur über die Anwendungen bis hin zur Benutzeroberfläche auf den Monitoren von Computern, Telefonen, Spielkonsolen, Fernsehern, Maschinen und allen anderen Arten von Geräten, die alle Teil eines universellen und allgegenwärtigen Informationsnetzwerks werden.

Gerade SAPs Software veranschaulicht den qualitativen Sprung. Viele Unternehmen empfanden die ersten Programmpakete aus Walldorf als eine Zwangsjacke. Doch das lag auch daran, dass Hopp, Plattner und die anderen Gründer ihre ersten Software-Systeme besonders eng schnüren mussten, weil Computerchips damals nicht leistungsfähig genug waren. Jede Anwendung war immer ein Kompromiss zwischen der Leistungsfähigkeit der Rechner und den Leistungsanforderungen an die Programme. Hätten die SAP-Entwickler Geschäftsprozesse weitmaschiger gestrickt oder sie sogar aus wiederverwendbaren Software-Bausteinen zusammengesetzt, wären ihre Programme zu langsam gelaufen oder hätten überhaupt nicht funktioniert.

Immer schnellere Prozessoren sind freilich nur ein Teil dessen, was das amerikanische Wirtschaftsmagazin *Forbes* einmal »The Cheap Revolution« genannt hat. Immer mehr Speicherplatz und immer schnellere Datenleitungen schaffen auch immer mehr Möglichkeiten, Software neu zu organisieren. Sowohl in der Ära des Großrechners als auch in jener des PCs entwickelten Programmierer ihre Produkte meist nur für einzelne Computer. Jetzt mit der neu gewonnenen Freiheit können Entwickler die Programme verteilen auf Rechenzentren, Personal-Computer und zunehmend auch tragbare Kleincomputer oder Kleinstcomputer, die alle per Internet oder Funkverbindungen zusammengeschaltet sind.

Doch nicht nur der technische Fortschritt treibt den Plattformwechsel. Auch IT-Firmen und ihre Kunden drängen immer stärker auf

einen Wandel: Je älter eine Plattform wird, desto mehr digitale Auf-
und Anbauten werden auf ihr errichtet und desto komplexer wird sie.
Irgendwann ist sie dann so überladen, dass sich die wachsende Komplexität nur noch mit einer neuen Plattform beherrschen lässt. »Ungefähr alle zehn Jahre müssen wir ein neues Stockwerk aufsetzen«,
erklärt Irving Wladawsky-Berger, ein weiterer grauhaariger Branchen-
veteran und bis Mai 2007 Chefdenker von IBM. »Raising the level of
abstraction« – die Ebene der Abstraktion erhöhen, heißt das unter In-
formatikern.

Auch dabei markiert der erste Internetboom einen Wendepunkt: Er
brachte einen starken Schub an Komplexität für die Computersysteme, die eigentlich aus Vor-Internetzeiten stammten. Gerade erst
hatten Unternehmen ihre ERP-Systeme zur betriebswirtschaftlichen
Organisation halbwegs in den Griff bekommen, da investierten sie
schon in neuartige Programme, die sie über das Internet mit anderen
Unternehmen oder mit ihren Kunden verbinden sollten. Nun wurden
nicht mehr nur die internen Abläufe in den Firmen digital kontrolliert
und gesteuert, sondern mit der Organisation von Zulieferketten über
Programme zum Supply-Chain-Management (SCM) oder die Verwaltung von Kundenbeziehungen mit Software zum Customer-Relationship-Management (CRM) sprengte die Informationstechnologie die
Grenzen des einheitlichen und geschlossenen betrieblichen Organismus. Außerdem wurden die Computersysteme auch dadurch immer
komplizierter, dass die Wirtschaft immer schneller rotierte: Unternehmen mussten sich in immer kürzeren Zeitabständen auf immer
neue Anforderungen einstellen, und sie kauften sich gegenseitig immer häufiger auf.

Das Ergebnis all dieser Trends: In vielen IT-Abteilungen insbesondere amerikanischer Unternehmen herrschte heilloses Chaos. Betriebliche Daten steckten jetzt beispielsweise nicht mehr allein in den
ERP-Systemen wie SAPs R/3, sondern auch in den neuen (Best-of-Breed)
Anwendungen, die umständlich »integriert«, also in Einklang gebracht
werden mussten. Das Internet hat der betrieblichen Informationstechnologie »das Rückgrat gebrochen«, schrieb 2003 das Markforschungsunternehmen Forrester Research. Die Experten rechneten

vor, dass Unternehmen weltweit inzwischen 70 bis 90 Prozent ihres gesamten IT-Budgets nur dafür ausgeben, ihre bestehenden Rechner und Programme am Laufen zu halten – kein besonders guter Wert für eine Technologie, die eigentlich die Automatisierung von Geschäftsprozessen verspricht.

Das Internet machte allerdings nicht nur alles noch komplizierter, es eröffnete auch einen Lösungsweg. Bevor das Netz Welt und Wirtschaft umspannte, waren die meisten betrieblichen Computersysteme unverbundene Inseln, auf denen eigene Verkehrsregeln herrschten. Erlassen wurden diese Regeln in Form von technischen Standards meist von den Software-Anbietern. Damit machten sie es ihren Kunden so schwer wie möglich, zur Konkurrenz zu wechseln, denn wer einmal auf einen bestimmten Standard festgelegt war, der scheute die hohen Kosten, die mit einem Wechsel verbunden waren. Umso besser konnten Software-Anbieter an den Kunden verdienen, die sie einmal gewonnen hatten, die Unternehmen waren praktisch auf ihrer IT-Insel gefangen. *Lock-in* nennen das die amerikanischen Ökonomen Carl Shapiro und Hal Varian in ihrem 1998 erschienenen Buch *Information Rules*.

Die größten Firmen der Branche haben es sogar geschafft, digitale Kontinente unter ihre Kontrolle zu bringen und damit De-Facto-Standards zu schaffen, am bekanntesten ist sicher Microsoft mit seinem Betriebssystem Windows. Der Grund dafür sind *network effects*, erklären Shapiro und Varian. Wenn der Wert eines Programms nicht nur von der Qualität des Produkts, sondern von der Zahl seiner Nutzer abhängt, dann kann ein Anbieter den Markt monopolisieren. Je mehr Menschen Windows verwenden, desto mehr Software-Firmen schreiben Programme für dieses Betriebssystem, desto mehr Nutzer werden angelockt und so weiter – ein äußerst profitabler Kreislauf, der erklärt, warum Microsoft in wenigen Jahren ein so beherrschendes Unternehmen werden konnte.

Erst das Netz hat die Tendenz zum *lock-in* zumindest teilweise gebrochen – und offene Standards, die kein einzelner Anbieter mehr kontrolliert, in vielen Bereichen der Informationstechnologie zur Regel gemacht. Zum einen forderte das Internet gemeinsame techni-

sche Regeln und Standards, ohne die der Verkehr zwischen verbundenen IT-Inseln nicht fließt, sie würden abgekoppelt sein vom weltweiten
Kommunikationsfluss. Zum anderen ist das Internet selbst der beste
Beweis, dass offene Standards funktionieren, denn der eigentliche
Kern des Netzes besteht nicht aus Technologie, sondern aus Kommunikationsprotokollen und anderen gemeinsamen Regeln, die in Selbstverwaltung von Organisationen wie der Internet Engineering Task
Force (IETF) und dem World Wide Web Consortium (W3C) entwickelt
werden. Die Unternehmen der Branche nehmen zwar Einfluss auf deren Entscheidungen, aber keine Firma kann hier herrschen wie zu alten Zeiten. Für Computernutzer, ob im Büro oder zu Hause, haben
diese »offenen Standards« viele unnötige Hürden beseitigt, die mit
dem *lock-in* verbunden waren.

Einige Firmen – allen voran IBM – erkannten auch, dass es profitabler ist, einen wachsenden Kontinent zusammen mit anderen zu
kontrollieren als schrumpfende Inseln mit unzufriedenen Nutzern.
So schuf die Branche in den vergangenen Jahren mehr offene Standards als in ihrer gesamten bisherigen Geschichte. Und viele dieser
Regeln basieren auf der Programmiersprache XML (Extended Markup
Language), die so etwas wie das Ur-Esperanto darstellt. SOAP, UDDI,
WSDL und so weiter heißen Dialekte dieser Universalsprache: Der
Buchstabensalat überfordert mittlerweile selbst Experten. Aber die
Kürzel definieren, wie die Bausteine der neuen Plattform ineinander
greifen und sich untereinander verstehen. Ohne diese gemeinsamen
Regeln bliebe diese Stückwerk.

Für Wirtschaftshistoriker ist sowohl der Trend zu gemeinsamen Regeln als auch der generelle Reifungsprozess der IT-Industrie keine
Überraschung. Ob Dampfmaschine, Eisenbahn oder Elektrizität – alle
technischen Revolutionen und die von ihnen geschaffenen Industrien
erreichen einen Wendepunkt, an dem sie erwachsen werden. Diese
Dynamik beschreibt etwa Carlota Pérez, Professorin an der Technischen Universität Tallinn in Estland, in ihrem viel zitierten Buch *Technological Revolutions and Financial Capital: The Dynamics of Bubbles
and Golden Ages*. Und wenn die neuen Branchen die Exzesse ihrer Jugend hinter sich gelassen haben, beginne ihr »goldenes Zeitalter«.

Auch im Kleinen scheint sich Geschichte zu wiederholen. Es ist vor allem eine heute fast vergessene Erfindung, die Anfang des vergangenen Jahrhunderts in den Vereinigten Staaten ein einheitliches Stromnetz möglich machte: der Drehumformer. Erst mit ihm konnte man Gleich- und Wechselstrom in einem Netz zusammenschalten und den Kunden verschiedene Stromsorten anbieten. Es war ein kleiner Stromversorger namens Chicago Edison Company, der das Gerät erstmals im großen Rahmen einsetzte – angetrieben von dem legendären Elektrizitätspionier Samuel Insull.

In 100 Jahren wird vielleicht Mendel Rosenblum und die von ihm mitgegründete kalifornische Software-Firma VMware als jene Kombination gelten, die Informationstechnologie endgültig zu einer Dienstleistung machte, die aus dem Netz kommt – so wie eben Elektrizität. Die Spezialität von VMware ist eine Technologie, die als Virtualisierung bezeichnet wird. Mit ihr lassen sich große Computer ebenso wie ganze Rechenzentren in viele kleine »virtuelle Maschinen« aufteilen. Jeder dieser virtuellen Computer funktioniert dann im Prinzip so wie ein ganz normaler Rechner mit jeweils eigenem Betriebssystem und eigenen Software-Anwendungen. Was hier also eigentlich geschieht, ist, dass Hardware praktisch in Software verwandelt wird. IBM hatte das Konzept schon in den sechziger Jahren entwickelt, damit seine Kunden ihre Großrechner besser nutzen konnten. Doch erst Rosenblum und VMware schafften es, die Idee auf jene Server anzuwenden, die heute massenweise Rechenzentren bevölkern.

Hypervisor ist der treffende Name von VMwares wichtigstem Programm. Es ist der Oberaufseher der virtuellen Maschinen und regelt den Zugang zum Prozessor des realen Computers. Auch wenn die Software nicht ganz billig ist, sie ist ein Bestseller, der seinesgleichen sucht. Denn für viele Unternehmen ist sie ein Retter in letzter Not: Ihre Rechenzentren platzen im wahrsten Sinne des Wortes aus ihren Nähten. Raummangel ist da noch das geringste Problem. Überlastete Stromleitungen, Klimaanlagen und Wartungstechniker wiegen weit schwerer. Mit dem Hypervisor lassen sich aus einem Rechner einfach mehrere Server als virtuelle Maschinen machen.

Diese »Konsolidierung« von Servern ist nur die einfachste Anwendung von Virtualisierung. Wenn Hardware zu Software wird, eröffnen sich ungeahnte Möglichkeiten. Eine davon, die besonders von den Computerabteilungen der Unternehmen geschätzt wird, ist die viel einfachere Wartung von Servern: Es dauert nicht mehr Wochen, sondern Minuten, um sie einzurichten. Wenn die Nachfrage nach Rechenkraft gering ist, können sich virtuelle Maschinen automatisch auf möglichst wenige Computer zurückziehen, um Energie zu sparen. Dank der Technologie dürften auch abstürzende Rechner endlich der Vergangenheit angehören: Wenn für jede virtuelle Maschine ständig ein identischer Zwilling mitläuft, kann der sofort übernehmen, sollte der Originalrechner einmal ausfallen.

Zudem lassen sich nicht nur Server virtualisieren, sondern fast jede Art von Hardware, beispielsweise Personal-Computer. Bildschirm, Tastatur und Computer bleiben natürlich auf dem Schreibtisch, aber das Betriebssystem und die Anwendungsprogramme sitzen irgendwo in einem Rechenzentrum. Die Vorteile: PCs sind kein großes Wartungsproblem mehr; Nutzer können sich theoretisch von jedem Ort der Erde in ihren PC einklinken, sie brauchen nur einen Bildschirm, eine Tastatur, eine Maus und vor allem eine Datenverbindung – oder nur ihr Handy. Auch Datenspeicher und -netze dürften immer virtueller werden. VMware hat bereits eine Software entwickelt, die Datenbanken hin- und herschiebt ganz ähnlich wie virtuelle Maschinen.

Daher entspricht diese Art der Virtualisierung in der Informationstechnologie auch der revolutionären Wirkung des Drehumformers für die Strombranche. Der Umformer machte es möglich, verschiedene Generatoren an ein Netz anzuschließen und neue ohne großen Aufwand einfach dazuzuschalten – und er schaffte damit einen Strompool. Virtualisierung entgrenzt Rechenzentren und macht sie zu Pools von Rechen-, Speicher- und Übertragungskapazität, die nach Bedarf angezapft werden können. »Echtzeit-Infrastruktur« nennt das Thomas Bittman, der Virtualisierungsexperte beim Marktforschungsunternehmen Gartner Research. Zwar wird diese noch mindestens fünf Jahre auf sich warten lassen, schätzt er. Aber dann dürfte es vor allem für virtuelle Maschinen kein Halten mehr geben.

Ohne jemals abgestellt zu werden, so die Vision, könnten die virtuellen Computer dann um die Erde wandern, etwa dorthin, wo gerade die Rechenkapazität am billigsten ist.

Einige Firmen machen bereits vor, wie eine vollständig virtualisierte IT in der Praxis funktionieren könnte. Eine davon ist Amazon, sonst eher als das größte Kaufhaus im Netz bekannt. Aber das amerikanische Unternehmen versteht sich auch als IT-Firma und bietet seit 2006 Rechenkapazität als Dienst für jedermann an – und rechnet dabei ab wie ein Stromversorger. Ein kleiner virtueller Server kostet für Europäer 11 US-Cent pro Stunde (Ende 2008). Speicherkapazität gibt es für 11 US-Cent pro Monat und Gigabyte. Vor allem amerikanische Internetfirmen der zweiten Generation, Web 2.0 genannt, nutzen dieses Angebot: Billiger und besser können sie es selbst nicht machen, vor allem sparen sie die großen Anfangsinvestitionen.

Animoto ist eines dieser Jungunternehmen. Sein Angebot ist am besten beschrieben mit automatisierter Kurzfilmproduktion. Nutzer laden auf der Webseite des Start-ups digitalisierte Fotos und eine Musikdatei hoch – und Animoto macht daraus automatisch einen kurzen Film, auf dem die Fotos sehr künstlerisch zum Takt der Musik über den Bildschirm tanzen. Ein Video von 30 Sekunden ist kostenlos. Wer einen längeren Film produzieren lassen und ihn auch noch herunterladen will, zahlt dafür 3 Dollar. Als Animoto im August 2007 online ging, betrieb das Unternehmen sparsame 50 virtuelle Server; drei Tage später waren es 3500. »Selbst wenn Sie mir alles Geld der Welt gäben, könnte ich Ihnen nicht so viele Server in 72 Stunden aufstellen«, meint Adam Selipsky, ein leitender Manager bei Amazons Abteilung für Webdienste.

Auch andere IT-Firmen arbeiten an riesigen Rechenwolken. Mitte 2008 betrieb Google nach Expertenschätzungen ein weltweites Netz von drei Dutzend Rechenzentren mit schätzungsweise 2 Millionen Servern. Microsoft investierte zur gleichen Zeit Milliarden in seine *data centers* und schloß jeden Monat bis zu 35 000 neue Server an, von denen viele in Schiffscontainern vorinstalliert waren. Unternehmen wie British Telecom oder Organisationen wie die US Marine Corps haben ebenfalls damit angefangen, ihre Computersysteme in eine flexible *cloud* umzuwandeln. »Cloud Computing«, meint Wladawsky-Berger von IBM, »treibt die Industrialisierung der IT.«

Kann man in nur 20 Minuten zum Programmierer werden? Mit einer neuen Software namens Iceberg schon: Statt Software mühsam Zeile für Zeile zu schreiben, reicht es, ein paar Begriffe zu definieren und ihre Beziehungen zueinander zu bestimmen. Und nach wenigen Mausklicks steht die Anwendung, um beispielsweise ein Projekt zu managen oder Urlaubsanträge zu verwalten.

Natürlich ist auch diese Art des Programmierens kein Kinderspiel. Profis werden ihrerseits die Software als Spielzeug abtun. Aber Software wie Iceberg und vergleichbare Angebote zeigen: Entwickler verlieren ihr Monopol. Diese Demokratisierung ist das Ergebnis eines viel fundamentaleren Trends: des Wandels in der Natur von Software. Früher waren Programme meist monolithisch: Sie waren aus einem Guss und ließen sich nur mit großem Aufwand verändern oder mit anderen Anwendungen verbinden. Doch jetzt wird Software zunehmend zu einer Kombination von »Diensten«. *Service-oriented architecture* (SOA) nennt sich dieser neue Ansatz in der Computertechnologie. Anders ausgedrückt: Wenn Virtualisierung die Verflüssigung von Hardware bedeutet, steht SOA für die Modularisierung von Software, also die Auflösung von komplexen Programmen in einzelne Funktionen, die sich – zumindest theoretisch – frei miteinander kombinieren lassen.

Auch für diese Metamorphose gibt es einen historischen Vorläufer: Gutenbergs Buchdruck. Denn die Jahrtausenderfindung kann man auch als einen Architekturwechsel interpretieren. Bücher wurden auch schon vor der Innovation des Mainzers gedruckt, allerdings in der Regel mit großen Holztafeln, in die der Text einer ganzen Seite geschnitzt war. Gutenberg baute seine Druckseiten dagegen aus einzelnen Buchstaben zusammen, die aus Metall und damit wiederverwendbar waren. Damit wurde der Buchdruck nicht nur billiger, sondern auch viel flexibler. Ohne Gutenbergs Technik wäre Paciolis Abhandlung über die doppelte Buchführung nicht oder erst viel später gedruckt worden und hätte kaum so viele Leser in ganz Europa gefunden.

Noch steht die IT-Branche relativ am Anfang dieser Neuerung. Es ist derzeit weniger die Wirtschaft, die SOA vorantreibt, sondern es sind vor allem die Software-Firmen selbst. Denn die Software-Entwickler kämpfen mit ganz ähnlichen Integrationsproblemen wie ihre Kunden, erklärt Jim Shepherd, Analyst beim Marktforscher AMR Research und einer der führenden Experten für Unternehmens-Software. Sie müssen mit ihren Programmen immer komplexere Anforderungen erfüllen, die sich immer schneller ändern. Wiederverwendbare Dienste sind genau die richtige Medizin, um die notwendige Flexibilität zu erreichen.

Wie sie funktionieren, lässt sich am Beispiel eines Restaurantbesuchs leicht nachvollziehen. Zunächst einmal ist jedes Restaurant selbst ein Dienst, der Informationen aufnimmt und verarbeitet: Kunden bestellen ein Essen, das nach hoffentlich nicht zu langer Zeit auf den Tisch kommt. Aber Gaststätten lassen sich auch als eine Aneinanderreihung und Kombination von Informationsdiensten verstehen. Da ist der Kellner, der die Bestellung aufnimmt und sie an die Küche weitergibt. Da ist der Chefkoch, der daraus Anweisungen für das Küchenpersonal macht. Die Küche wiederum muss das Bedienungspersonal über fertige Speisen informieren, und am Ende muss ein Kassierer eine Rechnung schreiben, die der Gast begleichen sollte.

So gesehen unterscheiden sich andere Firmen kaum von Restaurants: Sie stellen jeweils ein Netz von Diensten dar, allerdings meist ein viel komplexeres. Um in einem Großunternehmen von der Bestellung bis zum Zahlungseingang zu kommen, sind häufig Hunderte von Verarbeitungsschritten nötig. Serviceorientierte Software soll solche Geschäftsprozesse in unabhängige Dienste zerlegen, die miteinander kommunizieren und kooperieren können. In der neuen SOA-Welt werden IT-Systeme – und damit letztlich Unternehmen – also nicht mehr von großen zentralen Datenbanken zusammengehalten, sondern vom Nachrichtenfluss zwischen den verschiedenen Diensten, die für die Herstellung eines Produkts oder einer Dienstleistung notwendig sind.

Diese Aufsplitterung klingt nach einem Rezept für ein noch größeres Chaos. Das träte sicher auch ein, wären da nicht jene offenen technischen Standards und anderen branchenweiten Absprachen, die als eine wesentliche Voraussetzung für die Erneuerung der Informationstechnologie in den vergangenen Jahren getroffen worden sind. Nur durch sie können Software-Dienste miteinander kommunizieren, vor allem wenn sie von unterschiedlichen Anbietern kommen. Um im Bild des Restaurants zu bleiben: Wenn Bedienung, Koch, Küchenpersonal und Kassierer nicht die gleiche Sprache sprechen und die gleiche Terminologie verwenden, dann wird eine Bestellung nie zu einem vollen Magen, aber sicher zu leeren Kassen führen.

Die Analogie lässt sich noch weitertreiben. Damit die Gäste nicht hungrig bleiben, muss das Restaurant mit der Außenwelt kommunizieren können, etwa um Zutaten einzukaufen oder Reservierungen anzunehmen. Dank der gemeinsamen Regeln können Unternehmen dazu Dienste nutzen, die von Dritten angeboten werden. Schon heute ist es etwa üblich, Gehaltsabrechnungen von externen Dienstleistern verschicken oder die Bonität von Kunden über einen spezialisierten Anbieter prüfen zu lassen. Solche von außen eingekauften Services werden künftig eine standardisierte Verbindungsstelle enthalten, die sie praktisch universell kombinierbar machen. Die dafür verantwortlichen technischen Regeln liefern schließlich auch eine Blaupause dafür, wie Teile von älteren Computersystemen *(legacy* genannt) in der neuen SOA-Welt einfach zu Diensten werden, die nicht nur weiter genutzt werden können, sondern sogar noch flexibler als bisher einsetzbar sind.

Doch das größte Versprechen der Serviceorientierung mit offenen Standards ist Business-Process-Management (BPM): das aktive Verwalten von Geschäftsprozessen. Wiederum gastronomisch gesprochen: Speisekarte und Rezept sollen sich viel leichter ändern lassen als bisher. Während es bei einem klassischen ERP-System teilweise Jahre dauerte, Geschäftsprozesse umzuprogrammieren, soll dies nun – zumindest theoretisch – per Mausklick möglich sein. Denn die Komponenten von Geschäftsprozessen sind nicht wie beim SAP-Klassiker R/3 »hart verdrahtet«, sondern nur »lose miteinander verkoppelt«. Die Vision vieler Experten: Nicht mehr die Software-Entwickler, sondern Manager sollen Geschäftsprozesse künftig am Bildschirm mithilfe spezieller Programme grafisch modellieren.

Die Manager entscheiden dann nicht nur über neue Abläufe oder neue Geschäftsinitiativen, sie können diese am Bildschirm auch direkt und ohne Hilfe der Techniker einrichten. Die gewünschten Veränderungen werden dann automatisch in funktionierende Programme verwandelt. Das würde einen fundamentalen Wandel in den Unternehmen bedeuten, nicht nur im Verhältnis zwischen den Computer- und Geschäftsabteilungen. Denn die Manager könnten unter diesen Voraussetzungen viel freier entscheiden und ihre Entscheidungen viel schneller umsetzen, weil ihnen die Informationstechnologie nicht mehr Grenzen setzen, sondern Möglichkeiten eröffnen würde.

Behalten die SOA-Verfechter Recht, werden Unternehmen nicht nur interne Geschäftsprozesse auf diese Weise entwerfen und ständig optimieren. Komplette Zulieferketten sollen ebenso von der neuen Flexibilität der Informationstechnologie profitieren. Unternehmen würden noch mehr wie Gaststätten funktionieren: Köche kaufen ihre Zutaten auch nicht immer beim gleichen Händler, sondern dort, wo sie am besten und billigsten sind, heute auf diesem Markt, morgen in jenem Laden. Und um ihre Stammkunden bei der Stange zu halten, ändern sie regelmäßig das Menü und vielleicht die Zusammensetzung der Speisen. »Internet der Dienste«, nennt das SAP-Forschungschef Heuser.

Doch trotz der Anstrengungen von SAP und seinen Wettbewerbern hat sich die Serviceorientierung nicht in Unternehmen, sondern zunächst bei Angeboten für Verbraucher durchgesetzt. Das erste Beispiel war die amerikanische Internetseite Housingmaps. Sie kombiniert die populären Online-Landkarten von Google mit Hausangeboten auf Craigslist, einem Dienst für elektronische Online-Kleinanzeigen. Potenzielle Käufer können so direkt sehen, wo genau Häuser zum Verkauf stehen. Mittlerweile gibt es unzählige solcher *mash-ups*. Die Polizei in Chicago projiziert etwa ihre Verbrechensstatistik auf einen Stadtplan und illustriert so, welche Viertel am gefährlichsten sind. Flickrvision zeigt in Echtzeit, welche Bilder wo auf der Welt bei dem Fotodienst Flickr hochgeladen werden. Microsoft und Yahoo haben mittlerweile Angebote im Programm, die es sogar Hobbyentwicklern erlauben, *mash-ups* zu bauen.

Die Rechenwolke wird allerdings nicht nur aus unzähligen Software-Diensten bestehen. Im Gegenteil: Wie traditionelle Programme vor ihnen benötigen auch sie eine Art zugrunde liegendes Betriebssystem. Und davon gibt es mittlerweile schon mehrere. Jenes von SAP, das im nächsten Kapitel ausführlich diskutiert wird, heißt NetWeaver. Das vergleichbare Angebot von Oracle, dem Erzfeind der Walldorfer, nennt sich Fusion. Und Salesforce.com, der Newcomer aus San Francisco, hat eine Plattform entwickelt, die eher schon einem Dienst ähnelt.

Bei Diensten für Verbraucher machte Facebook den Anfang, indem es sich im Mai 2007 als Plattform für andere Angebote zur Verfügung stellte. Fast eine halbe Million Entwickler hat seitdem Tausende von Diensten programmiert, die Verknüpfungen mit Facebook verwenden – wie zum Beispiel »Compare« oder »iLike«, mit denen sich Facebook-Mitglieder vergleichen beziehungsweise einander ihre Musikvorlieben mitteilen können. Im April 2008 zog dann Google mit seiner »App Engine« nach, auf der sich komplexere Anwendungen programmieren lassen. Und im Oktober 2008 stellte Microsoft seine Cloud-Plattform »Windows Azure« vor.

Vor allem Google und Microsoft, so erwarten Experten, werden sich in den kommenden Jahren eine klassische Plattformschlacht liefern – wie einst Apple und Microsoft um den Standard für den Personal-Computer oder Netscape und Microsoft beim Internet-Browser. Bisher liegt Google vorn. Der Internetriese führt nicht nur bei Websuche und Online-Anzeigen, sondern verfügt auch über die weitaus größere Zahl von Datenzentren. Schon stellen Beobachter die bange Frage, ob der Gewinner in diesem Wettstreit das Cloud Computing einmal so dominieren wird, wie Microsoft die PC-Ära beherrscht hat.

Ein Buchersatz ist auch das nicht. So reagierten viele, als Amazon im November 2007 in den Vereinigten Staaten den Kindle auf den Markt brachte, ein elektronisches Lesegerät von der Größe eines Taschenbuches und mit einem Speicher, der bis zu 200 Werke hält. Doch Ende des Jahres hatte Amazon nach Expertenschätzungen fast 400 000 dieser *reader* für 359 Dollar verkauft. Analysten verglichen ihn bereits mit dem iPod, dem legendären Musikabspielgerät von Apple.

Das Design des Kindle ist sicher nicht der Grund für den Überraschungserfolg. Im Vergleich zum iPod sieht das Gerät sehr nach einer Kreation des vergangenen Jahrhunderts aus. Was es attraktiv macht, ist die Leichtigkeit, mit der sich neue Bücher und andere Publikationen kaufen lassen. Ausgerüstet mit einem Mobilfunkmodem, kann sich der Kindle neue Inhalte praktisch aus der Luft herunterladen. Käufer müssen dafür nicht einmal einen Vertrag mit einem Mobilfunkanbieter abschließen. »Unsere Vision ist, dass jedes Buch, das jemals gedruckt wurde, innerhalb von 60 Sekunden erhältlich ist«, erklärt Jeff Bezos, der Gründer und Chef von Amazon.

Ob der Kindle jemals so viele Käufer finden wird wie der iPod, von dem Mitte 2008 rund 160 Millionen im Umlauf waren, muss sich noch zeigen. Sicher ist dagegen, dass künftig immer mehr Geräte mit einem drahtlosen Modem ausgerüstet sein werden. Digitalkameras werden ihre Bilder direkt in die Wolke laden, elektronische Bilderrahmen sich die neuesten Fotos selbst herunterziehen und Stromzähler den Verbrauch eigenständig melden. Über 2,5 Milliarden Geräte mit eingebauter Funkverbindung dürften im Jahr 2012 weltweit verkauft werden, schätzt das Marktforschungsunternehmen iSuppli.

Es mag nicht auf den ersten Blick ersichtlich sein, was der Kindle und andere drahtlose Geräte mit der Rechenwolke zu tun haben. Aber sie sind Teil der Peripherie der *cloud*, also jener Hardware und Software, durch die sie mit der Außenwelt in Verbindung steht. »*Client side*« nennt das der IT-Fachmann – frei übersetzt: die Seite des Verbrauchers der Dienste.

Dazu gehört vor allem, was umständlich Benutzeroberfläche heißt. Auch für ihre Entwicklung gibt es eine passende historische Analogie: die Erfindung des Films Ende des 19. Jahrhunderts. In den vergangenen Jahrzehnten durchlief die Benutzeroberfläche eine ähnliche Entwicklung von Fotos zu bewegten Bildern. Auf den Bildschirm-Terminals von Großrechnern erschienen noch unbewegliche Eingabemasken, meist in schwarz und grün. Bei Client/Server-Systemen wurden sie zwar bunter, aber sie blieben fast so starr wie bei der Vorgänger-

technik. Erst mit dem Internet kam Bewegung auf die Computerbild-
schirme: Ihre Bilder wurden mehrdimensional, eine Art Theaterstück
mit Publikumsbeteiligung. Außerdem ließ sich die Benutzeroberfläche nun individuell nach eigenen Vorlieben gestalten und diesen anpassen, sie nimmt neue Formen an, liefert immer mehr Informationen
und macht die Kooperation mit anderen Computernutzern möglich.
Und anders als bisher, nehmen diese Neuerungen nicht etwa in Unternehmen ihren Ausgang, um sich von dort aus auch unter Verbrauchern zu verbreiten. Beim Internet flossen und fließen bis heute die
Innovationen in die umgekehrte Richtung Internetsurfer entwickeln
Ideen, die von der Wirtschaft übernommen werden.

Um so viel Freiheit auf die Benutzeroberfläche zu bringen, musste
sie schrittweise vom restlichen Computersystem abgekoppelt werden. Bei R/2, der Mainframe-Anwendung von SAP, war sie noch »hart«
mit dem Programmpaket verdrahtet. Die Terminals stellten sklavisch
nur genau das dar, was ihnen die Software vorgab. Bei R/3, der Client/
Server-Software, gehörte die Oberfläche zur Client-Seite, damit waren
die Software-Programme, die im Hintergrund liefen, und deren Darstellung auf dem Computer erstmals getrennt. Das schaffte ganz neue
Möglichkeiten, die Bildschirme wurden bunter und das *user interface*
wurde grafisch. Aber erst als Internet und Browser die Welt eroberten,
koppelte sich die Benutzeroberfläche schließlich völlig ab und entwickelte ein Eigenleben, das sich ganz nach den Vorstellungen des Com-
puternutzers richten kann.

Zunächst war der Browser freilich ein technischer Rückschritt, vergleichbar mit den dummen Terminals von Großcomputern. Aber in
den vergangenen Jahren sind diese Programme immer intelligenter
geworden – und web-basierte Dienste damit immer besser. Neue Programme werden heute kaum noch als Produkt verkauft, sondern als
»Software as a Service« (SaaS) im Netz angeboten. Und das mit wach-
sendem Erfolg: Viele Verbraucher verzichten etwa auf teure Programmpakete wie Office von Microsoft und nutzen die kostenlosen Online-
Angebote, zum Beispiel von Google oder Zoho. Immer mehr Compu-
terbesitzer legen sich keine neuen Speicherplatten mehr zu, sondern
nutzen Internetdienste zur Datenaufbewahrung und -sicherung.

Auch in Unternehmen setzt sich SaaS langsam durch. Vor allem amerikanische Firmen gewöhnen sich daran, dass sie Anwendungen nicht immer selbst als Produkt kaufen und betreiben müssen. Rund 52 000 Kunden (Ende 2008) nutzen etwa für das Management ihrer eigenen Kundenbeziehungen den CRM-Dienst von Salesforce.com, einer Firma mit Sitz in San Francisco. In jeder wichtigeren Anwendungskategorie gibt es inzwischen mindestens einen größeren Online-Anbieter. Spät zwar, aber umso absichtsvoller hat sich sogar SAP mit dem Konzept angefreundet: Business ByDesign, das neue Software-Angebot für den Mittelstand, mit dem SAP in großem Stil in ein neues Marktsegment vordringen will, ist nur im Netz zu haben.

Eine andere Innovation, die der Internet-Browser auslöste, waren »Portale«. Diese Haupteingänge in die Online-Welt begannen als Verbraucherdienste und sind eng verbunden mit dem Namen Yahoo. Anfänglich war das kalifornische Online-Unternehmen nicht mehr als ein Inhaltsverzeichnis des Internets, eine Liste von Links zu interessanten Webseiten. Aber die Firma weitete ihr Angebot schnell aus mit Diensten wie E-Mail, Online-Einkauf oder dem »Chat« getauften Internetgeplauder. Und Yahoo erlaubte es seinen registrierten Nutzern, diese Dienste zu personalisieren. Für Millionen von Netzbürgern ist diese Internetseite deswegen heute die Startrampe ins Web.

Eine ganz ähnliche Funktion haben mittlerweile auch Portale in Unternehmen. Sie ordnen dort das Durcheinander aus den vielen unterschiedlich gestalteten Benutzeroberflächen der verschiedenen Programme, aus denen sich Beschäftigte umständlich Informationen zusammensuchen müssen. Das undurchsichtige Chaos auf dem Bildschirm wird ersetzt durch eine personalisierte Gesamtsicht der Anwendungen und Daten, die ein Mitarbeiter benötigt, um seine Arbeit möglichst gut und schnell zu erledigen. Es geht nicht mehr um die Darstellung eines einzelnen Programms mit seinen Funktionen, sondern die Benutzeroberfläche ist in der Lage, Daten aus verschiedenen Quellen je nach individuellen Bedürfnissen zu integrieren. Das Portal eines Finanzchefs sieht somit ganz anders aus als das eines Mitarbeiters in der Marketingabteilung.

Seitdem sich die Benutzeroberfläche verselbstständigt hat, kann sie auch ganz unterschiedliche Formate annehmen. Portal-Software bedient mittlerweile auch Handys, Smartphones und Kleinstcomputer. Auf den PCs in Unternehmen vermehren sich *widgets*, die wie kleine Gucklöcher in die Rechenwolke funktionieren. Diese kleinen Hilfsprogramme stellen ganz gezielt spezifische Informationen wie das Wetter, Börsenkurse, einen Kalender oder einen Taschenrechner dar, ohne dass man dafür gleich ein besonderes Programm starten muss.

In den kommenden Jahren wird sich die Peripherie der Wolke noch einmal verändern – dank »lebendiger Software«, um Tim O'Reilly zu zitieren, der Gründer des amerikanischen Technikverlags O'Reilly and Associates ist, welcher auch den Begriff Web 2.0 geprägt hat. In solche Angebote ist ein ständig wirkender Rückkoppelungseffekt eingebaut, der dafür sorgt, dass sie sich fortlaufend ändern. Die Dienste passen sich und damit auch ihre Benutzeroberfläche an das Verhalten der Nutzer und die von ihnen eingegebenen Informationen an. »Gute Web-2.0-Angebote basieren auf riesigen Datenmengen und werden umso besser, je mehr Nutzer sie haben«, erklärt O'Reilly.

Eines der ersten und immer noch besten Beispiele für eine solche adaptive Internetseite ist der Suchdienst von Google. Anfänglich listete er Suchergebnisse in der Reihenfolge ihrer Beliebtheit auf. Die Popularität wurde dabei mit einer vergleichsweise einfachen Methode bestimmt: Je mehr Links zu einer Webseite führten, also je mehr Internetseiten auf eine bestimmte Seite verwiesen, desto weiter oben tauchte sie in der Liste der Suchergebnisse auf. Die Annahme dahinter war einfach: dass eine Webseite wichtig sein muss, wenn viele Internetanbieter eine Mausklickverbindung zu dieser Seite anbieten. Mittlerweile fließen viele andere Faktoren in diesen Prozess ein. Und die Daten dafür liefern immer noch die Nutzer selbst, nur diesmal auch zum individuellen Vorteil. Je mehr Internetsurfer das Netz nämlich mit Google durchsuchen, desto besser werden die Ergebnisse.

Diese neue Art von *network effect* ist ein wesentlicher Grund, warum Googles Marktanteil bei Suchen weiter steigt und selbst Microsoft mit seinen Milliarden den Siegeszug offenbar nicht stoppen kann. Auch *social networks* wie Facebook und MySpace fallen in die Kategorie von Diensten, bei denen aus mehr immer mehr wird. Je mehr Freunde dort aktiv sind, desto attraktiver ist der Dienst für ein Mitglied dieses Freundeskreises. Nebenbei produzieren Facebook-Nutzer jede Menge Daten, die es Unternehmen wiederum ermöglichen, neue Dienste anzubieten, etwa Musik zu empfehlen, Gruppen Gleichgesinnter zu organisieren oder Wissen zu vermitteln.

Solche Dienste werden auch immer mehr zu Foren der Zusammenarbeit von Netzbürgern. Im weitesten Sinne fallen in diese Kategorie auch Angebote wie Blogs und Wikis. Blogs sind Online-Journale, die häufig miteinander verlinkt sind und auf denen Leser Kommentare zu vorgegebenen Themen hinterlassen können. Wikis werden, ähnlich wie die große Online-Enzyklopädie Wikipedia, von Nutzern gemeinsam erstellt und permanent verbessert. Sie haben nicht den Anspruch, das ganze Wissen der Welt zu sammeln, es sind vielmehr praktische Webseiten zu allen denkbaren Spezialthemen, die berechtigte Online-Besucher verändern dürfen. Alle diese Besucher arbeiten dadurch gemeinsam an einem Text oder einem Wissenspool.

Noch steht der Beweis aus, dass sich mit den Diensten Geld verdienen lässt. Doch der Nutzen für Unternehmen liegt auf der Hand, meint Andy Mulholland, Cheftechnologe bei der Unternehmensberatung Capgemini: Sie könnten mit ihnen den Informationsfluss sowohl zwischen Mitarbeitern als auch mit Zulieferern und Kunden vertiefen. Und das sei auch nötig, betont Mulholland: Vor 20 Jahren steckten 80 Prozent des Wissens, das ein Mitarbeiter für seinen Job brauchte, im Unternehmen. Weil sich die Wirtschaft immer schneller wandele, seien es heute nur noch 20 Prozent. Jüngere Mitarbeiter seien zudem mit dem Netz aufgewachsen, sagt Mulholland. Diese *digital natives* oder »digitalen Eingeborenen« würden sich nicht mehr mit den oft langweiligen, schwer zu verstehenden und starren Benutzeroberflächen herkömmlicher betrieblicher Anwendungen zufriedengeben.

Bei vielen Firmen ist das Web 2.0 unter dem Label Enterprise 2.0 schon angekommen. Interne Blogs und Wikis sind keine Ausnahme mehr. Einige Unternehmen haben sogar eigene soziale Netzwerke gestartet – auch SAP. »Harmony« heißt der Dienst, bei dem sich täglich Dutzende von SAP-Mitarbeitern registrieren lassen, um sich über technische Fragen und so profane Dinge wie Ping-Pong-Partys auszutauschen. Im Jahre 2013, prophezeit das Markforschungsunternehmen Forrester Research, werden Unternehmen weltweit 4,6 Milliarden Dollar für solche Dienste ausgeben.

Aber auch Enterprise-2.0-Dienste werden umso lebendiger, je mehr Daten sie auswerten können. In Unternehmen verbindet sich dabei die Benutzeroberfläche mit einer anderen Kategorie von Software: Business-Intelligence. Bisher stand der Begriff vor allem für Programme, die möglichst viele Daten eines Unternehmens sammelten, analysierten und Berichte verfassten, um Geschäftsprozesse zu optimieren – alles mit Zeitverzögerung. Jetzt greifen diese Programme die Daten zunehmend in Echtzeit ab und können unmittelbar die Steuerung eines Unternehmens beeinflussen.

Und es wird immer mehr Daten geben, die solche Programme füttern – dank einer immer größeren Zahl von Sensoren, die per Funk mit der Wolke verbunden sind. Im Rahmen der Forschungsinitiative »Future Factory« untersucht SAP beispielsweise, wie Fabriken mithilfe von intelligenten Etiketten effizienter und flexibler funktionieren können. Auch Verbraucher dürften in Zukunft immer mehr Sensoren mit sich herum tragen. Nokia, der weltgrößte Handy-Hersteller, plant, seine Geräte mit immer mehr digitalen Fühlern auszurüsten, die dann Gesundheitsdaten ihrer Besitzer aufzeichnen oder ein Bewegungsprofil erstellen und speichern können.

Elektrogeräte mit eingebauter Funkverbindung, flexible Benutzeroberflächen, Portale, Web-2.0-Dienste und Business-Intelligence – all das verschmilzt immer weiter zu einer neuen Schicht der Informationstechnologie, mit der sich auch Geschäftsabläufe digitalisieren lassen, die sich bisher der Informatisierung entzogen haben, zum Beispiel eine Unternehmensübernahme, die Planung einer Werbekampagne oder sogar die Kommunikation zwischen Mitarbeitern. »ERP hat die Transaktionen eines Unternehmens automatisiert«, meint Mulholland, »jetzt sind die Interaktionen dran«.

Ob bei der zugrunde liegenden Infrastruktur, den Anwendungen oder auch der Benutzeroberfläche – der Fortschritt scheint vorwärts in die Vergangenheit zu führen. Die Zwänge der Informationstechnologie, unter denen Unternehmen und ihre Mitarbeiter Jahrzehnte gelitten haben, beginnen sich aufzulösen. Mit anderen Worten: Die Technik verflüchtigt sich, nicht aber ihre Errungenschaften. Aber stimmt es wirklich, wenn Wladawsky-Berger von IBM sagt, dass der Sektor »eine post-technische Phase erreicht hat, in der nicht mehr die Technik selbst im Zentrum steht, sondern der Mehrwert, den sie Unternehmen und Verbrauchern bringt«?

Der Weg ins IT-Paradies ohne spürbare Grenzen der Technologie ist freilich noch weit. Vor allem hinter der gerade von SAP viel gepriesenen serviceorientierten Architektur stehen noch einige große Fragezeichen. Zum einen ist SOA technisch weit schwieriger zu verwirklichen, als es sich in den Präsentationen der IT-Firmen anhört. Die »Lego-Wirtschaft« aus willkürlich zusammensetzbaren Bausteinen wird sich nie so verwirklichen lassen, wie von ihnen erhofft, meinen Skeptiker. Geschäftsprozesse und -beziehungen ließen sich schon wegen ihrer unauflöslichen Verbindung mit der physischen Realität nur in seltensten Fällen per Mausklick neu arrangieren. Und locker gekoppelte Dienste würden nie so robust arbeiten wie ein eng geschnürtes ERP-System. Selbst SAP vermeidet den Begriff »Lego-Wirtschaft« – und redet lieber von einem »stabilen Kern«, der sich kaum verändert. Nur um diesen Kern herum könne SOA seinen Zauber entfalten.

Zum anderen freunden sich Unternehmen weit zögerlicher mit dem Konzept an, als von der Branche erhofft. Zwar nehmen Interesse und Investitionen langsam zu, meint die Marktforschungsfirma Gartner, die Unternehmen regelmäßig weltweit befragt. Aber von einer reißenden Nachfrage wie etwa bei der Virtualisierung ist die Technologie noch weit entfernt. Rund die Hälfte der Befragten nutzten Mitte 2008 zwar die neue Technologie, doch meistens nur zaghaft, etwa um bestehende Anwendungen besser zu integrieren. Die wenigsten Firmen setzen bisher auf SOA als grundlegende Architektur für ihr IT-System.

Die Zurückhaltung hat nicht nur technische Gründe. Im Gegenteil, die Barrieren sind meist institutioneller und kultureller Art, meint

Chris Howard, SOA-Experte bei der Burton Group, einem amerikanischen Beratungsunternehmen. Noch mehr als schon bei der Einführung von ERP-Systemen gehe es bei SOA darum, dass sich ein Unternehmen quer über alle Abteilungen und Dependancen auf gemeinsame und einheitliche Prozesse einigt. »Aber oft gibt es keine Anreize zusammenzuarbeiten«, sagt Howard, »und dann hilft einem die neue Technologie wenig.«

Sebastian Remer kommt in seiner anfangs zitierten Dissertation zu einem ähnlichen Schluss. SOA-Initiativen, berichtet er, werden meist sehr technisch angegangen – und die notwendigen organisatorischen Umbauten vernachlässigt. Viele Projekte scheitern daran. Bei anderen ist das Ergebnis nicht ein flexibles IT-System, das sich leicht an neue Gegebenheiten anpassen lässt, sondern eines, das die vorhandenen Strukturen einer Abteilung oder eines Unternehmens widerspiegelt – ganz ähnlich wie bei ERP-Einführungen vor allem in den neunziger Jahren.

Wenn sich die Geschichte wiederholt, dann dürfte sich allerdings auch SOA langsam aber sicher durchsetzen und die Organisation von Unternehmen und Branchen prägen. Am grundsätzlichen Trend in der Informationstechnologie werden die Einführungsschwierigkeiten der Serviceorientierung zudem nichts ändern: Die Technik wird künftig immer weniger Zwangsjacke sein und immer mehr Butler. Unternehmen können sich schnell an neue Marktbedingungen anpassen und Innovationen viel direkter und schneller umsetzen. Michael Liebow, lange Jahre der führende SOA-Denker bei IBM und heute Chef des Software-Unternehmens Dexterra, sieht den fundamentalen Wandel in genau dieser Verflüssigung. Bisher bestehe ein Unternehmen aus vier Wänden oder, anders ausgedrückt, aus einem festen Satz von Geschäftsregeln und Geschäftsfeldern, die alle von Mitarbeitern, Chefs, Systemen und Informationen unterstützt werden. »Nun, wenn wir von flexibler Informationstechnologie reden, dann gibt es diese Grenzen nicht mehr, sie existieren nur noch im Kopf, aber nicht mehr in der physischen Welt. Es geht hier nicht um Wandel, es geht um eine neue Definition.«

Erste und zweite Realität – um das Konzept aus dem ersten Kapitel

zu wiederholen – können endlich wieder zu einer Wirklichkeit ver-
schmelzen. In gewisser Weise ist die Wirtschaft wieder in der Zeit vor
Pacioli angekommen, in der sie sich ohne die Beschränkungen eines
Informationssystems bewegen konnte.

*Die großen Software-Firmen werden in jedem Fall nicht so schnell auf-
geben – schon darum, weil sie Milliarden in SOA investiert haben. Dies
ist das Thema der beiden folgenden Kapitel. Im ersten geht es um die
Strategie von SAP, im zweiten um die seiner wichtigsten Konkurrenten.*

Kapitel 9

Die Plattform – SAPs neue Bühne

»SAP hat die erfolgreichste Software der IT-Geschichte
komplett umgeschrieben – und alles auf eine Karte gesetzt.«

Jim Shepherd, Analyst bei AMR Research

Er hat das Sagen, aber er hört genauso gerne zu. Selbst ignorante Fragen beantwortet er mit ausführlichen Erklärungen – und lächelt dabei interessiert. Arrogante Kommentare oder lautes Eigenlob würden nie über seine Lippen kommen, eher gibt es eine ernst gemeinte Aufmunterung. Auf teuren Segeljachten oder luxuriösen Golfplätzen findet man ihn nicht, sondern auf langen Wanderungen in den Schweizer Alpen oder ganz in Ruhe vor Bildern in Museen. Wenn er einmal aufhört zu arbeiten, dann wird er sich vielleicht der Malerei widmen, die hat ihn schon immer fasziniert, ebenso wie Hardrock-Musik.

Henning Kagermann ist kein Konzernchef, wie er im Buche steht, auch wenn er regelmäßig in den amerikanischen Hitlisten der weltbesten Manager auftaucht. Und er ist schon gar kein schillernder Software-Boss vom Schlage eines Larry Ellison, des tyrannischen und selbstverliebten Herrschers von Oracle. Der völlig unprätentiöse Kagermann passt in keine Schublade. Wer den feingliedrigen grauhaarigen Mann trifft, würde ihn eher auf einem Professorenstuhl verorten. Damit liegt man nicht ganz falsch: Der studierte Physiker war Dozent an der Universität Braunschweig, bevor er 1982 als 35-Jähriger auf die Stellenanzeige einer damals einem größeren Publikum unbekannten Software-Firma antwortete. Den Rest seines Lebens theoretische Physik zu unterrichten – das konnte er sich nicht vorstellen. Der Laufbahnwechsel war der Beginn einer steilen Karriere: Nach mehreren Jobs als Entwickler und Manager schaffte es Kagermann 1991 in den SAP-Vorstand. Von 1998 an teilte er sich mit Firmengründer Hasso Plattner den Vorstandsvorsitz. Fünf Jahre später wurde er dann alleiniger Chef.

»Wenn man bei einer Firma anfängt, dann will man doch irgendwann ganz oben sein«, beschreibt er seinen inneren Ansporn. Es
klingt bei ihm wie ein Naturgesetz, ganz ohne persönlichen Ehrgeiz.
Den Physikprofessor in sich ist Kagermann nie losgeworden. Gerade
das macht ihn auch für Laien zu einem immer wieder überraschenden Gesprächspartner. Kaum jemand bringt so schnell und klarsich-
tig Struktur in die scheinbar undurchschaubare Welt der betrieblichen Informationstechnologie. Etwa, wenn es darum geht, die
Metamorphose zu beschreiben, die betriebswirtschaftliche Software
derzeit durchlebt. Früher, erklärt er, sei sie mehr wie die klassische
Physik gewesen: eine Ansammlung in sich abgeschlossener Systeme.
Heute nähert sie sich der Quantenphysik an: Alles hängt miteinander
zusammen.

Komplexe Zusammenhänge aus der Distanz zu analysieren und
die wesentlichen Beschaffenheiten und Mechanismen solcher schwer
verständlichen Gebilde erklären zu können – mit diesen professora-
len Eigenschaften war Kagermann gut gerüstet für den Posten an der
Spitze des Software-Konzerns, vor allem in den vergangenen Jahren.
Denn die Branche kam einer Gleichung mit vielen Variablen und Unbekannten nahe, um ein Bild aus der Mathematik, Kagermanns Hobby,
zu nehmen. Seine Aufgabe war es, das Unternehmen nicht nur zu glo-
balisieren, sondern gleichzeitig SAP auch technisch noch einmal neu
zu erfinden: Das Software-Paket musste neu geschnürt und die zugrunde liegende Architektur der Programme vollkommen überholt
werden. Bei all dieser Arbeit an der Zukunft von SAP durfte er nicht
vergessen, neues Wachstum zu entfachen, um den Kapitalmarkt nicht
zu enttäuschen.

Vieles war zwar schon vorgedacht, doch unter Kagermanns Leitung
hat sich SAP mehr verändert als unter seinen legendären Vorgängern
und Firmengründern Hopp und Plattner. Vorher verkaufte SAP nur
Software entweder als das allumfassende ERP-System R/3 oder zumindest in großen, selbst gemachten Blöcken, die sich mit den klassischen Abteilungen eines Unternehmens deckten – auch wenn sie ihre
Daten abteilungsübergreifend sammelten und verteilten. Jetzt hat
sich SAP geöffnet und liefert eine Plattform für ihre eigenen, aber

auch für fremde Software-Dienste. Und die Firma hat sich 2008 mit dem Kauf von Business Objects viel stärker in dem neuen und vielversprechenden Geschäftsfeld Business-Intelligence engagiert.

Dieser radikale Wandel der Walldorfer in den vergangenen Jahren soll hier beschrieben werden. Die offizielle Darstellung des Unternehmens scheint dabei glatt und eingängig. Wir schauen der neuen SAP aber auch ein wenig unter die Haube, um zu verstehen, wohin die Fahrt gehen und warum es bei ihr gelegentlich ruckeln könnte. Welche technischen Konzepte untermauern den Wandel der Walldorfschen Software-Architektur? Welches sind die neuen Wachstumsfelder des Unternehmens? Und wer sind die Manager, die unter dem neuen Vorstandssprecher Léo Apotheker tragende Rollen spielen werden? Und schließlich: Welche Bilanz zieht Bauherr Kagermann, wenn er die neue SAP übergibt?

Diesmal beginnt die Reise nicht in Walldorf. Während SAP 2.0 noch im Badischen entstand, ist SAP 3.0 in großen Teilen ein kalifornisches Produkt. Nur einen Katzensprung von SAPs Zukunftsschmiede mitten im Silicon Valley entfernt liegt die Garage, in der William Hewlett und David Packard, die Gründer des gleichnamigen Unternehmens, ihre ersten Drähte verlöteten. Gleich nebenan stehen die Gebäude, in denen früher das weltberühmte Forschungsinstitut Xerox Parc so bahnbrechende Erfindungen machte wie die grafische Benutzeroberfläche. Gegenüber, auf der anderen Straßenseite, hat die Virtualisierungsfirma VMware ihr neues, energieeffizientes Hauptquartier gebaut. Wer hier forscht und arbeitet, dessen Standbein ist der neueste High-Tech-Trend und dessen Spielbein sucht den nächsten.

Mitten in diesem Who-is-who der Branche denkt Vishal Sikka, SAPs »Chief Technology Officer« und damit oberster Software-Architekt des Unternehmens, darüber nach, wie sich neue SAP-Pakete schnüren lassen. Um ihm zu folgen, stellt man sich SAP am besten als einen Verlag vor, der die besten betriebswirtschaftlichen Rezepte sammelt und sie als Kompendium herausgibt. Unternehmen kaufen das Rezeptbuch und bereiten aus den Basiszutaten – angereichert mit eigenen Beigaben – ihre Geschäftsprozesse zu. Alle paar Jahre brachte dieser Wirtschaftsverlag der besonderen Sorte eine Neuauflage auf den Markt, dann wurde in den Firmen ein bisschen anders gekocht.

»R/3 war ursprünglich als Rückgrat für alle Unternehmen gedacht – ob sie nun Fische in Norwegen oder Versicherungen in Amerika verkaufen«, erklärt Sikka. Doch Ende der neunziger Jahre stellte SAP fest, dass seine Software nicht flexibel und erweiterbar genug war, um mit der rasanten Beschleunigung der Wirtschaft mitzuhalten: Schärferer Wettbewerb, kürzere Produktzyklen, größere Spezialisierung, immer häufigere Unternehmenszusammenschlüsse und immer neue Gesetze zerrten und zogen zunehmend an Geschäftsprozessen und überforderten damit die hergebrachten IT-Systeme.

Das Programmpaket von SAP bot nicht genug, um den Anforderungen der neuen Wirtschaftsweise gewachsen zu sein. R/3 ist wie ein zu eng gebundenes Werk, in das sich neue Seiten nur schwer einlegen lassen. Zunächst versuchte SAP, das Problem mit separaten »Handbüchern« zu lösen, wie eben jenen Best-of-Breed genannten Spezialprogrammen etwa für die Verwaltung von Kundenbeziehungen und Zulieferern. Aber das reichte den Firmen auch noch nicht, erklärt Sikka: »Es gab immer noch große Lücken. Und viele Unternehmen wollten ihre eigenen Sachen machen. Wir mussten die Architektur unserer Software vollkommen überdenken.«

Gefragt war ein System, dass im Kern stabil und eng integriert, aber an den Rändern flexibel und ergänzbar sein sollte. Der Grund dafür: Bestimmte Grundregeln des Wirtschaftens wie die Buchhaltungsmethoden ändern sich kaum, andere dagegen, die mit der Unternehmensstrategie zu tun haben, ständig. Die Voraussetzung, um ein solches flexibles System zu entwerfen, ist die im vorhergehenden Kapitel beschriebene serviceorientierte Architektur (SOA). Um noch einmal zu unserem Bild zurückzukommen: Mithilfe von SOA sollte aus SAPs festgebundenem Kompendium eine Loseblattsammlung mit Grund- und Ergänzungslieferungen werden.

Die Grundlage für eine solche Publikation ist der Ordner, in den die Blätter einsortiert werden können. In der immer wieder verwirrenden Software-Sprache wird auch ein solcher Ordner mit den passenden Klemmbügeln eine »Plattform« genannt, und diese Software-

Plattform ist nicht zu verwechseln mit der im vorhergehenden Kapitel beschriebenen Plattform, bei der es um die Grundlagen der Informationstechnologie insgesamt ging. Hier, bei der Software-Plattform, dreht sich alles um das Fundament für andere Programme, Anwendungen und Dienste. Ein solches Basisprogramm entwickelte SAP in den vergangenen Jahren unter dem Namen NetWeaver, eine Art Webmaschine für Software-Dienste. Diese Webmaschine dient zugleich als Schaltwerk und als Adapter des neuen Software-Systems. Sie führt Buch darüber, was die einzelnen Dienste können und wie sie funktionieren. Sie garantiert den Informationsfluss zwischen ihnen. Sie ist ausgerüstet mit Werkzeugen, um verschiedene Dienste zu neuen Geschäftsprozessen zu kombinieren. Und sie legt am Ende auch eine Benutzeroberfläche über das ganze Gewebe, die das scheinbare Durcheinander aus Programmen, Diensten, Daten und Prozessen auf dem Bildschirm ordnet und beherrschbar macht.

Nimmt man also NetWeaver als den Ordner, der alles aufnimmt und zusammenhält, dann kommt als erste Grundlieferung das ERP-Paket zusammen mit einigen zusätzlichen Standardanwendungen. Damit diese Programme in die Loseblattsammlung überhaupt hineinpassen, musste SAP sie zunächst »SOA-fähig« machen, sie also so umschreiben, dass sie abgeheftet werden können. Das klingt weitaus einfacher, als es in Wahrheit ist, denn SAP muss die Operation kunstvoll am lebenden Organismus ausführen. Die Software wird dabei zwar verändert, aber die Kunden sollen davon so wenig wie möglich merken. Denn Abteilungsleiter für Informationstechnologie sind aus gutem Grund meist konservativ. Radikaler Wandel birgt für ihre Systeme gewaltige Risiken, die ein Unternehmen im schlimmsten Fall zum Stillstand bringen können. Zudem haben viele Unternehmen die neue Software, die sie in den vergangenen Jahren gekauft haben, noch gar nicht verdaut. »Die wollen erst einmal nicht viel ändern und vor allem nicht schnell«, berichtet Sikka.

Langsam nur und schrittweise profitieren SAPs Kunden von den Vorzügen der neuen Architektur. Statt sich alle paar Jahre durch ein in weiten Teilen neues Kompendium (*upgrade*) kämpfen zu müssen, bekommen sie regelmäßig Ergänzungslieferungen, *enhancement*

packages genannt. Vier von ihnen hatte SAP Ende 2008 bereits ausgeliefert. Das jüngste umfasste mehr als 50 neue Software-Dienste.
Wichtiger noch: SAPs Kunden können nun aus den vorhandenen Software-Bausteinen ihre eigenen Anwendungen (*composite applications*)
komponieren sowie ihre Geschäftsprozesse anpassen, also die Blätter
nach eigenen Bedürfnissen neu sortieren und zu neuen arrangierten
Kapiteln zusammenfassen.

Selbst eine so flexible Loseblattsammlung löst allerdings ein Problem nicht: Sie wird nie vollständig sein. Es wäre für SAP nicht nur so
gut wie unmöglich, sondern vor allem auch unwirtschaftlich, ein
komplettes Angebot mit allen denkbaren Geschäftsprozessen aufzubauen. Für den Software-Riesen gilt die Maxime aus den ersten Tagen
noch immer: Je mehr ein Geschäftsprogramm zum Standard gehört,
desto interessanter ist er für SAP. Je weiter man in die Nischen der
Wirtschaftswelt vordringt, wo es um hoch spezialisierte Prozesse in
besonderen Branchen oder Ländern geht, desto eher sind externe Experten gefragt. Damit diese Speziallösungen in den SAP-Ordner passen, haben die Walldorfer NetWeaver zu einer »offenen« Plattform
gemacht. Das heißt, alle Informationen, die andere Software-Firmen
brauchen, um Programme für NetWeaver zu entwickeln, sind öffentlich. Übersetzt bedeutet das: Wer Blätter schreiben will, die in den
Ordner passen, der bekommt alle Maße, die Grammatik und die
Buchstaben, damit seine Zutat von allen anderen gelesen, verstanden
und verwendet werden kann.

Am Ende dieses tiefgreifenden architektonischen Wandels erinnert SAPs Produktpalette stark an die von Microsoft, und NetWeaver
wäre das Gegenstück zu Windows. Das ERP-Paket und die anderen Anwendungen gleichen Microsoft Office, dem Programmbündel für Bü-
roanwendungen. Und sowohl auf NetWeaver als auch auf Windows
laufen eigene Programme *und* die von anderen Anbietern. Einen großen Unterschied gibt es freilich: NetWeaver wird wohl kaum so domi-
nant werden wie Windows, selbst wenn das bei SAP einige insgeheim
noch hoffen. Diese Hoffnung werden wir später noch ein wenig trüben.
Mit NetWeaver hatte sich SAP schon eine der größten Aufgaben in der
Firmengeschichte vorgenommen. NetWeaver lieferte, wie beschrie-

ben, auch die neue Plattform, auf der man die serviceorientierte Architektur langsam mithilfe von Erweiterungspaketen einführen konnte. Diesen Weg in die Zukunft nannte SAP »SOA by evolution«, Serviceorientierung durch Weiterentwicklung. Doch parallel dazu verfolgte SAP auch einen kreationistischen Weg zur neuen Software: »SOA by design«, eine komplette Neuentwicklung, bei der die Serviceorientierung von Beginn an als Grundprinzip eingebaut ist. Ging es im ersten Teil noch darum, einen neuen Rahmen für die betriebswirtschaftlichen Rezepte von SAP zu zimmern, handelt es sich hier um den Versuch, sie völlig neu zu gestalten und zu ordnen.

Wenn die Kronjuwelen angetastet werden, dann ist bei SAP immer noch Walldorf am Zug. Und einer der strengen Hüter des Schatzes war über Jahrzehnte Peter Zencke, der Ende 2008 aus Altersgründen den Vorstand verließ. Nicht ohne Grund gilt er als einer der klügsten technischen Köpfe, die SAP je hatte. Er war es, der 1991, als die R/3-Entwicklung vor einem Scherbenhaufen stand, die revolutionäre Idee hatte, das ganze ERP-Paket vom Großrechner auf den Minicomputer zu verpflanzen – und damit SAP vor einer Katastrophe bewahrte. Zehn Jahre später übernahm er die Herkulesaufgabe, SAPs komplexe Software durch und durch auf SOA zu trimmen. Damit hatte er die Schlüsselstelle beim zweiten Architekturwechsel inne.

»Wir müssen wieder richtig mutig sein«, habe ihm Kagermann mit auf den Weg gegeben, erzählt Zencke. Er und sein Team wagten tatsächlich viel: SAP-Software sollte nicht mehr dieses sperrige Paket aus monolithischen Anwendungen sein, die sich mit den klassischen Funktionen eines Unternehmens decken, wie etwa Finanzen oder Personalwesen. An deren Stelle sollten viel kleinere »Prozess-Komponenten« treten, die sich zu immer wieder neuen Geschäftsprozessen zusammenbauen lassen, die dann Aufgaben von der Bestellung bis zur Bezahlung abwickeln können und die schließlich selbst als Bausteine in anderen Zusammenhängen wieder verwendbar sein sollen. Und nicht nur das: Alle diese Komponenten sind nicht mehr durch eine zentrale Datenbank zusammengehalten, sondern sie koordinieren sich durch elektronische Nachrichten untereinander. Damit das ganze System noch schneller wird, bekam es ein großes Kurzzeitgedächtnis – »Hauptspeicher« im Fachjargon –, in dem die wichtigsten betriebswirtschaftlichen Informationen vorrätig gehalten werden, um nicht erst aus einer Datenbank abgerufen werden zu müssen. Mit dieser *in-memory database* können sich Unternehmen beispielsweise blitzschnell eine Gesamtübersicht über ihr Geschäft verschaffen – ein Vorgang, der bei vielen Firmen mit alter Technik Stunden dauert (und zu Paciolis Zeiten Wochen).

Zeitweise galt Zenckes Entwicklungsprojekt als das weltweit größte in der Branche. Im Jahr 2006 beschäftigte es rund 2 000 Programmierer. Analysten schätzten, dass SAP schon damals über 1 Milliarde Euro für dieses Vorhaben ausgegeben hatte. Die größte Herausforderung, an der die Entwickler tüftelten, war, die optimale Größe der einzelnen Bausteine herauszufinden. Sind die Prozesskomponenten zu klein, explodieren die Kombinationsmöglichkeiten und damit die Komplexität. Sind sie zu groß, ähneln sie wieder den herkömmlichen monolithischen Anwendungen und sind damit zu unflexibel. Am Ende entschieden sich Zencke und seine Helfer für zwei Dutzend Komponenten, die jeweils Geschäftsprozesse abbilden wie etwa Geschäftsanbahnung, Vertragsabwicklung oder Lieferung.

Doch es dauerte mehr als vier Jahre, bis SAP eine erste Version des neuen Produkts unter dem Namen Business ByDesign am 19. September 2007 mit großem Pomp im Nokia-Theater am New Yorker Times Square präsentieren konnte. Wie ursprünglich auch R/3, zielt das Unternehmen mit dieser neuen Software auf den Mittelstand, bei dem SAP noch größeres Wachstumspotenzial sieht als auf dem weitgehend aufgeteilten Markt der Großunternehmen. Aber genauso wie die erste bahnbrechende Version von R/3 gibt Business ByDesign einen Vorgeschmack darauf, wie SAPs Produkte in Zukunft aussehen werden – zumindest bei öffentlichen Präsentationen.

Schon der erste Blick auf die Software lässt die Zeitenwende ahnen. Die Benutzeroberfläche erinnert eher an flotte Web-2.0-Angebote wie Facebook oder Google als an traditionelle betriebswirtschaftliche Software. Statt starren Bildschirmmasken hat jeder Beschäftigte seine ganz persönliche Sicht auf die Dinge, abhängig auch von der Rolle, die er in einem Unternehmen spielt. Und um Business ByDesign im

Unternehmen zu installieren, müssen IT-Verantwortliche – meist un-terstützt von Heerscharen von teuren Berater – nicht mehr wie noch bei R/3 Tausende von Software-Schaltern umlegen, bis die Software zum Betrieb und der Betrieb zur Software passt. Jetzt gibt es nur noch eine Art Frage-Antwort-Spiel, mit der das Programm Informationen sammelt, mit deren Hilfe es sich dann selbst konfiguriert.

Doch das größte Versprechen von Business ByDesign lautet: Ge-schäftsprozesse lassen sich ohne großen Aufwand und sogar von Computerlaien verändern. Bei Business ByDesign sehen sie so aus wie U-Bahn-Linien. An jedem Halt geschieht etwas, er steht praktisch für eine Gabelung in einen Geschäftsprozess. Der Clou ist aber, dass sich die Linie umdirigieren lässt und neue Haltestationen in die Stre-cke eingebaut werden können. Ein paar Mausklicks und schon wird beispielsweise die Bonität neuer Kunden automatisch überprüft oder werden bestimmte Waren nur gegen Vorauskasse geliefert.

»Da haben wir noch einmal etwas Tolles geschaffen«, freut sich Zencke. Mit dieser neuen Architektur könnten Unternehmen ein-zelne Komponenten unabhängig voneinander nutzen. In der alten Welt hätten sie zunächst eine zentrale Datenbank und Finanz-Soft-ware installieren müssen, weil die anderen Anwendungen darauf aufbauen. Damit hat SAP seine Geschichte überwunden – und ist, in gewisser Weise, in ein neues Zeitalter eingetreten. »Wir sind jenseits von ERP angekommen«, sagt Zencke, »denn wir haben jetzt eine mo-dulare Suite sowohl für die interne als auch für die externe betriebli-che Zusammenarbeit.«

Eine der Hauptthesen dieses Buches ist die Dialektik von Technik und betrieblicher Organisation: Das eine beeinflusst das andere und um-gekehrt. Gerade bei den Firmen selbst lässt sich diese Wechselwirkung nachvollziehen. Ein technisches System ist immer ein Abbild der Kommunikationsstruktur der Organisation, die es produziert, argu-mentiert etwa Melvin Conway, ein Pionier der Software-Entwicklung, in seinem berühmt gewordenen Artikel »How do committees invent?« (frei übersetzt: »Wie Gruppen erfinden«) aus dem Jahre 1968. Unter Entwicklern heißt die Regel heute »Conways Gesetz«.

Wie hat sich die Metamorphose seiner Software auf SAP ausgewirkt? Lange drückte die Organisation des Unternehmens seinen Produkten den Stempel auf. Die Gründer und auch jene Topmanager, die später dazukamen, waren so etwas wie eine verschworene Gemeinschaft. Jeder hatte einen eigenen Bereich, für den er verantwortlich war, meist eine der großen Anwendungen. Aber wichtige Entscheidungen trafen sie meist einstimmig. Das stellte sicher, dass die Software immer aus einem Guss war.

In den vergangenen Jahren hat sich das Verhältnis zwischen Programm und Organisation teilweise umgekehrt: Jetzt bestimmt zunehmend die Software die Struktur des Unternehmens. Wollte man etwa Business ByDesign genauso vermarkten wie R/3, wäre der Reinfall sicher: Marketing im Mittelstand ist viel direkter, es verlangt viel mehr und andere Verkäufer. Deswegen baut SAP für viel Geld eine zweite Verkaufsorganisation für das neue Angebot, die eine große Zahl von Vertriebspartnern einschließt. Außerdem muss SAP lernen, mit einem anderen Geschäftsmodell zu leben. Bisher kassierte SAP von seinen Kunden beim Verkauf viel Geld für Software-Lizenzen, meist abhängig von der Nutzerzahl, und anschließend eine jährliche Wartungsgebühr von 17 Prozent, die in den nächsten Jahren sehr zum Ärger der Kunden auf stattliche 22 Prozent steigen wird. Bei dem neuen Angebot zahlen Firmen nun eine monatliche Gebühr von 149 Dollar für jeden Nutzer.

Für Business ByDesign musste sich SAP auch weit mehr Mühe geben, um eine bedienungsfreundliche Benutzeroberfläche zu schaffen. Bisher waren die Walldorfer nicht gerade für einen besonders eingängigen Bedienungskomfort bekannt. Das störte auch nicht weiter, weil die Software ja nicht von den Nutzern gekauft, sondern ihnen in der Regel von den Chefs verordnet wurde. Bei der kommenden Generation von Mitarbeitern und erst recht in den überschaubaren Betrieben des Mittelstands reicht das nicht mehr. Wer mit modernen Web-2.0-Diensten groß geworden ist, der würde sich schlichtweg weigern, mit SAP-Programmen alten Stils zu arbeiten.

»Ganz am Anfang saßen Plattner und die anderen SAP-Gründer ihren Kunden praktisch auf dem Schoß – und wussten ganz genau, was sie wollten. Je größer die Firma wurde, desto größer wurde auch die Kluft zwischen Entwicklern und Nutzern«, erzählt Matthew Holloway, der in SAPs Ableger im kalifornischen Palo Alto das »Design Services Team« leitet. Es ist eine direkt unterhalb von SAP-Chef Kagermann angesiedelte schnelle Eingreiftruppe, deren Aufgabe es ist, genau diese Kluft wieder zu schließen.

Es ist auch kein Zufall, dass Holloways Büro direkt neben dem Plattners liegt, der eine Ahnung davon hat, wie sehr das Image von Unternehmens-Software darunter gelitten hat, dass Entwickler vor allem auf Funktionen und kaum auf den Nutzer der Programme geachtet haben. Als er einmal einen Vortrag halten sollte, wurde Plattner angekündigt mit einer Bemerkung, er stehe für »das meistgehasste Produkt auf dem ganzen Markt«. Der SAP-Mitgründer, der noch immer Einfluss auf die Entwicklung nimmt, hat daraufhin die Anwenderfreundlichkeit ganz nach oben auf seine Prioritätenliste gesetzt. Er jagt die Software-Entwickler wieder zu den Kunden, um deren Feedback für bessere Produkte zu nutzen. »Wenn wir nicht schnell genug lernen und unser Denken erneuern, um Design-Denken auf Software anzuwenden«, sagt Plattner, »dann sind wir möglicherweise nicht mehr so erfolgreich wie in der Vergangenheit.«

Für modernere Benutzeroberflächen zu sorgen, ist darum auch nur ein Teil der Mission von Holloways Abteilung mit seinen drei Dutzend Mitarbeitern, die Plattner im Jahre 2005 ins Leben rief. Die Gruppe folgt einem ganzheitlichen Ansatz, eben dem *design thinking*. Bisher, erklärt er, hätten SAPler vor allem analytisch gedacht, also eng am technischen Problem entlang und auf eine schnelle Lösung fixiert. Künftig müssten sie wie Designer denken – aus der Sicht des Nutzers, multi-disziplinär, in Alternativen, anhand von Prototypen und, nicht zuletzt, mit Gefühl.

Kein Wunder, dass die Etage, welche Holloways Team bei SAP im Silicon Valley bevölkert, kaum an die kargen Programmierstuben in Walldorf erinnert, sondern eher an Räume im nahe gelegenen Hauptquartier von Google. Die Wände hat Holloway, ein Ehemaliger der Design-Ikone Apple, farbig streichen lassen. Für einen internen Schönheitswettbewerb haben die Mitarbeiter aus ihren Büronischen

regelrechte Kunstwerke gemacht. Bei einem fliegt ein bunter papier-
ner Vogelschwarm über den Arbeitsplatz, ein anderer sieht aus wie
eine kleine Palmeninsel im Ozean. Sie alle liegen um einen großen,
offenen, aber fensterlosen Raum voller bequemer Sessel und Sofas,
an dessen Wänden sich ein schreibwütiger Professor mit einem Filzstift ausgetobt zu haben scheint. Hier trifft sich Holloways Team zum
Brainstorming.

Der Eindruck der Unordnung trügt jedoch, hier herrscht eher ein
kreatives Chaos, aus dem Holloway Ideen schöpfen will, die häufig
sehr weit weg sind vom traditionellen SAP-Denken. Er pflegt bei seinen Projekten, die aus allen Teilen des Unternehmens an ihn heran-
getragen werden, einen recht rigorosen Ablauf. Erst betrachten er
und seine Mitarbeiter ein Problem ausführlich von allen Seiten, um
eine »360-Grad-Sicht der Dinge« zu bekommen. Dann reduzieren sie
die möglichen Lösungen auf jene, die sich rechnen, technisch mach-
bar sind, aber eben auch den Menschen ansprechen. Schließlich
bauen sie Prototypen und testen sie mit späteren Nutzern, verbessern
sie weiter und testen sie wieder. Auch Business ByDesign hat diese
Sonderbehandlung genossen.

Aber nicht nur in Sachen Design muss SAP mehr Rücksicht auf die
Außenwelt nehmen und sich öffnen. Wie seine Anwendungen, war
SAP auch als Unternehmen lange Zeit eher ein Monolith. Zwar organi-
sierte man Gremien, in denen Kunden Wünsche äußern konnten, und
kooperierte mit vielen Partnern, welche die Software bei Kunden installierten. Aber im Wesentlichen war SAP eine geschlossene Veranstaltung, auf der hoch qualifizierte Entwickler ihre Programme weitgehend unter Ausschluss der Öffentlichkeit schrieben.

»Wir hatten dieses perfekte Verschlüsselungssystem«, beschrieb
Shai Agassi einmal die Selbstvergessenheit des globalen Software-
Konzerns, »unsere Programmdokumentation war auf Deutsch. Selbst
Hacker konnten damit nichts anfangen.« Und viele in Walldorf woll-
ten auch, dass dies so bleibt – so ließen sich die Schwächen der Soft-
ware besser vor Kunden und der Konkurrenz verbergen. Aber wenn
nun andere Software-Firmen Programme für eine Plattform wie Net-
Weaver schreiben sollen, erklärt Agassi, dann muss man ihnen auch

ein öffentliches Forum bieten, um sich auszutauschen und voneinander zu lernen. Deswegen rief er 2005 das »SAP Developer Network« (SDN) in Leben, eine Art soziales Netwerk für Entwickler, die mit SAP-Software arbeiten.

Mittlerweile hat das SDN mehr als 1 Million registrierte Mitglieder weltweit. Und dank dieser Öffnung hat sich SAPs Belegschaft vor allem im Silicon Valley stark verändert, glaubt Agassi. »Sehen Sie nur, welche Leute heute für SAP arbeiten. Anfang des Jahrzehnts waren noch zu 99 Prozent Menschen gewesen, die in Deutschland studiert und dann bei SAP angefangen haben. Heute ist die Mischung viel ausgeglichener. Es gibt viele, die schon bei Wettbewerbern wie Oracle oder Siebel gearbeitet haben und eben diese Erfahrung zu SAP mitbringen.«

Der Erfolg dieses Angebots für Entwickler hat SAP dazu gebracht, die Öffnung noch ein Stück weiterzutreiben und das »ecosystem«, das Netzwerk aus allen SAP-Interessierten, um seine Produkte auszubauen. Neben dem SDN gibt es mittlerweile noch drei weitere »Innovationsgemeinschaften«, wie sie Zia Yusuf nennt, der diese Aktivitäten bei SAP leitet. Manager, die Geschäftsabläufe verbessern wollen, tauschen sich in der »Business Process Expert Community« (BPX) aus. IT-Dienstleister haben ebenfalls ihren eigenen virtuellen Treffpunkt. Und für 16 Branchen gib es so genannte »Industry Value Networks« (IVN), in denen SAP-Kunden etwa darüber diskutieren, welche Funktionen den Anwendungen der Firma noch fehlen und wie sich die jeweiligen Branchen weiterentwickeln werden.

Für Yusuf ist das freilich nur der Anfang. Auf Dauer sollen die Online-Gemeinschaften eine wichtige Quelle von Innovationen werden. Damit sich Mitglieder auch persönlich kennen lernen können, hat er in Palo Alto ein »Co-Innovation Lab« eingerichtet. Dort treffen SAP-Entwickler mit Mitarbeitern von Kunden und anderen IT-Firmen zusammen, um gemeinsam bessere Lösungen und neue Ideen auszubrüten. Längerfristig sieht Yusuf sein *ecosystem* als eine Art Marktplatz, auf dem Kunden und Partner zusammenfinden – »zum Vorteil nicht nur von SAP, sondern aller Beteiligten«.

Wer aber meinte, SAP hätte seinen Umbau mit der Vorstellung von Business ByDesign im September 2007 vorerst abgeschlossen, der lag falsch. Wenige Wochen später kündigte das Unternehmen überraschend an, es werde für 4,8 Milliarden Euro Business Objects übernehmen, einen der führenden Anbieter im Markt für Business Intelligence. Die größte Übernahme der Firmengeschichte kam deshalb so überraschend, weil fast alle Beobachter davon ausgegangen waren, SAP wolle nur aus eigener Kraft wachsen und vor allem dank Business ByDesign sein selbst gestecktes Ziel von 100 000 Kunden im Jahre 2010 erreichen. Das war es schließlich auch, was die SAP-Oberen immer wieder als den besseren Weg gegenüber den Wettbewerbern herausgestellt hatten, die sich ein Software-Portfolio zusammenkauften.

»SAP verlässt den Pfad der Tugend«, titelte denn auch die *Computerwoche*. SAP-Chef Kagermann hatte große Mühe, die Presse vom Gegenteil zu überzeugen. »Ich habe immer ausgeschlossen, dass SAP eine Akquisitionsstrategie wie Oracle verfolgt, also im Kerngeschäft Anteile dazukauft«, erklärte er in einem Interview, »nie ausgeschlossen habe ich, dass wir in Wachstumssegmenten außerhalb unseres etablierten Geschäfts Firmen akquirieren.« Dennoch bestrafte die Börse die SAP-Aktie mit einem Abschlag von 4 Prozent, weil Business Objects am gleichen Tag mit einer Gewinnwarnung aufwartete und viele Aktienanalysten den Kaufpreis für überhöht hielten.

Doch der Kauf von Business Objects war ein viel klügerer Schachzug, als die Kurzfristdenker an den Finanzmärkten wahrhaben wollen. SAP hilft damit tatsächlich seinem Wachstum. Viel wichtiger ist aber, dass SAP eine Sparte stärkt, die in der Unternehmensstrategie einen zentralen Platz einnehmen soll: eben jene im vorhergehenden Kapitel beschriebene Peripherie der Rechenwolke, die es dem Anwender leichter macht, seine Arbeit mithilfe gezielter Informationen intelligenter zu verrichten. Die neuen Programme sollen vor allem Manager (*business user* im SAP-Sprech), aber zunehmend auch ganze Unternehmen produktiver machen (*enterprise performance management*).

»Im Frühjahr 2006 habe ich Kagermann vorgeschlagen, dass wir uns auch an diese eher chaotischen Prozesse heranwagen – etwa wie man ein Produkt auf den Markt bringt oder ein neues Gesetz berücksichtigt«, berichtet Doug Merritt. Zwar sind, meint er, solche Abläufe nicht so einfach zu automatisieren wie klassische, quantifizierbare Geschäftsprozesse. Aber auch wichtige Teile von nicht-quantifizierbaren Prozessen wiederholen sich – weswegen es sich lohnt, sie als Standard in Software abzubilden.

Um seinen Vorschlag erfolgreich umzusetzen, wählte Merritt zunächst einen Bereich, in dem SAP Glaubwürdigkeit genoss, der Bedarf groß war und der daher schnell Umsatz versprach: Finanzen. Praktisch jeder SAP-Kunde hat die Anwendung »Financials« installiert, sie bildet in der Regel den Kern jeder Unternehmens-Software. Die meisten Finanzabteilungen kämpfen aber seit Jahren damit, dass sie laufend neue gesetzliche Regelungen umsetzen müssen. Deswegen übernahm SAP 2006 das kalifornische Start-up Virsa, den Kern von SAPs jüngster Produktgruppe, die sich heute *Governance, Risk and Compliance* (GRC) nennt – auf Deutsch etwa: »Steuerung, Risiko und Regelbefolgung«.

Hinter der umständlichen Bezeichnung verbirgt sich ein einfaches Prinzip: Risiken sollen so schnell wie möglich erkannt und so weit wie möglich beseitigt werden. Dafür gibt SAPs neue Software den Entscheidern in den Unternehmen eine ganze Reihe von Informationen, Werkzeugen und Kommunikationsmitteln an die Hand. Der Computerbildschirm eines Finanzchefs zeigt die wichtigsten Kennzahlen seines Unternehmens und warnt ihn, wo derzeit die größten Geschäftsrisiken für ihn liegen. Ist das Gewinnziel in Gefahr? Oder liegen die Einfuhrlizenzen noch nicht vor? Ist die Abhängigkeit von einem bestimmten Produkt oder Kunden zu groß? Mit wenigen Klicks lassen sich so Hintergrundinformationen beschaffen, Kosten kalkulieren und Mitarbeiter einschalten.

»Solche Angebote finden großen Anklang«, berichtet Merritt, dessen offizieller Titel »Entwicklungschef – Business User« lautet. Seine Mitarbeiter haben bereits damit angefangen, andere Geschäftsbereiche, etwa Marketing, auf diese Weise weiter zu automatisieren. Außerdem hat Merritt Spähtrupps in die Firmen entsandt. Dort kundschaften sie Abläufe aus, die sich durch Software vereinfachen oder besser kontrollieren lassen. »Wir sind sozusagen Unternehmensanthropologen«, erklärt Merritt.

Der Erfolg seiner Projekte war ein wichtiger Grund, so Merritt, warum SAP den großen Zukauf von Business Objects wagte. Für weiteres Wachstum brauchte Merritt zweierlei: guten Zugang zu möglichst vielen Daten und clever gestaltete Benutzeroberflächen, so dass sich ein Manager schnell zurechtfindet und etwa in Gefahrensituationen gewarnt wird. In beidem ist Business Objects führend: Die Software der Firma besorgt sich Informationen nicht nur aus SAP-Programmen, sondern auch aus vielen anderen IT-Systemen innerhalb wie außerhalb des Unternehmens, und bietet Managern eine individuelle Sicht auf ihr »Universum«, wie es bei Business Objects heißt.

Die Übernahme des Unternehmens dürfte sich in jedem Fall auszahlen, denn der Markt für Business-Intelligence-Produkte boomt. In den vergangenen Jahren ist er um einen zweistelligen Prozentwert gewachsen. Firmen wollen endlich mehr aus den Daten machen, die in ihren und in fremden Systemen stecken, und sie wollen noch mehr Informationen verarbeiten können, um ein noch komplexeres Abbild der Wirklichkeit zu bekommen. »BI bringt die riesigen Mengen von Informationen aus Datenbanken, Anwendungen und anderen Quellen zusammen – und macht Sinn aus dem Chaos, um wichtige Geschäftsentscheidungen treffen zu können«, sagt John Schwarz, der frühere Vorstandsvorsitzende von Business Objects, der mit der Fusion in den SAP-Vorstand einzog. Jeder Mitarbeiter, vom Unternehmenschef abwärts, bekäme so eine verlässliche Gesamtsicht der Daten, die er dann analysieren oder zu Berichten verarbeiten könnte.

Schwarz ist der erste Manager im SAP-Vorstand, der schon einmal ein großes Software-Unternehmen in den Vereinigten Staaten geleitet hat – aber die Welt nicht nur durch die amerikanische Brille sieht. Geboren ist er in der ehemaligen Tschechoslowakei, die er 1968 nach dem Prager Frühling in Richtung Kanada verließ. Nach dem Studium landete er bei IBM, wo er fast 25 Jahre lang in praktisch allen Unternehmensteilen gearbeitet hat. Nach einem Zwischenspiel als Geschäftsführer beim Virenschützer Symantec wurde er 2005 Chef von Business Objects.

Noch hat kein Wirtschaftshistoriker gewagt, die komplizierte Geschichte der Unternehmens-Software aufzuschreiben. An einem käme der mutige Chronist nicht vorbei: In Boston im amerikanischen Nordosten arbeitet Jim Shepard bei AMR Research, einem der führenden Marktforscher der Branche. Shepherd ist das wandelnde Geschichtsbuch in Sachen betrieblicher Software. SAP beobachtet der Amerikaner seit Anfang der neunziger Jahre. Damals riefen bei ihm die ersten potenziellen Kunden an: »Was wisst ihr eigentlich über dieses deutsche Software-Unternehmen?«

Heute wird Shepherd oft gefragt, warum gerade SAP, dieses sonst als eher konservativ geltende Unternehmen, sich ausgerechnet bei der serviceorientierten Software so weit vorwagt. Besondere Umstände, erklärt er dann, haben SAP zum SOA-Pionier gemacht: »Es hat die SAPler schwer geärgert, dass sie während des ersten Internetbooms als technisch rückständig galten – bis hoch in den Vorstand.« Deswegen habe SAP mit Agassi einen jungen Israeli in das höchste Unternehmensgremium geholt, der für frischen Wind sorgen sollte. Deswegen habe SAP ausgerechnet Palo Alto zu einem eigenständigen Entwicklungslabor ausgebaut. Und deswegen sei SAP voll auf Risiko gegangen: »Die haben die erfolgreichste Software der IT-Geschichte umgeschrieben – und alles auf eine Karte gesetzt.«

Verletztes Ego war also der eigentliche Antrieb für das riskante Manöver, sich so sehr einer ungewissen Zukunft zu verschreiben? Das mag übertrieben sein, aber gerade in der Software-Industrie werden Entscheidungen häufig nicht so rational getroffen, wie es später scheint. Selbst größere Ungereimtheiten lassen sich zudem mühelos verstecken, weil die Produkte so komplex sind. Wenn ein neues Automodell beim Elchtest durchfällt und sich in der Kurve überschlägt, dann ist das kaum zu verbergen, sei das Auto auch noch so klein. Das Chaos unter einer hübsch aufbereiteten Benutzeroberfläche kennen letztlich nur die Entwickler selbst.

Auch die Geschichte von SAPs neuer Architektur verlief alles andere als geradlinig, und die Entscheidungen waren keineswegs ausschließlich technisch bedingt. NetWeaver und die Serviceorientierung waren auch nicht nur eine Antwort auf den Wunsch der Kunden nach mehr Flexibilität. Vielmehr versuchte SAP vor allem, die Integrationsprobleme endlich in den Griff zu bekommen, die das Unternehmen durch die New-Dimension-Produkte Ende der neunziger Jahre selbst verursacht hat. SAP kämpft noch heute damit, seine Anwendungen wieder auf einen Nenner zu bringen. Es war zwischenzeitlich weit davon entfernt, die angepriesene Software aus einem Guss und einem Haus anbieten zu können, mit der es keinerlei Integrationsprobleme gibt.

Die Entscheidung, mit NetWeaver die Webmaschine für die verschiedenen Programme zu schaffen, war darum im Prinzip nicht umstritten. Doch die SAP-Oberen konnten sich lange nicht in einer damit verbundenen, fundamental wichtigen strategischen Frage einigen: Was sollte diese Webmaschine denn alles verarbeiten können, welche Anwendungen sollte die Plattform hauptsächlich unterstützen und integrieren? Genießen die eigenen Programme Priorität, wie viele in Walldorf meinten. Oder hatte Agassi Recht, der dafür plädierte, andere Software-Firmen mit NetWeaver auf die SAP-Plattform zu locken und Kunden zu erlauben, neue Anwendungen aus vorhandenen Bausteinen zu entwickeln? Weil diese Frage lange nicht klar beantwortet wurde, aber auch weil Agassi sich mehr für das große Ganze interessierte als für die mühsame Entwicklungsarbeit, ist NetWeaver heute bei weitem nicht so erfolgreich, wie es sein könnte. Das Hin und Her um die Plattform, klagt ein interner Kritiker, habe SAP drei Jahre Zeit und mindestens ebenso viele Milliarden gekostet.

Dabei war für SAP-Chef Kagermann die Marschrichtung immer klar: Er sei immer der Meinung gewesen, NetWeaver müsse ERP-Suite, neue Programme wie Business ByDesign und die Anwendungen anderer unterstützen – und zwar genau in dieser Reihenfolge. »Was hilft mir das denn«, erklärt Kagermann, »wenn NetWeaver für andere eine tolle Entwicklungsplattform ist und unsere Suite plötzlich an technischen Mängeln krankt. Das wäre ein Desaster.«
Aber auch die Entwicklung von Business ByDesign, die von Walldorf aus gesteuert wurde, war alles andere als ein geradliniger Prozess. Das Produkt hatte offenbar mehr als nur Schönheitsfehler, als es erstmals vorgestellt wurde. Ursprünglich wollte SAP 2002 nur eine ver-

einfache Version seines ERP-Systems für kleinere Dienstleistungsfirmen auf den Markt bringen. Ein Jahr später startete das »Project Vienna«, geleitet von Peter Zencke mit dem Auftrag, eine grundlegend neue Architektur zu entwerfen. Erst 2006 kam es schließlich zu der Entscheidung, das neue Produkt, damals noch unter dem Codenamen »A1S« bekannt, nicht als herkömmliche Software auf den Markt zu bringen, sondern als Online-Dienst.

Jedes Mal war vor allem die Komplexität Grund für den Richtungswechsel, der aber seinerseits an anderer Stelle noch höhere Komplexität schaffte. Das erste Team scheiterte an der Mächtigkeit der vorhandenen Software. So entstand die Idee, ganz von vorn anzufangen. Doch »Project Vienna« produzierte derart komplexe Software, berichten Insider, dass es zwei wichtige Entwicklungsziele verfehlte: Die Software passte nicht auf eine CD, und sie konnte nicht von einem mittelständischen Unternehmen selbstständig installiert werden. Weil zudem web-basierte Angebote mittlerweile als zukunftsweisend galten, machte SAP aus der Software einen Online-Dienst und versteckte auf diese Weise die ungebändigte Komplexität vorerst hinter einer schönen Internetoberfläche. Doch auch das brachte erheblichen zusätzlichen Aufwand – und die Verschiebung von Business ByDesign um mehr als ein Jahr.

Agassi war schon früh skeptisch. Er bezweifelte, dass sich ein so anspruchsvolles Entwicklungsprojekt in einem vertretbaren zeitlichen Rahmen zur Produktreife bringen lassen könnte. Deswegen startete er das bereits in Kapitel 4 erwähnte »Project Kayak«, ein paralleler, sehr pragmatischer Versuch, SAPs Anwendungen im Mittelstand einsetzbar zu machen. Agassis Idee: die mächtige SAP-Software in Hardware zu verpacken. Firmen sollten nicht ein Programm kaufen, das sie umständlich installieren müssen – sondern einen speziellen Computer mit SAP-Logo (*appliance* genannt), in dem die Software schon steckt und der von SAP über das Netz verwaltet wird. Das ungewöhnliche Bündel, so Agassis strategischer Plan, sollte den Markt besetzen, bis Business ByDesign fertig ist.

»Project Kayak«, das es immerhin zu zwei Testkunden gebracht haben soll, überlebte Agassi bei SAP nur um wenige Tage. Zu viel Geld und Reputation hatte das Unternehmen schon in das ehrgeizige Projekt Business ByDesign gesteckt, da war kein Platz für ein weiteres alternatives Konzept – zumal es schon der dritte große Versuch war, den Mittelstand zu erobern. SAP hatte den Erfolgsdruck Anfang 2007 sogar noch einmal erhöht und dafür Kritik von Börsenanalysten einstecken müssen. Um die neue Verkaufsorganisation für den Online-Dienst schneller aufzubauen, kündigte Kagermann an, werde SAP in den kommenden beiden Jahren weitere 300 bis 400 Millionen Euro investieren. Und Kagermann ging auch bei den wirtschaftlichen Plänen für das neue Produkt in die Offensive: Bis 2010, so versprach er der Börse, solle Business ByDesign weltweit 10 000 Kunden bedienen und jährlich 1 Milliarde Dollar Umsatz bringen. Mit der Ankündigung – wie auch mit dem aufwändigen Event in New York – verband das SAP-Management vor allem eine Hoffnung: dass Investoren Business ByDesign als separaten Start-up sehen, der den Börsenwert des Mutterhauses nicht belastet.

Umso größer war der Schock, als SAP im April 2008 die Notbremse zog. Es werde 12 bis 18 Monate länger dauern, die hochgesteckten Ziele zu erreichen, ließ das Unternehmen die überraschte Öffentlichkeit wissen. Deswegen werde SAP zunächst auch weniger Geld in den Vertrieb investieren. Der offizielle Grund: Weil Business ByDesign ein Online-Dienst ist, muss SAP seine Software selbst betreiben – und hatte den Aufwand offensichtlich dramatisch unterschätzt. Mit dem angekündigten Preis konnte SAP nur einen Bruchteil der Kosten abdecken: 149 Dollar im Monat pro Nutzer – was sich bei einer Mindestzahl von 25 Nutzern immerhin auf 44 700 Dollar pro Jahr summiert. »Bevor wir damit anfangen, das Produkt in großer Zahl zu verkaufen«, erklärte Hans-Peter Klaey, der zuständige SAP-Manager, »müssen wir erst einmal unsere Kostenstruktur in den Griff bekommen.«

Insider befürchteten damals, dass die Probleme tiefer gehen. In Walldorf wurden beunruhigende Geschichten erzählt, etwa, dass neu eingestellte Software-Architekten einen großen Bogen um das Projekt machen und Wirtschaftsprüfer ihr Plazet verweigert hätten. Anderen Berichten zufolge muss der neue Dienst auf alte ERP-Software zurückgreifen, um überhaupt einigermaßen zu funktionieren. Hasso Plattner soll nach einer desaströs gescheiterten Vorstellung von Business ByDesign vor Studenten an seinem Hochschulinstitut in Potsdam durch die Korridore in Walldorf getobt sein und sich beschwert haben, wie katastrophal das Programm in der Vorlesung versagte. Seitdem soll er sogar inoffiziell die Führung des Projekts übernommen haben.

Ende 2008 schien SAP die Technik weitgehend im Griff zu haben. Aber offen ist, ob Business ByDesign je ein kommerzieller Erfolg sein wird. Damit der Dienst die Marge – und damit den Aktienkurs – nicht nach unten zieht, muss er mindestens so profitabel sein, wie der Rest des Geschäfts von SAP. Doch die Gleichung geht nur schwer auf. Den Preis kann SAP kaum erhöhen: Für viele kleine Firmen ist er schon hoch. Und die Kosten lassen sich nicht beliebig senken: Die Kunden brauchen beispielsweise mehr telefonische Betreuung als angenommen. Für SAP ergibt sich damit ein fundamentales Problem: Weil es unter dem Druck der Börse steht, kann der Konzern das neue Angebot nicht so schnell an den Markt bringen wie ein Start-up.

Als Erfolgshürde könnte sich auch die Architektur von Business ByDesign erweisen. Denn der Dienst unterscheidet sich grundlegend von Online-Angeboten wie Salesforce.com oder NetSuite. Bei diesen beiden kalifornischen Firmen teilen sich alle Kunden eine Kopie (»Instanz«) der Software und eine Datenbank. Bei SAP steht im firmeneigenen Rechenzentrum dagegen für jeden Kunden mindestens ein eigener Server. Der Ansatz hat Vorteile. Wenn etwa ein Rechner absürzt, sind die anderen nicht betroffen. Außerdem können die Daten verschiedener Kunden nicht durcheinandergeraten, weil sie physisch voneinander getrennt sind. Aber es gibt einen großen Nachteil: SAP muss jeden Server einzeln verwalten. Wenn Salesforce.com etwa eine Version seiner Software herausbringt, genügt es, das System zentral auf den neuesten Stand zu bringen.

Zencke hofft freilich, dass Automatisierung und technischer Fortschritt die Nachteile dieser Architektur schnell verschwinden lassen werden – genauso wie bei R/3. Als er damals vorschlug, die Software auf Minicomputer zu verfrachten, waren diese noch gar nicht rechenmächtig genug. Diesmal sollen unter anderem die Virtualisierung von Hardware und das Cloud Computing die Skeptiker Lügen strafen. Was Salesforce.com und Google machen, sei doch nur eine Neuauflage des alten Mainframe, erklärt Zencke: »Ein System aus vielen kleinen Computern innerhalb einer von Tausenden Kunden und ihren Nutzern erreichbaren Cloud kann nicht nur mit der Leistung von Mainframes mithalten, sondern ist zudem noch flexibler und kostengünstiger.«

Henning Kagermann kann nicht nur gut erklären, er ist auch ehrlich, was alles andere als eine Selbstverständlichkeit in dieser vom Marketing getriebenen Branche ist. Manchmal, sagen Mitarbeiter, ist Kagermann sogar zu ehrlich. Als SAP etwa im Herbst 2007 die Übernahme von Business Objects verkündete, bestand er darauf, den Kauf als »strategisch« zu bezeichnen – eben weil er strategisch wichtig für sein Unternehmen sei. Die Wall Street übersetzt »strategisch« allerdings anders: Wir haben mehr bezahlt, als die Firma eigentlich wert ist. »Henning ist so ehrlich, dass er sich manchmal nicht vorstellen kann, dass andere weniger ehrlich sein können«, meint ein SAP-Manager.

»Bei Business ByDesign haben wir uns schon sehr viel vorgenommen«, gibt Kagermann unumwunden zu. »Aber das ist für die Firma auch ganz heilsam: Am Anfang darf man nicht zu viele Kompromisse eingehen – sonst steht am Ende nicht etwas wirklich Gutes«, rückt er den Satz gleich wieder gerade. Business ByDesign ist für ihn längst nicht nur ein Mittelstandsprodukt mit Kinderkrankheiten, sondern eine Business-Suite der Zukunft, eine moderne Allzweckwaffe für die Software-Welt von morgen. Diese Welt werde nämlich keineswegs eine Monokultur sein, wie einige seiner amerikanischen Konkurrenten behaupten, allen voran Salesforce.com. Kagermann ist überzeugt, dass längst nicht alle Programme ins Netz wandern werden. Und selbst wenn Firmen Online-Dienste bevorzugen sollten, dann werden sie sich viele dieser Anwendungen und Dienste nicht mit anderen teilen wollen. »Wir waren schon früh der Meinung«, sagt Kagermann, »dass es bei einer Suite immer einen Mischbetrieb geben wird.«

Business ByDesign war deswegen von Anfang an als Hybrid angelegt: Mit der neuen Software will SAP einerseits einen Fuß in der

Wolke, aber auch einen auf der Erde haben. Dieses Programm nun zuerst ausschließlich als Online-Dienst für den Mittelstand anzubieten, ist dabei die schwierigste aller denkbaren Varianten. Denn beim Kunden muss Business ByDesign extrem überschaubar und einfach zu handhaben sein. Das macht aber die für Kunden unsichtbare Arbeit im Rechenzentrum von SAP äußerst kompliziert. SAP muss nicht nur erstmals mit der Komplexität des Systems selbst fertig werden, die es früher den Kunden und deren Beratern überlassen hat. Es muss diese Komplexität zusätzlich noch einmal deutlich reduzieren, um aus der sprichwörtlich nutzerunfreundlichen Unternehmens-Software ein einfaches, fast intuitiv zu bedienendes Programm zu machen. Denn kleinere Firmen sollen den Dienst schnell wie von der Stange einführen und nicht viel Geld für die Schulung ihrer Mitarbeiter ausgeben.

Die Gefahr, dass sich sein Unternehmen mit Business byDesign übernimmt, sieht Kagermann nicht: SAP stehe gut da und könne sich deshalb ein solches Mammutprojekt leisten. Und: Je besser Business ByDesign werde, desto mehr würden auch die Medien erkennen, dass es nicht nur ein weiteres Programmpaket ist, sondern wie viele Innovationen darin stecken und was für ein qualitativer Fortschritt für die Branche damit verbunden ist.

Es überrascht nicht, dass Kagermann eine positive Bilanz seiner sechs Jahre an der Spitze von SAP zieht. Auch wenn der Weg nicht immer geradlinig verlaufen ist: Die drei Dinge, die er und sein Vorstand sich vorgenommen hatten, seien weitgehend erreicht worden, urteilt er über seine Zeit. Erstens habe SAP – ohne dass die Kunden darunter zu leiden hatten – eine neue Software-Architektur eingeführt. Zweitens habe das Unternehmen die Kraft aufgebracht, daneben etwas fundamental Neues auf die Beine zu stellen. Und drittens seien durch diese Initiativen sowie durch die Übernahme von Business Objects die Grundlagen dafür geschaffen worden, dass SAP nun auf längere Zeit überproportional wachsen könne. Kagermanns Botschaft: Wenn die derzeitigen Probleme erst einmal überwunden sind, dann hat die Konkurrenz keine Chance mehr.

Malt da einer am Ende seiner Amtszeit ein zu rosiges Bild? Aus heutiger Sicht scheint das so. Doch Kagermann hat den Tanker in die richtige Richtung gelenkt, auch wenn es gelegentlich Streit in der Mannschaft gab und der Kurs nicht immer geradlinig war. Ob Globalisierung, technischer Umbau oder Öffnung des Unternehmens – unter Kagermanns Leitung wurden die Grundlagen dafür gelegt, dass SAP weiter im Konzert der großen Software-Schmieden mitspielen kann.

Ob SAP weiter die erste Geige spielen kann, hängt natürlich auch von der Konkurrenz ab. Was geschieht, wenn wieder einmal kleine innovative Unternehmen dem Tanker SAP davonfahren oder sogar einer der großen Wettbewerber an den Walldorfern vorbeizieht? Das folgende Kapitel hält Ausschau nach solchen Szenarien.

Kapitel 10

Die Gegenwelt – wo Walldorfs Wettbewerber leben

»SAP ist eine innovationslose Firma.
Die haben noch nie was erfunden.«

Marc Benioff, Gründer und Chef von Salesforce.com

Willkommen in der Gegenwelt. Die grünlich schimmernden, runden Glastürme sieht man schon vom Highway 101, der achtspurigen Autobahn, die das Silicon Valley durchzieht. Dem Symbol für Datenbanken in einem IT-Diagramm nachempfunden, gehören sie zu den höchsten und aufwändigsten Gebäuden in der High-Tech-Region südlich von San Francisco. Umgeben ist der Bau nicht von Spargel oder Mais, sondern von edlen Pflanzen und weitläufigen Teichen. In der Lobby steht keine Sammlung verstaubter Trophäen, sondern teure Kunst, die regelmäßig wechselt.

Wer zum Chef will, muss mit dem Aufzug ganz nach oben fahren. Er ist das Gegenteil von professoral: ein Sonnenkönig, der aus luftiger Höhe uneingeschränkt über sein Reich herrscht, das etwa doppelt so viel umsetzt wie SAP. Obwohl er privat sehr charmant und anregend sein kann, protzt er in der Öffentlichkeit meist mit seinem Image als düsterer Macho und schamloser Angeber. In den Hügeln über dem Silicon Valley hat er sich für 200 Millionen Dollar eine Residenz im japanischen Gartenstil bauen lassen, deren Hauptgebäude sich nur mit einem Boot erreichen lässt. Solche Extravaganzen machen ihn nicht arm: Er ist nicht nur einer der reichsten Männer der Welt (je nach Börsenkonjunktur zwischen 20 und 50 Milliarden Dollar), sondern verdiente 2007 auch mehr als jeder andere amerikanische Boss (193 Millionen Dollar – rund zwanzigmalso viel wie SAP-Chef Kagermann).

Auch sonst trennen die beiden Firmen Welten. SAPs Kultur ist geprägt von Software-Entwicklern und Physikern mit Doktortitel; bei

dem kalifornischen Unternehmen spielen Verkäufer und Marketing-
manager eine viel größere Rolle. Während SAP sein Umfeld von Partnern ausgiebig pflegt und weitgehend aus eigener Kraft wächst,
scheut die andere Firma Kooperation und kauft interessante Unternehmen lieber gleich auf – im Dutzend und für viele Milliarden Dollar. Außenpolitisch ausgedrückt: Wäre SAP ein Staat, dann würde der
in den Vereinten Nationen den ehrlichen Makler spielen; die Anti-SAP
würde dagegen nicht einmal Beiträge an die Organisation zahlen und
meist auf eigene Faust handeln.

Die Rede ist von Oracle, dem zweitgrößten Software-Konzern der
Welt, und seinem legendären Gründer Larry Ellison. Aber eigentlich
lassen sich SAP und Oracle gar nicht gegenüberstellen, zumindest
nach Meinung von Ray Lane, der einmal als möglicher Nachfolger
von Ellison galt und seit seinem Rauswurf im Jahre 2000 als Partner
bei Kleiner Perkins arbeitet, der erfolgreichsten Investmentfirma des
Silicon Valley. »Es gibt kaum zwei Firmen in einem Markt, die so unterschiedlich sind«, meint Lane, »immer wenn ich einen Vergleich der
beiden lese, muss ich schmunzeln.«

Doch seit Mitte des Jahrzehnts haben solche Vergleiche in den Medien Konjunktur. Denn SAP und Oracle gelten als Kandidaten für einen Krieg der Titanen – eine jener epischen Schlachten zwischen den
beiden führenden Firmen eines IT-Markts. Überhaupt sehen viele die
Geschichte der Branche als Serie solcher Zweikämpfe: IBM gegen UNI-
VAC (Mainframes), Apple gegen Microsoft (Personal-Computer), Oracle
gegen Sybase (Datenbanken), Netscape gegen Microsoft (Browser),
Google gegen Microsoft (Internet).

Die beteiligten Firmen befördern meist diese Schwarz-Weiß-Sicht
der Dinge – um die Medien zu füttern, aus Marketinggründen und
um die eigenen Truppen zu motivieren. Im Falle Oracle gegen SAP liefert zudem ein Prozess immer wieder neuen Stoff für die Kriegsbe-
richterstattung. Der Grund für das Verfahren: TomorrowNow, ein
amerikanischer IT-Dienstleister, der Oracle-Software wartet und im
Jahre 2005 von SAP übernommen wurde. Kurz danach sollen Manager der Firma unerlaubt geschützte Informationen von Oracle her-
untergeladen haben. Oracle kam ihnen auf die Schliche und klagte

212 Matrix der Welt

gegen SAP: Dessen Vorstandsmitglieder hätten von den illegalen Aktivitäten gewusst.

Aber das Bild von zwei sich bekriegenden Titanen ist überholt. Heute sind Software-Konzerne selten Kontrahenten, die sich auf Leben und Tod bekämpfen, gerade in der betrieblichen IT. Vielmehr sind es stabile digitale Länder, die nur an ihren Grenzen aneinander geraten – und sonst vor allem auf eines achten: dass woanders nicht eine neue unabhängige Software-Nation entsteht, die ihr Wachstum einschränkt.

Wir gehen noch einmal auf die Reise, diesmal durch die großen virtuellen Fürstentümer der Informationstechnologie, wir besuchen ihre Schlösser und deren Hausherren, die ihre Reiche alle von den Vereinigten Staaten aus beherrschen – mit der Ausnahme SAP. Die Reise beginnt in der alten Software-Welt, für die Oracle und Microsoft stehen. Sie endet in der neuen digitalen Welt, in der Firmen wie Google und Salesforce.com heimisch sind. Dazwischen stehen Abstecher zu IBM und Open-Source-Software, die sich zwischen diesen beiden Welten angesiedelt haben. Am Schluss stellt sich die Frage: Ist SAP gegen diesen Wettbewerb aus den unterschiedlichen Welten gerüstet, wird der Sonderling aus Deutschland ein unabhängiges Unternehmen bleiben?

Wenn Oracle vom Mars ist und SAP von der Venus, dann nicht nur, weil Ellison seine Firma im Silicon Valley gründete und vergleichsweise früh an die Börse ging. Beide haben völlig unterschiedliche technologische Wurzeln: In Walldorf ist es das ERP-System, bei Oracles in Redwood Shores dagegen die Datenbank und zwar der »relationalen« Art. Mitte der siebziger Jahre hatte Ellison darauf gesetzt, dass Daten in IT-Systemen nicht mehr in schwer zu durchschauenden Hierarchien, sondern in zweidimensionalen Tabellen abgespeichert würden, die sich besser befragen lassen und schneller Antworten geben. Und er zog damit einen der Hauptgewinne der Branche. Oracles erster Kunde war 1978 der CIA. Heute ist seine Datenbank das Fundament von mehr als der Hälfte aller IT-Systeme weltweit – ironischerweise auch jener mit SAP-Software. Machtpolitisch gesehen, hat Oracles Datenbank eine ähnliche Stellung in der betrieblichen IT wie Windows bei PCs.

Weil Ellison nicht von einem Produkt abhängig sein wollte, begann Oracle 1986 damit, eigene betriebswirtschaftliche Anwendungen zu entwickeln. Doch der kämpferische und auf kurzfristigen Erfolg zielende Stil hinderte Oracle daran, gegen SAP überhaupt eine Chance zu haben. Während SAPs Erfolg viel Geduld und betriebswirtschaftliches Wissen erforderte, war im Markt für Datenbanken genau das Gegenteil gefragt: Mut, auf neue Technologien zu setzen, und die Chuzpe, Produkte unfertig in den Markt zu drücken. Entscheidend war, Erster zu sein: Hatte sich ein Unternehmen erst einmal für eine Datenbank entschieden, blieb sie dem Anbieter meist treu – ein Wechsel wäre zu teuer gewesen. Um den damaligen Rivalen Sybase auszubremsen, lieferte Oracle etwa die sechste Version seiner Datenbank 1988 in dem Bewusstsein aus, dass sie voller Programmierfehler war. Hauptsache, eine neue Datenbank sorgte für Aufregung im Markt. Selbst Ellison gibt heute zu:»In ihr steckten mehr *bugs*, als selbst wir uns vorstellen konnten.«

Spätere Versionen von Oracles Datenbank funktionierten zwar besser und zuverlässiger, aber seine Unternehmens-Software bekam das Unternehmen lange nicht richtig in den Griff, unter anderem weil es seine Strategie alle paar Jahre wechselte. Erst versuchte es Oracle allein – und stellte fest, dass seine begrenzten Angebote nur selten gegen SAPs umfassendes Paket gewannen. Danach tat sich Oracle mit Spezialanbietern zusammen, um komplette Lösungen bieten zu können – und zahlte oft drauf, weil die Einzelteile mit viel Aufwand verwoben werden mussten. Schließlich wartete Oracle im Jahr 2000 mit seiner umfassenden und integrierten E-Business-Suite auf – doch nur wenige Firmen zeigten sich gewillt, ihre bereits installierten und teurer bezahlten Anwendungen dafür zu opfern.

Doch Ellison ist einer, der nicht aufgibt, sondern ein Stratege, der dazulernt und der auch bereit ist, seine Meinung radikal zu ändern. Genau das passierte, nachdem der Erfolg der eBusiness Suite ausblieb und zeitgleich die Internetblase platzte. Davor hatte er Firmenübernahmen stets als zu riskant abgelehnt: Die meisten davon würden scheitern, vor allem in der IT-Industrie. Danach gab es für ihn nur noch eines: Konsolidierung. Die Software-Branche sei reif dafür, meinte Ellison Anfang 2003 – und die Kunden auch: Sie wollten sich nicht mehr mit Dutzenden von Anbietern herumschlagen und teure IT-Dienstleister dafür bezahlen, die Produkte miteinander zu verbinden.

Gesagt, getan: Mit dem hochprofitablen Datenbankgeschäft im Rücken kaufte Oracle seit 2005 Software-Firmen gleich im Dutzend. Und Ellison schlug gleich in drei wichtigen Software-Kategorien massiv zu: Konkurrenten, um schnell zu wachsen (PeopleSoft, Siebel); Infrastrukturfirmen, um Lücken im Technologieangebot zu füllen (Hyperion, BEA) und kleinere Spezialanbieter, um sein Branchen-Portfolio zu erweitern (360Commerce, ReTek). Bis Ende 2008 hatte Oracle fast 50 Firmen übernommen und dafür über 30 Milliarden Dollar ausgegeben. Keine andere IT-Firma hat bisher eine solche Einkaufstour gewagt.

Anfangs war daher die Skepsis groß, vor allem an der Wall Street. Doch Oracle schaffte, was nur wenige dem Unternehmen zugetraut hatten. Es machte aus den Übernahmen ein äußerst profitables Geschäft. Die Methode: Oracle reduziert die erworbenen Firmen möglichst schnell auf ihren Kern. Bei Anwendungen beispielsweise lässt das Unternehmen nur die wichtigsten Entwicklerteams intakt. Alles andere – die Verwaltung, der Verkauf, die Infrastruktur-Software – übernimmt es im Wesentlichen selbst. Möglich ist das, weil sich Oracle in den vergangenen Jahren organisatorisch und technisch ebenfalls in eine Plattform verwandelt hat. Wie Nestlé betreibt es ein global einheitliches Computersystem, und wie SAP mit NetWeaver verfügt es über eine eigene Basis-Software. Das macht es vergleichsweise leicht, Zukäufe und ihre Programme zu integrieren.

Das Ergebnis der Schrumpfungskur: Oracle wächst weiter und wird immer profitabler. Denn während die Kosten der erworbenen Unternehmen gesunken sind, zahlen ihre Kunden immer noch die gleichen Wartungsgebühren für Updates und Service – jährlich etwa ein Fünftel dessen, was sie anfangs als Lizenzgebühr für ein Programm bezahlen mussten. Besser noch: Oracle kann den zugekauften Kunden jetzt

auch leichter seine anderen Programme andienen. Folglich verdoppelte sich Oracles Umsatz zwischen 2004 und 2007 von 10 Milliarden
auf über 22 Milliarden Dollar, und das Unternehmen erreicht eine
operative Gewinnmarge von durchschnittlich fast 35 Prozent in den
vergangenen fünf Jahren. SAPs Umsatz wuchs dagegen im gleichen
Zeitraum lediglich von 7,5 auf 10 Milliarden Euro; die Marge lag im
Schnitt bei 26,6 Prozent.

Kein Wunder, dass Oracles Aktienkurs sich bis zur Finanzkrise ste-
tig nach oben bewegte, während SAPs lange Zeit in einer Seitwärtsbe-
wegung vor sich hindümpelte – obwohl die Walldorfer mit einem
Marktanteil von 33,4 Prozent noch fast doppelt so viel betriebswirtschaftliche Software verkaufen wie Oracle nach seiner Einkaufstour.
Aber ob sich die Strategie der Kalifornier auch langfristig auszahlt, ist
noch nicht ausgemacht. Lediglich die Kosten zu senken, damit die
Marge hoch bleibt, sei nicht nachhaltig, meint Marc Geall, früher
Analyst der Bankengruppe Citi Group und seit Juli 2008 leitender Manager bei der britischen Software-Firma Autonomy. Oracle müsse
schon etwas Geld in die Hand nehmen, um aus all den zugekauften
Programmen ein einheitliches Paket zu schnüren.

Im Prinzip steht Oracle vor dem gleichen Problem wie SAP vor ein
paar Jahren. Es muss seine Anwendungen auf der Grundlage einer
neuen Architektur zusammenführen – ohne dabei seine Kundschaft
mit einem radikalen Wechsel zu verschrecken. Wie SAP fährt das Unternehmen deswegen eine Doppelstrategie. Einerseits führt es die erworbenen Produkte weiter – für immer, wenn seinen Marketingsprü-
chen zu glauben ist. Andererseits arbeitet es an einer Suite namens
»Fusion«, in der das Beste aus allen Oracle-Anwendungen verschmol-
zen werden soll. Wenn sie einmal fertig ist, hofft das Unternehmen,
werden Kunden schon freiwillig auf das neue Programmpaket um-
steigen.

Bis dahin werden allerdings noch Jahre vergehen, gibt selbst Oracle
zu. Aber auch dann wird es wohl kaum zu einem Kampf der Titanen
kommen, sagen Manager des Unternehmens hinter vorgehaltener
Hand. Zum einen hätten sich die meisten Großunternehmen bereits
für Oracle oder SAP entschieden. Zum anderen würden beide Firmen

andere Wachstumsstrategien verfolgen: SAP will vor allem horizontal wachsen – in den Mittelstand; Oracle vor allem vertikal – mit branchenspezifischen Anwendungen.

Sollten die beiden Firmen tatsächlich einmal hart aneinandergeraten – einen großen Vorteil hätte SAP gegenüber Oracle: Es ist weniger wichtig, wer an der Spitze steht. Was passiert, fragen Kenner besorgt, wenn sich Ellison plötzlich zurückziehen muss? Mit 64 Jahren ist das keine unberechtigte Frage. Ein Unternehmen, das derartig von einer Person beherrscht wurde, wird seine Zeit brauchen, sich auf die neue Situation einzustellen, meint Ellisons ehemaliger Kollege Ray Lane: »Das wird sein wie in einem Flugzeug, das seinen Piloten verloren hat. Die Passagiere werden sich gegenseitig fragen: Kannst du so ein Ding fliegen?«

Wenn nicht Oracle der große Gegenspieler ist, wer könnte es dann sein? Vor ein paar Jahren wurde häufig ein anderes Unternehmen an der amerikanischen Westküste genannt, allerdings viel weiter nördlich: Microsoft. Die Nachfolgefrage hat der legendäre Gründer Bill Gates jedenfalls bereits geklärt: Im Juli 2008 verabschiedete er sich aus dem Tagesgeschäft; gleich zwei Nachfolger teilen sich seitdem seine Aufgaben. Auch ein Gang über den Campus in Redmond, einem Vorort von Seattle, zeigt: Hier ist die Macht besser verteilt, als es die überragende Rolle von Gates immer nahelegte. Microsofts Mitarbeiter, von denen die weltgrößte Software-Schmiede mittlerweile fast 90 000 auf allen Kontinenten zählt, sind auf Dutzende kleinere Gebäude verteilt.

In einem dieser Zweckbauten ist auch Kirill Tatarinov untergebracht. »Corporate vice president of Microsoft Business Solutions (MBS)« ist sein offizieller Titel. Damit leitet der Manager eine Sparte, die der gängige Windows-Nutzer nicht bei Microsoft verorten würde: Ihm unterstehen ein halbes Dutzend betriebswirtschaftliche Programme und ERP-Systeme unter der Marke »Dynamics«, allesamt auf kleinere Unternehmen zugeschnitten.

Tatarinov gibt sich äußerst zufrieden. Mehr als 300 000 Kunden hätten seine Produkte mittlerweile weltweit und machten über 1 Milliarde Dollar Umsatz im Jahr. Das ist freilich nur ein Bruchteil des Konzernumsatzes von mehr als 60 Milliarden Dollar– und dürfte den Gewinn (18 Milliarden im Finanzjahr 2008) eher nach unten ziehen. Wie Oracle ist Microsoft ein Nachzügler im Geschäft für betriebswirtschaftliche Software. Und wie Oracle kaufte es sich in die Branche ein, um sein künftiges Wachstum zu sichern. Mit der Jahrtausendwende begann Microsoft, eine Reihe von Software-Firmen zu übernehmen, darunter Great Plains 2001 und Navision 2002, ein amerikanischer und ein dänischer Anbieter von ERP-Systemen. Aber Microsoft hat Oracle eine Erfahrung voraus: Sein ambitionierter Versuch, die erworbene Software zu fusionieren, »Project Green« genannt, scheiterte kolossal. Seitdem ist man in Redmond vorsichtiger geworden.

Überhaupt ist Microsofts Ausflug in die betriebswirtschaftliche Software eher ein Flop. Nach den Übernahmen von Great Plains und Navision versprachen Gates und Co. ihren Aktionären, dass Microsoft mit der neuen Sparte in nicht allzu ferner Zukunft jährlich 10 Milliarden Dollar umsetzen würde. Die großen Pläne waren damals der Grund, warum SAP von Microsoft, bis dato ein enger Geschäftspartner, abrückte und in die Entwicklung einer vereinfachten Version seines mächtigen ERP-Systems für den Mittelstand einzusteigen. Das hat beide Firmen nicht davon abgehalten, zum gegenseitigen Nutzen auch gemeinsam Software zu entwickeln. Unter dem Namen Duett vertreiben sie seit 2006 ein Programm, das die Office-Anwendungen wie Word oder Excel mit SAP-Systemen verbindet.

Aber genauso wie es früher falsch war, Microsoft zu überschätzen, wäre es nun gefährlich, die Windows-Firma bei betriebswirtschaftlicher Software zu unterschätzen. Sie ist zwar auf Google fixiert, ihren gefährlichsten Konkurrenten. Aber sie hat auch Durchhaltevermögen. Langsam, aber sicher hat Microsoft seine ERP-Pakete auf den neuesten Stand gebracht. Zugleich wird das Unternehmen auch online immer aktiver. Im Frühjahr 2008 wartete Microsoft mit einem Internetdienst für das Kundenmanagement auf. Künftig sollen die meisten seiner Unternehmensprogramme auch als Web-Angebot zu haben sein. Und seine im Oktober 2008 angekündigte Cloud-Plattform Windows Azure eignet sich für weitere betriebswirtschaftliche Dienste. Zumindest im Mittelstand werden sich SAP und Microsoft um Kunden streiten,

Doch auch Microsoft hat bis auf weiteres nicht das Zeug, SAP zu entmachten. Dafür könnte eher IBM infrage kommen, an dessen Seite die Walldorfer groß geworden sind. Das Herz von IBMs Software-Sparte schlägt nicht im weltweiten Hauptquartier der Firma in Armonk, sondern noch einmal 30 Kilometer weiter nördlich in Somers, etwas mehr als eine Autostunde von New York. Der riesige schwarzgraue Bau dort erinnert an feindliche Kampfschiffe in *Star Trek*. Die Größe ist angemessen: Wäre IBMs Programm-Imperium ein eigenständiges Unternehmen, es würde noch vor Oracle und SAP an zweiter Stelle auf der Liste der größten Software-Schmieden hinter Microsoft rangieren. Knapp 20 Milliarden Dollar setzte IBM 2007 mit Programmen um.

Big Blue offeriert praktisch alles, was ein größeres Unternehmen für seine IT-Infrastruktur braucht: Betriebssysteme, Datenbanken, Management-Software für Rechenzentren, Programmierwerkzeuge. Nur aus einem wichtigen Markt hält sich IBM heraus: Anwendungen. Nach seiner lebensgefährlichen Krise Anfang der neunziger Jahre entschied sich das Unternehmen, diesen Markt anderen zu überlassen, denn IBM war mit Anwendungen nie sonderlich erfolgreich. Aber wichtiger ist, dass sich als neutraler »Waffenhändler« viel mehr verdienen lässt, erklärt Steve Mills, der Chef von IBMs Software-Abteilung. Für jeden Dollar, den Unternehmen an SAP und andere Anbieter von Anwendungen zahlen, würden sie weitere 5 Dollar für Hardware, andere Software und Dienstleistungen ausgeben. Ein großer Teil davon fließt in die Kassen von IBM. »Das macht uns zu einem sehr, sehr großen Spieler auf dem Anwendungsfeld«, sagt Mills, »obwohl wir die Programme selbst nicht anbieten«.

Aber warum sollte IBM diese äußerst lukrative Arbeitsteilung aufkündigen? Mehrere Trends in der Informationstechnologie lassen erwarten, dass sich IBM und die Walldorfer künftig mehr als bisher in die Quere kommen. Einer davon ist SOA. Die neue serviceorientierte

Architektur soll es schließlich einfacher machen, betriebswirtschaftliche Programme zu integrieren. Das bedeutet weniger Geschäft für IBM. Gleichzeitig nutzt IBM SOA unter anderem, um damit IT-Dienste zu automatisieren, womit das Unternehmen noch mehr Geld verdient als mit Software oder Hardware. Damit gerät IBM zunehmend auf SAPs Terrain. Umgekehrt verdienen die Walldorfer, wie andere Software-Firmen auch, immer mehr Geld mit Dienstleistungen – und kommen damit IBM ins Gehege.

Auch bei bestimmten Programmen stehen die Partner zunehmend im Wettbewerb. Zumindest Agassi wollte NetWeaver als Alternative zu Websphere etablieren, IBMs Plattform für Anwendungen. Ein weiteres Konfliktfeld bahnt sich auf dem Gebiet der Business-Intelligence an. Auch IBM hat dort große Pläne. Nur einen Monat nach SAPs Übernahme von Business Objects kaufte Big Blue deren kanadischen Konkurrenten Cognos.

Einige in Walldorf fürchten, dass die jahrelange Partnerschaft mit IBM sogar einmal in offene Konkurrenz umschlagen und SAP ins Big-Blue-Visier geraten könnte. Ein mögliches Szenario: IBM nimmt ein Paket von betriebswirtschaftlichen Open-Source-Programmen unter seine Fittiche. So nennt sich kostenlose Software, deren Quelltext (*source code*) offen zutage liegt, frei erhältlich ist und von Gruppen ehrenamtlicher Programmierer ständig weiterentwickelt wird. IBM würde damit einem Alternativprogramm seinen Segen geben, das größere Unternehmen sonst wohl nicht einsetzen würden.

Bei Linux, dem Open-Source-Betriebssystem, haben IBM und andere IT-Größen diese Strategie – von Ökonomen »Entwertung des Komplementärguts« genannt – bereits vorexerziert. Ohne ihre Unterstützung hätte sich das Programm in Rechenzentren nicht so schnell verbreitet. Der Hauptgrund für die Förderung: IBM und seine Mitstreiter wollten verhindern, dass Microsoft den Markt von Betriebssystemen für Server, den leistungsstarken Computern in Rechenzentren, ebenso dominiert wie jenen von PCs.

Aber auch ohne IBMs Hilfe wird SAP die Konkurrenz von Open-Source-Software zunehmend zu spüren bekommen. Längst schreiben Entwicklungskollektive nicht mehr nur Betriebssysteme, Browser oder Datenbanken, sondern auch betriebswirtschaftliche Software. Zwar werden sie kaum jemals SAPs komplexes Programmpaket kopieren können – dazu fehlt diesen Open-Source-Communitys das nötige betriebswirtschaftliche Wissen. Aber je mehr Marktanteile diese Art der Software gewinnt und je mehr Programme sie bietet, desto größer wird der Druck auf die Margen der Anbieter traditioneller Programme, meint Tom Berquist, früher ein bekannter Analyst bei der Citibank und heute Finanzchef von Ingres, einem Anbieter von Open-Source-Datenbanken.

Doch eben so wenig wie Oracle und Microsoft dürften IBM und Open Source zu SAPs großer Herausforderung werden. Um potenziell gefährlichere Konkurrenten zu betrachten, geht es zurück an die amerikanische Westküste zu Marc Benioff, dem Gründer und Chef von Salesforce.com. Auch dem, der nicht weiß, dass er jahrelang für Ellison gearbeitet hat, kommt schnell der Verdacht: Benioff ist vom Stamme Oracle. Wie Ellison neigt dieser große Mann, der oft in bunten Hawaii-Hemden anzutreffen ist und auf der namengebenden Pazifikinsel eine luxuriöse Residenz besitzt, zu abstrusen Sprüchen wie etwa: »SAP ist eine innovationslose Firma. Die haben noch nie was erfunden.« Benioffs Büro ist zwar nicht so hoch wie Ellisons, dafür aber ganz vorn – an der Hauptstraße von San Francisco. »One Market Street« ist die Adresse seiner Firma. Die Lage hat für den Feinschmecker Benioff auch den großen Vorteil, dass San Franciscos feinste Restaurants zu Fuß zu erreichen sind.

Eric Schmidt ist ganz anders. Der Chef von Google würde gut nach Walldorf passen. Sein Büro im Hauptquartier des Online-Konzerns in Mountain View, knapp 60 Kilometer südlich von San Francisco, ist kaum größer als das der anderen 20 000 Google-Mitarbeiter (Mitte 2008). Zur Mittagszeit trifft man Schmidt oft in einer der vielen Kantinen auf dem Campus, der mit seinen bunten Bean-Bags, Tischtennisplatten und einem riesigen Dinosaurierskelett an einen großen Spielplatz erinnert. Auch Schmidt ist ein Erklärer. Bei Gesprächen dauert es nicht lange, bis er zur Tafel schreitet, um die Architektur von Googles riesigem Computersystem aufzuzeichnen.

So unterschiedlich Benioff und Schmidt sind – sie haben eine gemeinsame Mission: Software in ihrer bisherigen Form überflüssig zu machen. Das heißt natürlich nicht, dass Befehlsbücher für Computer verschwinden sollen – sondern dass sie in Rechenzentren verbannt werden und über das Internet als Dienst angeboten werden. »Software, wie wir sie kennen, ist tot«, ist Benioffs Lieblingsspruch. »Nutzen Sie ein Programm, das nicht als Web-Dienst angeboten werden könnte?«, beginnt Schmidt oft Gespräche mit Skeptikern, die er zu überzeugen versucht.

Um ihr Ziel zu erreichen, gehen Benioff und Schmidt allerdings ganz verschiedene Wege. Salesforce.com begann 1999 als Online-Adressbuch, das Verkäufern half, ihre Kontakte zu verwalten. Inzwischen ist daraus ein komplettes Paket zum Management von Kundenbeziehungen mit über 1 Million Nutzern geworden, das 2008 erstmals mehr als 1 Milliarde Dollar umsetzte (und seit 2007 auch einen kleinen Gewinn macht). Google wurde 1998 als Suchdienst gegründet; mittlerweile bietet das Unternehmen Dutzende von Diensten wie E-Mail, Kalender und Textverarbeitung. Im Jahr 2007 nahm es vor allem mit Online-Anzeigen 16,6 Milliarden Dollar ein und erwirtschaftete einen Nettogewinn von 4,2 Milliarden Dollar.

Wichtiger noch als diese beeindruckenden Zahlen ist die Tatsache, dass beide Firmen zu Plattformen geworden sind – ähnlich wie NetWeaver, eben nur online. Im Herbst 2007 öffnete Salesforce.com sein Computersystem für Kunden und andere Software-Firmen. Seitdem können sie den Dienst umbauen oder gleich ganz eigene Angebote entwickeln, die dann auf den Rechnern der Benioff-Firma laufen. Software-Firmen hätten bereits mehr als 800 solcher Anwendungen für die neue Plattform, Force.com genannt, entwickelt, berichtet Benioff stolz. Darunter, betont er, sei mittlerweile auch ein ERP-System von der britischen Firma CODA.

Googles Plattform, App Engine genannt, ist weniger ein Betriebssystem als vielmehr eine riesige Rechenwolke, in der Dritte ihre Dienste betreiben können. Doch die Idee ist die gleiche: App Engine soll die Grundlage liefern für eine blühende Landschaft aus Online-Diensten, die sich untereinander leicht vernetzen lassen. Der Plan

scheint zumindest technisch aufzugehen: Mitte 2008 verwoben Sa-
lesforce.com und Google ihre Angebote. »Das war überhaupt nicht
schwierig«, freut sich Schmidt, »wir haben Salesforce nur um einen
weiteren *tab* erweitert. Ein Klick – und deren Nutzer können unsere
Angebote nutzen.«

Andere Firmen haben ähnliche Ambitionen: Amazon, der ERP-
Dienst NetSuite oder Zoho, ein schnell wachsender indischer Online-
Dienst. Ihre gemeinsame Hoffnung ist, dass wie nach dem Aufkom-
men von Client-Servern mit der neuen Cloud-Plattform eine neue
Generation von betrieblichen Anwendungen heranwächst, die flexib-
ler, einfacher, billiger sind – und bei denen Newcomer dominieren.
Traditionelle Programme, da ist sich Benioff sicher, werden das
Schicksal des Mainframes erleiden, der sich zwar auch noch erstaun-
lich gut verkauft, aber das große Geschäft wird schon lange woanders
gemacht.

Im 3. April 2008 kam es zwar nicht zum Krieg, doch zur Konfronta-
tion der Welten. Schauplatz war das Computermuseum in Mountain
View. Der Churchill Club, der im Silicon Valley für seine provokanten
Diskussionsveranstaltungen bekannt ist, hatte Benioff und Hasso
Plattner eingeladen, um über die »Future of Enterprise Software«, die
Zukunft der Unternehmens-Software zu streiten. Fast 800 Zuhörer
erlebten eine Debatte, die unter Branchenkennern noch Monate spä-
ter für Gesprächsstoff sorgte.

Für den Marketingmenschen Benioff war dies ein Heimspiel. Es ist
überhaupt keine Frage, dass Software zu 100 Prozent ins Netz wandern wird, meinte der Salesforce.com-Chef. SAP, Oracle und die anderen traditionellen Anbieter hielten alle nur den Fortschritt auf, weil
sie abhängig von ihren alten Produkten seien. Und sie bekämen die
Online-Technik nicht in den Griff, wie Business ByDesign zeige. Die
beste Lösung für SAP sei, das neue Produkt für die Salesforce-Platt-
form umzuschreiben, piesackte Benioff sein Gegenüber: »Davon
muss ich ihn überzeugen, sonst schaffen die das nie.«

Plattner blieb eher blass, gab den Aufmerksameren im Publikum
aber Stoff zum Nachdenken. Die Software-Welt von morgen werde

eine gemischte sein, prophezeite er: Viele Programme würden im Netz leben, aber ein großer Teil auch auf firmeneigenen Rechnern. Business ByDesign, an dem SAP schon seit 2003 arbeitet, sei genau auf diese gemischte Welt zugeschnitten und würde auch noch rechtzeitig fertig werden. Zum Schluss erteilte Plattner dem 20 Jahre jüngeren Benioff noch einen guten Rat:»Überschätzen Sie Ihre Plattform nicht. Wir haben schon viele davon versenkt, weil sie zu schwach waren.«

»Benioff gegen Plattner: Lasst die Geschichte entscheiden«, hieß es später in einem Blog. In gewisser Weise hat sie das bereits, zumindest aus technischer Sicht: So radikal, wie Benioff sich das wünscht, waren Plattform- und Architekturwechsel noch nie. Und auch die neue Software-Welt wird viel von der alten mitbekommen. Dennoch stellt sich die Frage: Ist SAP dem Wandel kulturell gewachsen? Kann das Unternehmen, das mit mächtigen Software-Paketen für Großunternehmen reüssiert hat, zu einem Anbieter von Online-Diensten auch für kleinere Firmen werden?

Der Experte für solche Fragen lebt wiederum an der amerikanischen Ostküste: Clayton Christensen, ein Professor der Harvard Business School in Cambridge. Weltweite Berühmtheit erlangte er vor über zehn Jahren durch ein Buch, das immer noch viel zitiert wird: *The Innovator's Dilemma*. Warum, so die Ausgangsfrage des Werks, scheitern immer wieder auch gut gemanagte, innovative Firmen? Die Fähigkeiten, die sie groß gemacht haben, so Christensens Antwort, schränken ihre Handlungsfreiheit ein: auf Kunden zu hören, viel in Innovation zu investieren, höhere Margen anzustreben und sich auf große Märkte zu konzentrieren. Denn all dies hält Unternehmen davon ab, richtig auf umwälzende *(»disruptive«)* Technologien zu reagieren. Sie erscheinen ihnen anfangs minderwertig, rollen aber dann den ganzen Markt auf.

Genau dies ist ein Szenario, vor dem ein so erfolgreiches Unternehmen wie SAP Angst haben sollte. Man kann davon ausgehen, dass Plattner, Kagermann und ihre Kollegen *The Innovator's Dilemma* ausführlich studiert haben. Mit Christensen hat sich das SAP-Management nach dessen Angaben jedenfalls mehrmals getroffen – und Business

ByDesign würde als Fallstudie sehr gut in den zweiten Bestseller des Harvard-Professors passen: *The Innovator's Solution*. Er ist eine Anleitung, wie erfolgreiche Unternehmen das Dilemma des ersten Buches vermeiden und *disruptive technologies* für sich selbst nutzen können. Doch Christensen zeigt sich besorgt, wenn er über SAP redet. Den Grund erläutert er mit einem Beispiel aus der Automobilindustrie. Das Management von Toyota, erzählt er, habe ebenfalls *The Innovator's Dilemma* gelesen. Als koreanische Konkurrenten mit billigen Kleinwagen auf den amerikanischen Markt kamen, hätten die Japaner lehrbuchhaft mit einem ähnlich preisgünstigen Produkt namens Echo reagiert. Doch weil sie mit größeren Autos mehr Geld verdienen, hätten Toyotas Händler nicht dafür geworben. »Ich wollte einen kaufen, weil ich nur einen kleinen Wagen brauche, um zum Flughafen zu fahren«, erzählt Christensen, »aber der Verkäufer riet mir davon ab. Selbst wenn das Management ein solches Produkt entwickeln lässt – das Unternehmen als Ganzes ist nicht darauf eingestellt, es zu pushen. Nach zwei Jahren hat Toyota den Echo wieder vom Markt genommen.«

SAP kennt das Problem aus eigener Anschauung, wie Christensen in *The Innovator's Solution* erzählt. Im Jahre 1997 gründete SAP zusammen mit dem Chipkonzern Intel im Silicon Valley eine Firma namens Pandesic. Das Ziel schon damals: das Walldorfer ERP-Paket fit für den Mittelstand zu machen. Doch das Projekt war ein spektakulärer Flop. Schon 2001 machten beide Partner den Laden wieder zu – nachdem sie 100 Millionen investiert und nur wenige Systeme verkauft hatten. Der Grund, so Christensen: SAPs traditionelle Partner, die großen Beratungsfirmen wie Accenture sollten helfen, das neue Produkt zu vertreiben. Doch deren Berater zeigten daran kaum Interesse. Wie Toyotas Händler konzentrierten sie sich auf die großen Aufträge, mit denen sie das meiste Geld verdienen. SAP und Intel erhöhten die Erfolgschancen von Pandesic auch dadurch nicht, dass beide sehr erfahrene und erfolgreiche Manager an die Spitze des Start-ups setzten. Denn gerade die konnten nicht aus ihrer Haut und entwickelten doch wieder nur ein sehr komplexes Produkt.

Für Business ByDesign hat sich SAP Christensens Einsicht zueigen gemacht: Mehrere Hundert Millionen Euro will das Unternehmen diesmal ausgeben, um eine separate Verkaufsorganisation und ein eigenes Partnernetz aufzubauen. Doch das Produkt selbst ist von alteingesessenen Entwicklern geplant worden – und entsprechend komplex geraten. Ein Grund dafür ist sicher, dass SAP mit der neuen Software zukünftig wahrscheinlich auch seine Großkunden bedienen will, nur in anderer Verpackung. SAP fange mit Business ByDesign klein an und wolle sich dann nach oben bewegen, erklärte Plattner während der Debatte mit Benioff: »Das wird kommen, da habe ich keine Zweifel.«

Bei aller berechtigten Kritik an den unter seiner Verantwortung entwickelten Produkten: Agassi traf einen wunden Punkt, als er sich einmal gegenüber Journalisten lustig machte, SAP verkaufe doch am liebsten komplexe Software für dreistellige Millionenbeträge an große Unternehmen. Der von ihm bevorzugte »Kleinkram« hatte bei SAPs hoch bezahlten und oft wechselnden Verkäufern keine Priorität. »Mit einer großen Armee«, soll Agassi einmal gesagt haben, »kann man kein Kleinwild jagen«. Anders ausgedrückt: SAP ist auf absehbare Zeit sich selbst der gefährlichste Konkurrent.

Übernahmegerüchte gibt es bei SAP immer wieder, Spekulanten streuen sie regelmäßig, um daraus Profit zu schlagen. Viele Analysten hören schon gar nicht mehr hin. Denn für wahrscheinlich halten die meisten einen Verkauf nicht: Mehr als 42 Milliarden Dollar war SAP sogar noch nach dem Kurssturz Mitte Dezember 2008 an der Börse wert. Um die Aktionäre zu überzeugen, müsste ein Käufer schon über 50 Milliarden bieten – also deutlich mehr als Microsoft im Frühling 2008 noch vor dem Höhepunkt der Finanzkrise für Yahoo zahlen wollte. Das kann und will sich angesichts der momentan nicht sehr rosigen weltwirtschaftlichen Lage kein Unternehmen leisten.

Doch der Aktienkurs könnte noch weiter einbrechen, etwa wenn sich SAPs Wachstum stark verlangsamt und die Marge stark schrumpft. Wer käme, außer den überlebenden Heuschrecken, dann als Käufer oder Fusionspartner infrage?

Oracle hätte wahrscheinlich die finanziellen Mittel, aber scheidet als Kandidat aus, denn zu groß sind die kulturellen Unterschiede und zu groß wären auch die kartellrechtlichen Probleme. Selbst die im Vergleich zu ihren europäischen Kollegen wesentlich toleranteren amerikanischen Kartellwächter würden wahrscheinlich ein Quasi-Monopol für betriebswirtschaftliche Software in Großunternehmen nicht durchgehen lassen.

Auch Microsoft ist ein unwahrscheinlicher Partner für eine solche Elefantenhochzeit. Zwar sind sich beide Unternehmen 2004 schon einmal sehr nahe gekommen; die Verbindung scheiterte damals am Preis und den ebenfalls zu erwartenden kartellrechtlichen Widerständen. Doch die Windows-Firma hat sich mittlerweile umorientiert, wie der gescheiterte Übernahmeversuch von Yahoo zeigt. Oberstes Ziel von Microsoft-Chef Steve Ballmer ist, auf absehbare Zeit Google zurückzuschlagen. Das schließt allerdings nicht aus, dass Microsoft und SAP anderweitig näher zusammenrücken – etwa bei Software für Mittelständler.

Branchenkenner tippen eher auf IBM als möglichen Käufer. Groß genug ist SAPs langjähriger Geschäftspartner. Doch die Frage ist, ob IBM die Walldorfer überhaupt braucht, falls das Unternehmen wieder in den Markt für betriebswirtschaftliche Anwendungen einsteigen wollte. Über das nötige Know-how und die richtigen Kundenbeziehungen verfügt es bereits. Außerdem würde eine solche Übernahme IBM ein großes strategisches Problem bescheren: nicht mehr als neutraler »Waffenhändler« wahrgenommen zu werden und deswegen einen großen Teil seines Geschäfts mit Hardware und IT-Diensten zu verlieren.

Und Google? Wenn der Online-Riese weiter so schnell wächst wie bisher und wenn er die strategische Entscheidung trifft, Unternehmen weit mehr als nur Online-Ausgaben von Textverarbeitung oder Tabellenkalkulation anzubieten – dann könnte er vielleicht Interesse an dem geballten betriebswirtschaftlichen Wissen in Walldorf haben. Doch derzeit scheint das wenig wahrscheinlich. Und die kulturellen Unterschiede zwischen den beiden Firmen wären groß.

Deswegen, spekulieren manche, könnte der Käufer aus einem anderen Land kommen: Indien. Derzeit sind auch die führenden Firmen dort noch viel zu klein; die größte, Tata Consultancy Services

(TCS), setzte im Geschäftsjahr 2007/2008 nur knapp 5,7 Milliarden Dollar um – halb so viel wie SAP. Aber sie wachsen jährlich um ein Drittel. Trotzdem können sie sich auf Dauer nicht auf das Geschäft mit IT-Diensten verlassen, und dass sie den Mut haben, im Ausland groß zuzugreifen, haben indische Firmen bereits bewiesen. Im Jahre 2006 übernahm der Stahlkonzern Mittal für 26 Milliarden Euro seinen europäischen Konkurrenten Arcelor.

Umgekehrt stellt sich natürlich auch die Frage, ob SAP seinerseits noch einmal groß zuschlagen will. Doch das ist eher unwahrscheinlich. Die überraschende Übernahme von Business Objects hat nichts daran geändert, dass Walldorf lieber aus eigener Kraft wachsen will. Und es gibt wenige geeignete Kandidaten. Von den bekannten Namen kommt aus den erwähnten Gründen keiner infrage. Und Salesforce.com? Benioff hätte sicherlich nichts dagegen. Sein Auftritt bei der Debatte mit Plattner lässt sich auch als verstecktes Verkaufsangebot werten. Doch zuvor sollen schon Oracle und andere abgewinkt haben: Der Börsenliebling sei (noch) viel zu teuer.

Wie sich SAP gegen seine Konkurrenten (und interne Probleme) schlagen wird, hängt vor allem von einer Person ab: Léo Apotheker, dem neuen Chef von SAP. Das nächste Kapitel stellt ihn und seine Pläne vor.

Kapitel 11

Die Vision – auf dem Weg zum SAPitalismus

»Wir stehen nicht am Ende, sondern am Anfang
der Softwarerevolution. Software wird unser Leben immer mehr
durchdringen, und SAP wird dabei eine große Rolle spielen.«

Léo Apotheker, SAP-Vorstandssprecher

Genauso wie der Sitz eines Unternehmens viel über seine Kultur aussagt, gibt das Chefbüro oft Auskunft über das Wesen seines Bewohners – gerade auch in der Software-Branche mit ihren Egomanen. Bei Larry Ellison, dem Herrscher von Oracle, fallen gleich die scharfen Kanten und Kontraste auf: Dunkle Designermöbel vor hellen Wänden prägen den Raum – und eine gewisse Schwarz-Weiß-Sicht Ellisons Denken. Das Büro von Marc Benioff, dem Chef von Salesforce.com, ist dagegen eher ein Kinderzimmer: eine Sammlung von Lichtsäbeln der Star-Wars-Klasse, ein ausgestopfter Bär, ein antikes Surfboard. Benioff hat etwas Spielerisches, was seine Untergebenen oft zum Wahnsinn treibt. Bei Tom Siebel, dem Gründer des gleichnamigen Unternehmens und Stalinisten der Branche, hingen früher große Ölgemälde von historischen Schlachten. Seinen eigenen Machtkampf hat Siebel allerdings verloren: Im Jahre 2005 musste er an seinen Erzrivalen Ellison verkaufen.

Der Arbeitsplatz von Léo Apotheker, seit April 2008 SAPs Vorstandssprecher, ist dagegen überraschend schlicht. Sein Büro liegt zwar am Boulevard Haussmann im feinen Achten Arrondissement in Paris, wo viele französische Unternehmen ihren Sitz haben. Aber an der Prachtstraße, die der namensgebende Präfekt Ende des 19. Jahrhunderts in die französische Hauptstadt geschlagen hat, fällt das Gebäude nicht weiter auf. Wer mit dem wackeligen, vergitterten Aufzug in den vierten Stock fährt, der erreicht ein Appartement, das eine Arztpraxis beherbergen könnte. Apothekers Büro erinnert auch an ein Wartezimmer voll mit Dingen, die nirgendwo sonst richtig hinpassen: Da steht zum Beispiel ein Modell des französischen Kampffliegers Rafale, ein roter Rennwagen aus Lego, und an der Wand hängt eingerahmt ein Taktstock.

Die Umgebung des SAP-Managers sagt allerdings wenig über die Person, viel dagegen über seine Position. Bis April 2007 war Apotheker SAPs oberster Verkäufer, ein digitaler Nomade, der mit zwei Black-Berrys (»falls einer ausfällt«) und einem Laptop ständig um die Welt reist, um Kunden zu besuchen. In seinem Pariser Büro ist er nur selten. Und die Objekte in seinem Büro sind Geschenke von zufriedenen Kunden. Das Flugzeugmodell ist leicht zu erklären: Es ist ein Dankeschön des Rüstungskonzerns Dassault.

Bei dem Rennwagen wird es schon etwas komplizierter: Er stammt aus Dänemark, von Lego. Mit der Firma ließ sich Apotheker auf eine kleine Wette ein. Was klappt schneller: Den Boliden zusammenzubauen, das damals aufwändigste Modell des Spielzeugherstellers, oder die Einführung des SAP-Systems bei den Dänen? Vier Monate arbeitete Apotheker an dem Baupuzzle, meist gemeinsam mit seiner Tochter sonntagabends. »Wir waren am selben Tag fertig«, erinnert sich Apotheker an den diplomatischen Ausgang des ungleichen Wettrennens. Er schickte ein Foto des fertigen Rennwagens mit Datum und Uhrzeit an Lego. Doch viel mehr dürfte ihn gefreut haben, dass dort die Einführung von SAPs Programmpaket in Rekordzeit gelang – und das, nachdem Oracle bei Lego kläglich gescheitert war.

Die Geschichte des Taktstockes schließlich passt nicht so recht zu diesem Manager, der nach eigenem Empfinden eher unmusikalisch ist und sich als Fan von Rockgrößen wie Led Zeppelin oder AC/DC outet. Trotzdem drückten ihm Mitarbeiter aus SAPs Feldorganisation 2006 bei einem Treffen in Rom den Stab in die Hand. Von ihm wollten sie dirigiert werden, er sollte – nach einem Auftritt von drei Amateur-Tenören – SAPs Verkaufsorganisation stimmlich in Gleichklang bringen.

Zum Jahreswechsel hat Apotheker sein Büro am Boulevard Haussmann ganz aufgegeben und die Souvenirs nach Walldorf verfrachten lassen. Hennig Kagermann, der bisher führende Vorstandssprecher, bleibt zwar noch bis zum Ende seines Vertrages im Mai 2009 im Amt. Doch Ende Januar 2009 übernahm Apotheker die operative Führung. Das ist in dreifacher Hinsicht ein historischer Einschnitt. Zum ersten Mal leitet jetzt ein Manager SAP, der dort nicht als Entwickler, sondern als Verkäufer groß geworden ist (obwohl Apotheker auch schon programmiert hat, allerdings, wie er betont, nicht sonderlich erfolgreich). Zum ersten Mal hat jemand in Walldorf das Sagen, der nicht mehr der Gründergeneration verhaftet ist – gewissermaßen der letzte Schritt auf dem Weg von einer mittelständischen Softwareschmiede mit starken regionalen und personalen Wurzeln zum weltumspannenden und vom Kapitalmarkt gesteuerten IT-Konzern. Und zum ersten Mal leitet ein Manager einen deutschen Konzern, dessen Eltern den Holocaust überlebt haben.

Bisher hatte SAP immer großes Glück mit seinen Chefs: Sie passten nicht nur in die Zeit, sondern auch zur jeweiligen Entwicklungsphase des Unternehmens. Übervater Hopp schweißte eine Kerntruppe zu einem Jungunternehmen zusammen und gab der ständig wachsenden Gemeinschaft von hoch talentierten Individualisten eine prägende Identität. Der Wahlkalifornier Plattner brachte das Unternehmen in den neunziger Jahren durch die Boomzeit in den Vereinigten Staaten und machte SAP zur internationalen Marke. Und Physikprofessor Kagermann war zur Stelle, als es nach dem Platzen der Internet-Blase darum ging, die Kunden zu beruhigen, aus SAP eine Softwarefabrik zu machen und das SAP-System auf eine neue technologische Grundlage zu stellen. Ist der Weltbürger Apotheker nun der richtige Mann, um den Tanker SAP durch die zunehmend turbulenten Gewässer der IT-Branche zu steuern?

An gefährlichen Untiefen mangelt es nicht: Apotheker muss das Unternehmen nicht nur durch eine der schlimmsten Wirtschaftskrisen der jüngeren Geschichte steuern, sondern die Organisation verschlanken, die Globalisierung des Unternehmens vollenden, Business ByDesign sowie der SOA-Strategie zum Erfolg verhelfen und nicht zuletzt SAP stärker an den Bedürfnissen der Kunden ausrichten. Wie der neue SAP-Chef diese Herausforderungen meistern will, steht im Zentrum dieses Kapitels. Doch bevor wir seine Vorstellungen über die Zukunft von SAP und der Software-Branche erläutern, versuchen wir, uns dem Menschen Léo Apotheker zu nähern.

Der Unterschied könnte kaum größer sein. Wenn Henning Kagermann spricht, dann in druckreifen Sätzen mit der Präzision des Naturwissenschaftlers. Auf jede Frage antwortet er leise und sachlich, und er schaut sein Gegenüber dabei fordernd an, denn mit jedem Satz will er Überzeugungsarbeit leisten. Léo Apotheker nuschelt ein wenig. Seine Stimme hat im Grundton etwas Unbestimmtes, fast Beiläufiges. Bei ihm muss man erst Interesse wecken für den Gegenstand, der gerade verhandelt wird. Wenn das gelingt und er den Faden aufnimmt, wird seine Sprache klarer und konturierter. Und je mehr der Topmanager sich in das Thema hineindenkt, desto engagierter werden Ausdruck und Gestus. Plötzlich steht da einer, der schneidend argumentiert, der ironisch wird, der weit voraus denkt, der manchmal fast schauspielerische Züge bekommt – aber dann auch einer, der glasklar analysieren kann und einen Willen hat, dem er selbst ausgeliefert ist. Einer, den man nicht zum Feind haben möchte. »Henning ist ein äußerst rationaler Mensch«, sagt Apotheker über seinen Vorgänger, »ich bin etwas emotionaler.« Er sei weniger geduldig, eher ein Vorwärtsgetriebener und Treibender, der immer fürchtet, zu spät zu sein. Das genau bekommen die Mitarbeiter gelegentlich zu spüren. Wenn er sein Selbstverständnis als Chef des Konzerns beschreiben soll, dann nennt er es »Katalysator« von Entscheidungen.

Apotheker glaubt, die Unterschiede zwischen ihm und seinem Vorgänger seien »kulturell bedingt«. Damit öffnet er einen weiten Horizont. Der Sohn polnischer Juden ist geprägt von einer Welt, in der das Wort Heimat einen eher provisorischen Klang hat. Sein Vater las »Mein Kampf« und hatte keinen Zweifel, dass Hitler ernst meinte, was er dort über den Kampf gegen die Juden und deren Vernichtung schrieb. »Viele wollten das nicht glauben, er hat es geglaubt«, sagt Apotheker. Als die deutschen Truppen im Zweiten Weltkrieg näher rückten, traf der Vater eine folgenschwere Entscheidung: Er flüchtete mit seiner Frau aus dem Grenzgebiet zur Ukraine in Richtung Palästina – doch den erstgeborenen Sohn ließen sie mit den Großeltern zurück. Apothekers Bruder fiel den Nazis ebenso zum Opfer wie seine Großeltern. Beide Teile von Apothekers Familie wurden im Holocaust fast vollständig ausgelöscht, nur jeder Zehnte überlebte.

Mit viel Glück gehörten Vater und Mutter dazu. Der Weg ins »Gelobte Land« war versperrt, die Grenzen nach Süden geschlossen. So flohen sie vor den deutschen Soldaten immer weiter nach Osten, bis sie sich schließlich an der russisch-chinesischen Grenze in Sicherheit wähnten. Als der Krieg vorüber war, kehrten sie zurück in die Gegend, aus der sie kamen. »Da steht man dann, das Leben ist zerstört, man hat kein Zuhause mehr, man weiß nicht, wohin, und muss einen neuen Anfang suchen«, beschreibt Apotheker, was seine Eltern empfunden haben. Seine Schwester wurde 1946 noch in einem Flüchtlingslager in Minsk geboren. Dann zog die Familie wieder weiter, diesmal nach Westen, nach Belgien, wo sich der Vater als Textilhändler eine Existenz aufbauen wollte. Bald darauf kaufte er mit einem Kredit der Alliierten eine von den Nazis arisierte Textilfabrik in Aachen, »genau an der Grenze, man kann immer schnell verschwinden.« Dort wurde Léo Apotheker im September 1953 geboren. Gerade sieben Jahre wuchs er in Aachen auf, dann zog die Familie erneut nach Belgien, nach Antwerpen, wo Apotheker erstmals in Kontakt mit einer funktionierenden jüdischen Gemeinde kam. Er folgte den Wurzeln und studierte von 1972 an Volkswirtschaftslehre und Internationale Beziehungen an der Hebrew University in Jerusalem.

Wenn Apotheker über seine Beziehung zu Deutschland nachdenkt, dann kommt er immer wieder auf seinen Vater zu sprechen. »Ich bin in dem Sinn erzogen worden, dass die Nazis Nazis waren, aber dass die Kinder nichts dafür konnten. Wir haben als nachfolgende Generationen eine Verantwortlichkeit, aber keine Schuld.« Viele deutsche Juden blieben nach dem Terror ihrer »arischen« Landsleute in der deutschen Sprache, der deutschen Kultur zu Hause, aber nach Deutschland kamen sie nie mehr zurück. Auch Apothekers Schwiegermutter gehört dazu. Sie war aus ihrer Geburtsstadt Köln geflohen, doch »die deutsche Sprache blieb ihr ein Heiligtum«. Der Schwiegersohn findet das »normal«, denn »man konnte immer trennen zwischen deutschem Kulturgut und dem, was die Nazis getan haben.«

Für ihn gehört das zur Komplexität der jüdischen Geschichte. Juden seien darum eigentlich die ersten Europäer gewesen, »sie mussten ja immer rumziehen, ich bin die logische Konklusion oder die Tradition davon.«

Vielleicht ist das auch der Grund dafür, warum sich Léo Apotheker nicht einfach festlegen lässt. Eine revolutionäre Vergangenheit würde man bei ihm eher nicht vermuten. Doch wenn er über den aufmüpfigen Jungen aus Brüssel spricht, dann mit einer Mischung aus Amüsiertheit und einem Quäntchen nur wenig verstecktem Stolz. Immerhin gründete er im Umsturzjahr 1968 auf seinem Lycée eine Schülervertretung. Als deren Präsident führte er den Kampf für die Raucherlaubnis auf dem Schulgelände an, er rief sogar zum ersten Streik in der Geschichte der Bildungsanstalt auf: »Wir wollten ein bisschen Demokratie, Luft zum Atmen.« Er bewunderte Che Guevara und Leo Trotzki, demonstrierte mit langen Haaren und Bart vor der Brüsseler US-Botschaft gegen den Krieg in Vietnam und vor der sowjetischen für die Freiheit der russischen Juden. Der selbstbewusste Schüler war bei den handgreiflichen Auseinandersetzungen mit der Staatsmacht so sehr engagiert, dass er sogar Zähne für die Sache opferte. Die Polizei klopfte auch einmal frühmorgens an die Haustür der Familie: »Wohnt hier ein Léo Apotheker?«, fragten die Ordnungshüter. »Meine Mutter war nicht sehr happy«, gesteht er, und klingt dabei noch heute wie erwischt bei einem Jungenstreich. »Als ich schließlich mein Abitur machte, war der Direktor nicht gerade unglücklich darüber, dass ich die Schule verließ.«

Ist es also ein Revoluzzer und Alt-Achtundsechziger, der künftig SAP leitet? Wohl kaum. Mit dem Umzug nach Israel 1972 änderte sich sein Leben: »Da gab es keine Studentenbewegung, aber es gab ganz andere Probleme. Da bin ich ein ernster Mensch geworden.« Nach einem Aufenthalt im Kibbuz und dem Studium arbeitete Apotheker zunächst bei der israelischen Zentralbank, dann kehrte er als angestellter Controller zurück an die Hebrew University in Jerusalem. Eigentlich wollte er in Israel bleiben, dem Land, dem er emotional nach wie vor sehr verbunden ist. Doch aus familiären Gründen kehrte er nach Europa zurück und blieb.

Heute gibt es den ganz anderen Léo Apotheker, der eher dem Bild eines Topmanagers in der Technologiebranche entspricht, allerdings auch mit Sinn für Kultur und Genuss: Dieser Chef liebt flotte Autos und gute Bücher, er isst gerne in guten Restaurants und ist auch ein Familienmensch. Seine unkonventionelle Seite blitzt höchstens ab und an auf, wenn er etwa auf trockenen amerikanischen SAP-Veranstaltungen am helllichten Tag darauf hinweist, dass man bei ihm zu Hause nun erst einmal gemeinsam seinen favorisierten Rotwein aus dem Burgund trinken würde. Doch was bei ihm locker wirkt, das kann auch schnell umschlagen. Apotheker hasst es, zu verlieren, vor allem, wenn Wettbewerber in das abgesteckte SAP-Territorium eindringen. Als etwa Oracle es schaffte, die Walldorfer bei Lego auszustechen, legte sich Apotheker so lange ins Zeug, bis Oracle beim Bauklötzchengiganten wieder draußen war und SAP seinen Kunden zurück hatte. »Ich muss mich beherrschen«, weiß Apotheker, der eine solche Niederlage nicht akzeptieren will und eigentlich nicht aufgeben kann.

Dieses Durchhaltevermögen ist es wahrscheinlich auch, das ihm am Ende den alleinigen Chefposten bei SAP eingebracht hat. Lange Zeit war es ein offenes Geheimnis, dass der eher im Hintergrund agierende Apotheker und der schillernde Shai Agassi um die Nachfolge rivalisierten. »Es gibt sehr viele Alphatiere bei der SAP«, sagt Apotheker und zählt sich und den deutlich jüngeren Herausforderer fraglos dazu. In seiner Charakterisierung Agassis spiegelt sich auch sein ganz anderes eigenes Selbstverständnis: »Was er sehr gut kann, ist, am Fließband neue Ideen zu entwickeln. Was er auch gut kann, ist eine Idee, die er gestern noch gut fand, heute für tot zu erklären. Wenn man das als System durchsetzen will, dann ist das ein Problem.« Es habe eine Weile gedauert, bis Agassi verstanden habe, wie wenig experimentierfreudig die SAP-Kunden sind, denn deren Produktion steht in der Regel still, wenn etwas nicht funktioniert. Da schätzt man eher Kontinuität als dauernde Erneuerung. »Shai wollte unseren Herzschlag von 60 in sechs Wochen auf 180 bringen, und das geht bei SAP nicht.«

Agassi war dennoch der Medienstar, und wenn Journalisten über Apotheker schreiben wollten, dann litten sie meist unter einem Problem: Über ihn ist bisher nur wenig mehr bekannt als die Verkaufszahlen, die seinen Erfolg bei SAP ausmachen. Sonst blieb Vieles unklar über ihn. Er spricht fünf Sprachen fließend: Deutsch, Englisch, Französisch, Hebräisch und Niederländisch. Oft benutzt er in einem Satz verschiedene dieser Sprachen. Er lebt seit 1988 in Paris, seiner Wahlheimat. Im gleichen Jahr stieg er bei SAP ein – nachdem Hasso Plattner nach einem 15 Minuten dauernden Vorstellungsgespräch entschied, dass Apotheker der Richtige sei, um die französische Landesorganisation aufzubauen.

Doch für einen SAPler blieb er eher untypisch, schon, weil Apotheker nicht als Programmierer, sondern als Verkäufer, als Mann im Feld bei den Walldorfern anheuerte. Noch viel untypischer ist, dass er auch schon einmal bei SAP gekündigt hat, sich im Risikokapitalgeschäft versuchte und nach drei Jahren 1995 wieder zurückkehrte. Im zweiten Anlauf kletterte er die Leiter Schritt für Schritt nach oben, wurde erst Vertriebschef für Südwesteuropa, dann für ganz Europa, schließlich 2002 für die ganze Welt, 2007 Vize-Vorstandsprecher, 2008 Vorstandssprecher neben Kagermann, und er wird als Krönung im Mai 2009 alleiniger Chef.

Nach dieser Karriere hat Apotheker einen Einblick in die globale Geschäftswelt wie kaum ein anderer Manager. Als Vertriebschef hat er die maßgeblichen Entscheider fast aller globalen Konzerne kennen gelernt. 60 Prozent dieser Wirtschaftgrößen arbeiten in der einen oder anderen Weise mit Software von SAP. Für sie ist Apotheker seit Jahren das Gesicht von SAP, er muss die 76 000 Kunden kennen und zufrieden stellen, er muss verstehen, wie Firmen organisiert sind und was ihnen fehlt, um besser zu werden. »SAP ist die Maschine, die diesen Lebenszyklus antreibt, den Kontext kodifiziert, klassifiziert, standardisiert und den Unternehmen die Mittel an die Hand gibt, damit sie ihr Kerngeschäft besser gestalten können.« Diese Mission hat für ihn geradezu historische Züge: »Wenn ich es wirklich schaffe, zigtausend Unternehmen auf einen Standard zu bringen, dann habe ich so etwas wie eine neue globale Sprache erfunden, so etwas wie die doppelte Buchführung.«

Warum hat es diesen Freigeist zu den Walldorfern gezogen? Es klingt nur scheinbar paradox: Ihn faszinierten an der Softwarefirma gerade diejenigen Charakterzüge, die er als besonders deutsch wahrnimmt: »Die Kapazität, Komplexität zu meistern und das mit Weltoffenheit zu verbinden.« Hätte das Unternehmen eine »Vorkriegsgeschichte« gehabt, dann wäre er nicht zu diesem Arbeitgeber gekommen, »das wäre einfach nicht möglich gewesen.« Doch SAP ist für ihn »ein musterhaftes Beispiel, wie man etwas schaffen kann, das die Vergangenheit abstößt und etwas Neues schafft.« Wenn er über seine neue Rolle spricht, wird Apotheker sogar ein wenig pathetisch: »Es ist nicht nur Stolz, sondern auch ein Stück Genugtuung, dass man mir die Chance gibt, die SAP zum nächsten Schritt zu führen – unser gemeinsamer Sieg über die Vergangenheit.«

Léo Apotheker bezeichnet sich selbst als »Kosmopolit« und meint damit die zahlreichen Einflüsse, die ihn geprägt und so etwas wie eine Heimat höherer Ebene geschaffen haben, die sich nie erschöpft und die gleichzeitig so etwas wie die Zukunft des Unternehmens verkörpert. »Je mehr Sprachen man spricht und je besser man fremde Kulturen versteht, desto besser versteht man sich auch selber.« Unterschiede empfindet Apotheker als »Reichtum«, und der besteht für ihn gerade in dem Bewusstsein, sich nicht mehr eindeutig einer Nation zuordnen zu lassen. »Ich will nicht, dass wir an starren, im 19. Jahrhundert entstandenen Gebilden festhalten.«

Trotzdem besitzt Apotheker nur *einen* Pass, einen deutschen, wie er ausdrücklich betont, um Zweifel an seiner Verbundenheit zum deutschen Stammsitz auszuräumen. Die ganze Diskussion darüber, ob er deutsch oder nicht-deutsch ist und wie sehr jemand deutsch sein muss, findet er absurd: »Ein Unternehmen hat keinen Pass, es hat eine Kultur. Bei SAP ist sie eher deutsch, weil wir eben unsere Wurzeln in Deutschland haben. Aber die SAP ist heute auch Weltbürger. Und das muss sich im Vorstand niederschlagen.«

Trotzdem, Apotheker weiß, dass es gerade alteingesessene Mitarbeiter in Walldorf umtreibt, dass da zum ersten Mal einer kommt, der nicht am Stammsitz groß geworden ist, der vielleicht zu ungebunden, zu wenig verwurzelt ist, der bis vor kurzem nicht einmal ein eigenes Büro im Kraichgau hatte. »Ich bin kein Eingemachtes aus Walldorf. Das macht es vielleicht ein bisschen schwerer.« Was Apotheker nicht

sagt, ist, dass die Beschäftigten des Mutterhauses bei einem Einge-
machten wahrscheinlich eher darauf vertrauen würden, dass manches konserviert bleibt, was nicht mehr in die neue Zeit der SAP passt.
»Ich habe ein Büro in Walldorf und eine Wohnung in Heidelberg. Wo
ich mein Wochenende verbringe, ist meine Privatsache«, sagt er
selbstbewusst. Auf die Frage, wie er sein Image in Walldorf einschätzt,
antwortet er lieber mit einer vielsagenden Gegenfrage: »Wie schätzen
mich denn die Mitarbeiter weltweit ein? Ich glaube, da ist das Bild etwas nuancierter, weil die Leute, die in Indien arbeiten oder in China
oder in Tokio, die haben eine etwas andere Sicht auf die Dinge als hier
in Walldorf.«

Ganz ähnlich argumentiert Apotheker, wenn er über den Betriebsrat spricht. Mit der Institution selbst hat er kein Problem: Die habe
schließlich der Gesetzgeber vorgeschrieben und er werde mit dem
Betriebsrat zusammenarbeiten, versichert er. Aber dass es nur einen
deutschen Betriebsrat gibt, der die gesamte SAP-Belegschaft vertritt,
das sei undemokratisch: »Es wäre gut, wenn unsere Arbeitnehmervertretung genauso global wäre wie unser Unternehmen.«

Er weiß, dass die interne Globalisierung eine seiner größten Manage-
mentaufgaben sein wird, vor allem am Stammsitz. Apotheker baut vor
und betont ungefragt, wie sehr er die Mitarbeiter in Walldorf schätzt.
Es gebe dort ein ungeheures Wissen und Leute, die Sachen machen
könnten, die sonst nirgendwo gemacht würden. »Fakt ist, dass die
hier geballte Kraft ein Vorteil ist. Aber für die Zukunft von Walldorf ist
es jetzt wichtig, sich immer mehr mit der Welt zu vernetzen.«

Ein Zurückziehen auf die Insel wäre für Walldorf dagegen ein fata-
ler Fehler. »Das wäre für die SAP schlecht und für die Walldorfer noch
viel schlimmer«, sagt Apotheker. Ihm geht es dabei nicht um Stelle-
narithmetik, sondern um eine Stärkung spezifischer Kompetenzen
an den verschiedenen Standorten. Denn sein Konzept eines global integrierten Unternehmens setzt vor allem auf eine immer engere Vernetzung aller SAP-Dependancen. »In einer Firma wie SAP, wo sich so
viel Wissen angesammelt hat, ist es wichtig, dafür zu sorgen, dass wir
die Vielfalt der Kompetenzen besser ausnutzen.« Die Mitarbeiter
müssten dazu zuerst akzeptieren, dass von jedem Standort aus alles

238 Matrix der Welt

gemacht werden könne. »Ich kann mir vorstellen, dass eines Tages der Leiter für die Entwicklung eines wichtigen Produkts in Bangalore sitzt, und dass es dann Mitarbeiter in Walldorf genauso wie in Palo Alto gibt, die an diese Person berichten.« Für Apotheker ist ein solches Szenario vor allem pragmatisch und logisch. »Das ist kein Angriff auf Deutschland, auch kein Angriff auf Alteuropa, das ist einfach eine Kapitalisierung unseres globalen Netzwerks.« Ganz praktisch stellt sich der SAP-Chef etwa Ingenieure aus verschiedenen Kulturen vor, die miteinander kooperieren und in die Entwicklung ihre besten Eigenschaften einbringen. »Wenn mir das gelingt, dann habe ich globalisiert, dann habe ich Mehrwert geschaffen.« Die Stärke deutscher Ingenieure sei nun einmal, komplexe Lösungen für komplexe Unternehmen zu schaffen. »Sie haben aber nicht unbedingt das kreative Talent wie beispielsweise die Amerikaner, etwas marktgerecht so darzustellen, dass es jeder haben will.« Nur ein global in einem Netzwerk organisiertes Unternehmen könne die jeweiligen Besonderheiten produktiv miteinander verknüpfen. Da die Zeiten eher schwieriger werden, müsse man dies umso energischer vorantreiben, vor allem in der gegenwärtigen Krise, die wie ein Beschleuniger der Globalisierung wirken könnte: »Wir werden wach werden, und dann hat sich das Epizentrum dieser Welt nach Osten oder Südosten verlegt. Da lebt ja auch bereits mehr als die Hälfte der Menschheit.«

Betriebsversammlungen in Walldorf sind traditionell gut besuchte Veranstaltungen. Aber am 31. Oktober 2008 war die Zahl der Anwesenden im großen Speisesaal im Hauptgebäude rekordverdächtig. Und viele, die nicht vor Ort dabei sein konnten, schauten sich das Treffen im hausinternen Fernsehkanal an. Der Grund: Apotheker und Kagermann wollten das radikale Sparprogramm noch einmal erklären, das sie Anfang des Monats verkündet hatten. Selbst Mitgründer Hasso Plattner, der in Walldorf nach wie vor großen Respekt genießt, war gekommen, um die Truppen in schwieriger Zeit zu motivieren.

Das war auch bitter nötig. Der Belegschaft steckte noch der Schock der E-Mail vom 8. Oktober in den Knochen. Das mit »Henning Léo« unterzeichnete Rundschreiben an alle Mitarbeiter las sich, wie die

Süddeutsche Zeitung schrieb, als stünde SAP »kurz vor dem Exitus«: »Unternehmensweit gilt ein kompletter Einstellungsstopp ... ist jegliche Zusammenarbeit mit externen Personalvermittlern ab sofort einzustellen ... Bis auf weiteres sind alle externen Schulungen zu stornieren ... ALLE internen Reisen, die keinen Kundenbesuch zum Anlass haben, dürfen nicht mehr stattfinden.« Sogar alle IT-Projekte sollten vorerst auf Eis gelegt werden. Selbst ein Zwangsurlaub zwischen den Jahren war im Gespräch, wurde jedoch später wieder verworfen. Mindestens 200 Millionen Euro sollten bis Ende des Jahres gespart werden – rund zehn Prozent von SAPs Kosten.

Die Mail, am späten Nachmittag verschickt, verfehlte ihr Ziel nicht: Die leitenden Manager des Unternehmens reagierten sofort. Schon am Abend hagelte es Stornierungen. Wohl selten hat ein deutsches Großunternehmen so stark und so schnell die Bremse gezogen wie SAP. »Das war eine Vollbremsung bei 180 Stundenkilometern. Zumindest in diesem Fall gab es kein Umsetzungsproblem«, übt sich ein Walldorfer in Galgenhumor.

Viele SAP-Mitarbeiter hatten geahnt, dass ein Sparprogramm ansteht. Doch dass es so schnell so schlimm kommen würde? Noch Ende Juli hatte sich Kagermann erstaunlich optimistisch gegeben und seine Wachstumsprognose für das Jahr 2008 leicht nach oben korrigiert: Das Umsatzplus sollte am oberen Rand des anvisierten Korridors von 24 bis 27 Prozent liegen. Doch dann wurde SAP Opfer äußerst unglücklichen Timings. Wie in der Software-Branche üblich, machen die Walldorfer mehr als ein Drittel ihres Geschäfts in den letzten beiden Wochen eines Quartals. Viele Kunden warten solange mit der Unterschrift, weil sie sich Preisnachlässe erhoffen: IT-Firmen zeigen sich dann oft flexibler, weil sie ihre Quartalszahlen schaffen wollen.

Aber diesmal machte die Finanzkrise SAP und seinen Kunden einen Strich durch die Rechnung. Mitte September 2008, zu Beginn der heißen Phase des dritten Quartals, ging die amerikanische Investmentbank Lehman Brothers pleite. In den Tagen danach froren die Kreditmärkte weltweit ein, stürzten die Börsen ab, das weltweite Finanzsystem stand vor dem Kollaps. Die Folge: Verunsichert stellten viele Firmen ihre SAP-Aufträge erstmal zurück. Noch nie, meinte Apotheker Mitte Oktober, habe sich eine Krise so schnell ausgebreitet: »Das war nicht vorhersehbar. Das hat uns alle überrascht.«

Angesichts der dramatischen Ereignisse fielen die Quartalszahlen, die Apotheker und Kagermann am 28. Oktober verkündeten, dann eher sogar noch besser als erwartet aus. Der Quartalsgewinn des Unternehmens schrumpfte zwar gegenüber dem Vorjahr um fünf Prozent auf 388 Millionen Euro, aber der Umsatz legte immerhin noch um 14 Prozent auf 2,76 Milliarden Euro zu. Allerdings, im Jahresschnitt würde die operative Marge nur 28 Prozent erreichen, erklärte Apotheker vor Börsenanalysten, und das auch nur dann, wenn der Umsatz um mindestens 20 Prozent wachsen würde und die Kosten wie geplant gekürzt werden könnten. Was die Geschäftsentwicklung im kommenden Jahr angehe, könne er keine Vorhersage machen: zu unsicher seien die Aussichten.

Der Erklärungsbedarf war groß, als sich die Mitarbeiter in Walldorf ein paar Tage später zur Betriebsversammlung trafen. SAP müsse versuchen, die Marge zu halten oder sie auf Dauer zu erhöhen, argumentierten die SAP-Oberen. Wenn man nicht so profitabel sei wie die Konkurrenz, dann leide darunter früher oder später der Aktienkurs – und SAP könne zum Übernahmekandidaten werden. Schon nach dem Platzen der Internet-Blase habe man ein ähnliches Sparprogramm aufgelegt und damit die Börse beeindruckt. Rechtzeitig und konsequent in der Krise zu sparen, helfe dem Aktienkurs und der sichere indirekt auch Arbeitsplätze.

Doch nach der Veranstaltung hatte sich die Stimmung längst nicht bei allen aufgehellt. Plattner habe müde gewirkt, Kagermann nur mit Zahlen argumentiert und Apotheker wäre überhaupt nicht gut angekommen. »Mit seinem leichten französischen Akzent wirkt der schnell belehrend«, berichtet ein Anwesender. Aber auch sonst habe er sich ungeschickt verhalten. Als die Sprache auf den Widerstand vieler Kunden gegen die Erhöhung der Wartungsgebühren von 17 auf 22 Prozent kam, habe er den Mitarbeitern vorgeworfen, sie seien schlechte Verkäufer. »Das ist ein Vollblutvertriebler. Dem geht es doch nur darum, dass die Leute die Zahlen bringen.«

Apotheker wundert sich nicht über solche Äußerungen. »Wie einen die Leute einschätzen, lässt sich vom Umfeld nicht trennen. Mein Image wäre sicher ein anderes gewesen, wenn ich diesen Job in Boomjahren übernommen hätte«, meint er. »Aber die Mitarbeiter bei SAP sind intelligente Leute«, gibt er sich zuversichtlich, »und die werden sagen: Wir werden den Mann danach bewerten, wie er das Unternehmen durch die globale Krise führt.«

SAPs Reaktion auf den Absturz der Finanzmärkte, die Apotheker bereits wesentlich mitbestimmt hat, liefert einiges Anschauungsmaterial: In einer Krise, so heißt es zu Recht, zeigt sich der wahre Charakter – und in diesem Fall der wahre Vorstandssprecher. Wenn nicht alles täuscht, wird in Walldorf künftig ein etwas anderer Wind wehen, und das muss angesichts der Lage der Weltwirtschaft kein Nachteil sein.

Apotheker zauderte nicht. Andere Manager in seiner Situation hätten vielleicht noch ein paar Wochen mit dem Sparprogramm gewartet. Aber die Zeit haben internationale Großunternehmen nicht mehr, sagt er: »Im 21. Jahrhundert muss ich meine Reaktionszeit um den Faktor 10 oder sogar 100 beschleunigen. Es dauert nicht mehr Jahre, bis sich eine Krise durch ein System arbeitet, sondern nur noch Tage – und in Zukunft vielleicht nur noch Minuten. Das geht Ruckzuck.«

Schnell zu handeln, war für den neuen SAP-Chef auch eine Frage der Transparenz. »Ich kann den Leuten ja nicht etwas vorlügen. Fakt war, dass die Weltwirtschaft am 15. September vor dem Abgrund stand«, sagt er. Das hat Apotheker hautnah miterlebt: An jenem Tag traf er sich in Moskau mit dem Chef einer der größten Banken Russlands. »Das Gesicht des Mannes war so weiß wie feines Schreibmaschinenpapier. Nach drei Minuten musste er raus und kam noch weißer zurück. Und das Gespräch war schon nach zehn Minuten vorbei.«

Apothekers Reaktion auf die Krise zeigt auch, dass er keine harten Schnitte scheut, obwohl der Begriff »hart« in diesem Fall ein sehr relativer ist. Für Beschäftigte amerikanischer Softwarefirmen wäre SAPs Reaktion auf die Krise eine frohe Botschaft: Ende 2008 gab es jenseits des Atlantiks in der IT-Branche bereits Massenentlassungen. In Walldorf aber hat ein solches Sparprogramm den Effekt einer Schockthe-

rapie. Man kann sich fragen, warum ein vergleichsweise sehr profita-
bles Unternehmen überhaupt derart auf die Bremse tritt. Apothekers
Antwort: »Der Einwand stimmt, aber nur wenn man die absoluten
Zahlen nimmt. Unsere Wettbewerber sind aber nicht BASF, Heidelber-
ger Druck oder Daimler. Es sind nun mal Oracle, Microsoft und Google.
Das ist der Maßstab für unsere Profitabilität. Daran messen uns die
Anleger.«

Noch mehr als seine Vorgänger scheint Apotheker ein Realist zu
sein. Auf ein Wunder sollte niemand hoffen, warnt er: Die Lage werde
nicht plötzlich wieder besser. Mit 2001 sei diese Finanz- und Wirtschaftskrise nicht zu vergleichen, eher schon mit der Rezession Anfang der neunziger Jahre oder in den siebziger Jahren. »Das geht so
schnell nicht weg«, sagt er, »ich schätze 18 bis 24 Monate.« Daher
müsse sich SAP auf das Wesentliche konzentrieren: »Sie müssen den
Dingen nachjagen, die den größten Wert in der kürzesten Zeit erreichen, und alles ganz neutral und offen in Frage stellen. Da sind wir
gerade dabei.«

Ob er sich darüber ärgert, dass die Krise ihm den Start vermasselt?
»Das Timing könnte besser sein«, schmunzelt er. Aber die Krise sei
auch eine Chance: In guten Zeiten würde es allen Unternehmen gut
gehen. Jetzt könne SAP zeigen, dass es besser sei: »Ich möchte, dass
wir am Ende der Krise, und das wird ja eines Tages kommen, viel stärker dastehen als heute.«

Auch ohne den Zusammenbruch der Finanzmärkte und die Folgen
würde Apotheker wohl ähnlich reden – oder zumindest handeln.
Denn schon bevor die Krise seine Agenda bestimmte, hatte er sich
vorgenommen, bei seinem Unternehmen einiges zu verändern. Gäbe
es eine schriftliche Fassung dieses langfristig angelegten Programms,
dann würde es sich lesen wie das letzte Kapitel eines Buches mit dem
Untertitel »Wie ein Jungunternehmen erwachsen wird«.

Obwohl dies in Walldorf nur hinter vorgehaltener Hand zugege-
ben wird: Bereits wenige Monate nachdem Apotheker im März 2007
zum Stellvertreter Kagermanns aufrückte, begann er seine Pläne umzusetzen. Er war die treibende Kraft hinter der Übernahme des fran-

zösisch-amerikanischen Softwareunternehmens Business Objects im Herbst des Jahres (die dem Nicht-Programmierer übrigens die Ehre eines Ritters der französischen Ehrenlegion als »Vater der ERP-Software« einbrachte). Damit dürfte SAP sein Wachstumsziel von 100 000 Kunden bis 2010 zumindest annähernd erreichen. Er steht auch hinter der Einführung der neuen Wartungsverträge, die eine stufenweise Erhöhung der jährlich fälligen Gebühren von 17 auf 22 Prozent des ursprünglichen Lizenzpreises beinhalten. Vor allem unter kleineren SAP-Kunden hatte es Proteststürme ausgelöst, als SAP ihnen im Herbst ein Kündigungsschreiben schickte und die neuen Verträge mit einem erweiterten, aber auch teureren Service zur Unterschrift beilegte. Die Mittelständler wollten keine zusätzlichen Gebühren zahlen für einen Service, den sie glauben nicht zu brauchen, aber nicht abbestellen können. Sie warfen Apotheker und Kagermann vor, auf einen Protestbrief nicht geantwortet zu haben, sie warfen SAP überhaupt vor, nicht mehr auf die Kunden zu hören, wie noch zu alten Zeiten, und ausgerechnet in schweren Krisenzeiten die Monopolmacht für Renditeziele auszuspielen. Als die Zeitungen begannen, über diesen Konflikt zwischen SAP und seinen Kunden zu berichten, drohte die Stimmung ganz zu kippen. Eine Pressekonferenz der aufgeregten Mittelständler war im Dezember bereits angesetzt, da gab SAP in letzter Minute klein bei. Die Unternehmen in Deutschland und Österreich dürfen bei den alten Serviceverträgen bleiben, wenn sie keine bessere Wartung brauchen. Ein größerer Imageschaden konnte so gerade noch verhindert werden. Immerhin, trotz der Zugeständnisse wird die Preiserhöhung helfen, die Gewinnmarge in die Nähe von 35 Prozent zu bringen, SAPs zweites großes Ziel. Das dritte, einen Börsenwert von rund 86 Milliarden Dollar zu erreichen, hat Apotheker angesichts der Wirtschaftskrise bis auf weiteres kassiert.

Ein weiterer Teil seines Übernahmeplans: Als Apotheker im Januar 2009 für die folgenden fünf Monate zur inoffiziellen Nummer eins wurde, war sein Führungsteam nicht nur schon bestellt, sondern teilweise seit über einem Jahr eingearbeitet. Das gilt nicht nur für den runderneuerten Vorstand, in dem Ende 2009 nicht-deutsche Manager die Mehrheit stellen werden: neben Claus Heinrich, Henning Kagermann und Peter Zencke könnte auch Gerhard Oswald ausscheiden, der für die Service-Sparte zuständig ist. Dass Finanzvorstand Werner Brandt SAP verlässt, gilt allerdings als eher unwahrscheinlich. Auch auf der Ebene unter den Top-Managern sitzen inzwischen viele, die als Apotheker-Leute gelten. »Wir haben bereits neunzig Prozent der Vorarbeit erledigt«, sagte einer von ihnen bereits Mitte 2008, »wir müssen nur noch den Schalter umlegen.«

Ganz oben auf der Apotheker-Agenda stehen die Stichwörter »Effizienz« und »Vereinfachung«. SAP mag ein erfolgreiches Unternehmen, ein attraktiver Arbeitgeber und der Gralshüter schlechthin für komplexe Unternehmensorganisation sein, aber nicht selten ist SAP selbst auch eine ziemlich »dysfunktionale Organisation«, stöhnen Insider. Zum einen ist dies noch ein kulturelles Erbe aus der Zeit als unorganisiertes Jungunternehmen mit großen Freiheiten für und großes Vertrauen in die Mitarbeiter, zum anderen ist SAP – wie alte Software – immer komplexer geworden, zuletzt durch den Zukauf von Business Objects. Deshalb hat SAP seit Juli 2008 erstmals, wie viele andere Großunternehmen auch, einen Chief Operating Officer (COO), was soviel heißt wie »Cheforganisator«: Erwin (»Ernie«) Gunst.

Der Belgier, der in der Schweiz lebt, wird in den nächsten Jahren einer der wichtigsten Männer bei SAP sein. Seine Karriere und sein Charakter haben viel Ähnlichkeit mit denen Apothekers: Er ist kein Programmierer, hat SAP zwischen 2001 und 2004 auch schon einmal verlassen. Er begann seine Berufslaufbahn als Controller. Es gibt bei SAP Mitarbeiter, die seinen Humor schätzen, aber auch viele, die seine Art der Machtausübung fürchten. Gunst soll der Organisation *lean management* beibringen, sie also verschlanken und dafür sorgen, dass es bei SAP künftig weniger Häuptlinge und mehr Indianer gibt. Ende November 2008 wurde seine Rolle sogar noch aufgewertet: Gunst wurde zum Nachfolger von Arbeitsdirektor Claus Heinrich ernannt. Die Doppelrolle sei sinnvoll, so die offizielle Begründung, »weil in einem Softwareunternehmen die Menschen die wichtigste Ressource sind«. Arbeitnehmervertreter sahen dagegen einen Zielkonflikt. »Als Arbeitsdirektor soll er sich für die Interessen der Belegschaft einsetzen und als COO die Organisation straffen – das ist ein wenig wie Verteidiger und Staatsanwalt in einer Person«, sagt der Vorsitzende des Betriebsrats, Stefan Kohl.

Als COO und Arbeitsdirektor wird Gunst sicher auch die internationale Arbeitsteilung innerhalb von SAP kritisch untersuchen. Das Unternehmen sei zwar schon sehr global organisiert, sagt Apotheker. Aber sein Job sei es jetzt, »die Globalisierung zu Ende zu bringen und ihren gesamten Mehrwert zu schöpfen.« Effizientere Regeln sollen es internationalen Teams erlauben, sich auf ihre Arbeit konzentrieren zu können. Beste Videotechnik soll räumliche Distanz fast unerheblich machen. Und eine unternehmensinterne Kaderschmiede, deren Studenten kreuz und quer um die Welt geschickt werden, soll eine wirklich globale Geschäftskultur schaffen. »In Zukunft«, sagt Apotheker, »kann keiner mehr bei der SAP Karriere machen, der nicht eine Zeit lang woanders war.«

Mit Krise, Verschlankung und Globalisierung wird Apotheker alle Hände voll zu tun haben. Aber fragt man langjährige SAP-Experten, was die größte Herausforderung des neuen SAP-Chefs ist, dann antworten sie ohne lange nachzudenken: mehr Kundenorientierung. Natürlich kümmere sich SAP um seine Kunden, meint Bruce Richardson vom IT-Marktforscher AMR. Aber im Kern ging es in Walldorf in den vergangenen Jahren hauptsächlich um Produkte: »Wenn Sie etwa mit Henning [Kagermann] länger reden, dann erzählt der Ihnen stolz, wie er dieses und jenes Programm geschrieben hat. Er ist so ein *product guy*.« Stellt man Apotheker die Frage, ob SAP kundenorientierter werden müsste, dann antwortet er indirekt: »Da ist Hasso für uns noch immer das große Vorbild. Für ihn konnte es nie kundenorientiert genug sein.« Doch wenn es Apotheker gelingt, seine Pläne umzusetzen, dann könnte SAP bald wieder näher am Kunden sein. Nach Jahren, in denen die Softwareschmiede ihre Technologie und ihre internen Prozesse erneuert hat, soll sich SAP nun wieder mehr nach außen orientieren.

Dieser Wandel soll auch die Zahlen des Konzerns aufbessern, wie Apotheker in einem gemeinsamen Interview mit seinem Vorgänger in der *Frankfurter Allgemeinen Zeitung* (FAZ) im April 2008 bereits skizziert hatte. Unter dem Titel »Jetzt muss die Zeit der Ernte kommen« kündigte er an, dass die Ausgaben für Forschung und Entwicklung, die 2008 im Verhältnis zum Umsatz einen Höchststand erreicht hatten, in den kommenden Jahren wieder auf frühere Werte sinken sollen. Jetzt lautet die Aufgabe für ihn, »dass wir unsere Forschung in echte Innovation umsetzen. Das heißt, wir müssen daraus Umsatzvolumen generieren.«

Organisatorisch hat sich SAP bereits in diese Richtung verändert, zumindest an der Spitze. Unter Kagermann war der Vorstand dominiert von Ingenieuren und Physikern. Unter Apotheker bestimmen jetzt Nicht-Techniker das Bild in dem bald siebenköpfigen Gremium: Neben Apotheker und Gunst sitzt dort auch der amerikanische Verkaufsprofi Bill McDermott. Beide sind Manager, die seit vielen Jahren eng mit Apotheker zusammenarbeiten.

Bei den Produkten ist der von Apotheker betriebene Wandel komplexer. Natürlich kann SAP nicht aufhören, neue Software zu schreiben. Im Gegenteil: Ob es um die Plattform NetWeaver geht oder die Verzahnung der SAP-Produkte mit jenen des Zukaufs Business Objects – SAPs Entwickler haben viel abzuarbeiten. Kein Software-Konzern kann zudem darauf verzichten, regelmäßig mit neuen Produkten aufzuwarten, um einerseits die technologische Entwicklung nachzuvollziehen und andererseits die sich dauernd ändernden Bedürfnisse der Kunden zu befriedigen. »In der Softwareindustrie gibt es nur zwei Wege«, sagte Apotheker in dem FAZ-Interview, »entweder man ist innovativ, oder man wird ein Wartungsunternehmen. Nicht innovativ zu sein, ist keine Option für uns.«

Aber technische Neuerungen werden zumindest in der Außendarstellung eine geringere Rolle spielen. Fraglich ist auch, ob das mit Pomp angekündigte Mittelstandsprodukt Business ByDesign je wieder die Bedeutung erlangt, die es bis zur Verschiebung der Markteinführung im April 2008 hatte. Nicht, dass Apotheker den Glauben daran verloren hat. Im Gegenteil: Business ByDesign sei ein gutes Produkt – aber eben auch ein komplexes, das zudem weltweit entwickelt worden sei. »Nehmen Sie den *Dreamliner*«, erklärt Apotheker am Beispiel des neuesten Flugzeugs von Boeing, »der wird ja auch weltweit gebaut. Und das ist ein bisschen komplizierter, als sich die Leute das vorgestellt haben. Doch früher oder später wird der *Dreamliner* fliegen. Technologie ist nun mal so.«

An der Börse hat Business ByDesign freilich schon enttäuscht. Apotheker und seine Vorstandskollegen hatten gehofft, die Finanzexperten würden das neue Angebot separat bewerten, so wie ein Start-up, gibt Apotheker zu. Doch die Investoren hätten sich nicht überzeugen lassen: Sie bewerteten Business ByDesign nicht getrennt vom Kerngeschäft. Darunter habe SAPs Börsenwert stark gelitten. »Wir haben daraus gelernt und werden das jetzt langsamer und stetiger an den Mann bringen, wenn wir es wirklich ausprobiert und optimiert haben«, sagt Apotheker.

Die Vor- und Nachteile der Technologie von Business ByDesign, das ist nichts, über das Apotheker lange reden will. Ihn interessiert mehr, was sich mit Technik erreichen lässt. Fragt man ihn nach seinem großen Ziel als SAP-Chef, antwortet er: SAPs Programme sollen immer mehr Bedürfnisse seiner Kunden immer besser erfüllen, sich immer besser an die Geschäftspraxis der Unternehmen anschmiegen und sie dadurch immer flexibler machen. »Wir stehen nicht am Ende, sondern am Anfang der Softwarerevolution«, erklärt er. »Software wird unser Leben immer mehr durchdringen, und SAP wird dabei eine große Rolle spielen.«

Um dies zu erreichen, soll SAPs Software zunächst einmal »zeitlos« werden, wie Apotheker es nennt. Die Programme sollen nicht mehr nur ein großes festgeschnürtes Paket sein, das auf den Computern eines Unternehmens sitzt und seine Dienste über eine komplizierte Benutzeroberfläche anbietet. Die Software aus dem Hause SAP soll immer erreichbar sein – egal wann, von wem und ob mit einem Computer, einem Laptop oder vom Handy aus. Auch wo die Programme laufen – auf den Rechnern eines Unternehmens, bei externen Service-Anbietern oder in der Wolke – soll in Zukunft keine Rolle mehr spielen. Und natürlich sollen sich Geschäftsprozesse künftig leicht ändern lassen.

Das klingt nach einer Walldorfer Version von *cloud computing*. Neuland betritt Apotheker dagegen mit seiner zweiten Initiative, die mit »*sustainability*« überschrieben ist, Nachhaltigkeit. Geht es nach Apotheker, werden Unternehmen künftig mit Software von SAP nicht mehr nur ihre Finanzen oder Zulieferketten optimieren, sondern alles, was ihre Nachhaltigkeit gefährden könnte. Dazu gehören natürlich alle denkbaren Geschäftsrisiken, vor allem aber auch der Verbrauch von Umweltressourcen. Letzteres hält Apotheker für einen besonders interessanten Zukunftsmarkt. Je kostspieliger Energie werde, sei es durch einen hohen Ölpreis oder teure Emissionszertifikate, desto mehr werde es sich auch lohnen, den Verbrauch zu optimieren und das über die gesamte Zulieferkette eines Produkts hinweg. Solche Kalkulationen, die etwa den Kohlendioxidverbrauch auf allen Stufen einer Wertschöpfungskette bis zum fertigen Produkt berechnen, seien natürlich höchst komplex und damit ein idealer Fall für SAP, glaubt Apotheker. »In Zukunft wird es zwei Ebenen geben: Geld und Umwelt. Aus der doppelten Buchführung wird dann eine dreifache«, erwartet der SAP-Chef. Das, sagt er, werde der Globalisierung auch wieder engere Grenzen setzen, zumindest was den Warenhandel angeht. »Wenn Kohlendioxidemissionen wirklich teuer wären, dann würde es sich nicht mehr rechnen, irgendein billiges Konsumgut in China zu produzieren und dann um die halbe Welt nach Walldorf zu schiffen. Vielleicht lohnen sich dann wieder kleinere Produktionsstätten in der Region.«

Der dritte Teil des Apotherkerschen Zukunftsprogramms ist wiederum mehr technischer Natur und firmiert unter dem Begriff »*simplicity*«, Einfachheit. Weit mehr als bisher soll die wachsende Komplexität der Wirtschaft und damit auch von SAPs Software hinter intuitiven Benutzeroberflächen und leicht verständlichen Visualisierungen versteckt werden. »Unternehmenssoftware«, beschreibt Apotheker sein Ziel, »muss so leicht konsumierbar werden wie Web 2.0-Dienste oder sogar Videospiele – schon allein, damit SAP weiterhin ein attraktiver Arbeitgeber für jüngere Menschen bleibt.«

Schafft es SAP, diese beiden höchst unterschiedlichen Software-Welten zu verbinden und damit die komplexen Vorgänge innerhalb eines Unternehmens zu einem aus allen denkbaren Perspektiven leicht verständlichen Bild zu vereinfachen, wäre damit die Grundlage für die ganz große Vision Apothekers geschaffen: das digital transparent gemachte Unternehmen oder »Clear Enterprise«, wie SAP inzwischen diesen Fluchtpunkt der Technologieentwicklung getauft hat. Diese virtuelle Doppelung eines Wirtschaftsorganismus zeichnet sich dadurch aus, dass so gut wie alles, was in seinem Innern und in seiner unmittelbaren Umgebung geschieht, mit Software abgebildet und dadurch berechenbar wird. Die Manager von morgen werden in Echtzeit sehen, wie sich ihr Geschäft entwickelt, und sofort darauf reagieren können. In einem »closed loop«, einem geschlossenen Kreislauf, werden sie ihre Geschäftsprozesse ständig verbessern: »Strategie, Umsetzung, neue Daten, neue Strategie und so weiter«, beschreibt Apotheker diesen permanenten Optimierungsprozess, der sich zeitlich weiter beschleunigen und räumlich ausdehnen wird. Denn dieser neue Grad von Transparenz und von Steuerbarkeit wird nicht an den Unternehmensgrenzen haltmachen. Firmen werden sich im Idealfall, so hofft Apotheker, mit SAP-Software so sehr mit Geschäftspartnern vernetzen können, dass sie »wie ein globales Unternehmen arbeiten«.

Wird SAP mit Apotheker genauso Glück haben wie mit seinen Vorgängern? Von seinen Voraussetzungen her passt der neue Chef sicherlich gut an die Spitze des Softwarekonzerns. Zumindest deutlich besser als sein früherer Konkurrent Shai Agassi, der wohl kaum zum Krisenmanager getaugt hätte. Apotheker ist so weltläufig wie das Geschäft von SAP. Er hat als Vertriebsmann den richtigen Background in einer Zeit, in der es nicht nur darauf ankommt, neue Programme zu entwickeln, sondern auch, sie zu verkaufen. Und er hat offenbar den Mut, unbequeme Entscheidungen zu treffen.

Diese letzte Stärke kann aber auch zur Schwäche werden, wenn man sie zu weit treibt. Viele in Walldorf hat etwa geärgert, dass der Vorstand das Sparprogramm vom Herbst 2008 vorher nicht mit dem Betriebsrat besprochen hat. Kopfschütteln löste auch SAPs Sturheit aus, mit der man den Protest gegen die zwangsweise Erhöhung der Wartungsgebühren ignorierte und eine Meuterei der Kunden riskierte. Der Vorstand wiederholte immer nur dieselben Argumente: SAP würde nicht mehr als die Konkurrenz verlangen und mit der Erhöhung auch zusätzliche Dienste anbieten. Erst als sich knapp hundert deutsche Mittelstandsunternehmen zusammenschlossen, lenkte der mächtige Konzern in letzter Minute ein.

Angenommen, Apotheker gelingt, was er sich vorgenommen hat, dann stellt sich eine ganz andere Frage: Wie wird SAP aussehen, wenn er den Chefsessel wieder räumt, was 2013 oder 2014 der Fall sein könnte, wenn er 60 Jahre alt wird? Denkt man seine Strategie konsequent zu Ende, dann dürfte SAP nach der Ära Apotheker nicht nur geographisch, sondern auch technisch weit über seine Wurzeln hinausgewachsen sein. Das ERP-Paket, mit dem die grundlegenden Geschäftsfunktionen eines Unternehmens digitalisiert werden, könnte bis dahin eine weitgehend perfekt funktionierende Massenware sein, eine Blackbox, die sich leicht installieren lässt, die aber nicht mehr unbedingt den größten Teil des SAP-Umsatzes einbringen wird. Am meisten wird SAP mit neuen Anwendungen verdienen, die auf der Software von Business Objects aufbauen, mit der Manager immer mehr Durchblick in die Unternehmensprozesse gewinnen werden.

Und wenn es für Apotheker besonders gut läuft, dann könnte vielleicht der Effekt einsetzen, von dem die SAP-Oberen insgeheim schon lange träumen: dass die Zahl der Kunden eine kritische Masse erreicht, die dann die Nachfrage von allein antreibt – wie auch bei Microsoft und seinem Betriebssystem Windows. Denn je mehr Unternehmen auf SAP setzen und je mehr sie ihre Geschäftsprozesse untereinander vernetzen, desto mehr werden sich andere Firmen ihnen anschließen und sich ebenfalls in Walldorf mit Programmen eindecken. Das Ergebnis dieses Netzeffekts könnte dann der Beginn eines neuen Zeitalters für die Firmenwelt sein, des SAPitalismus.

Die Vision des neuen SAP-Chefs ist das »Clear Enterprise«. Aber was heißt das in der Praxis? Wie werden sich Firmen, Branchen, ja die ganze Wirtschaft durch die immer weitergehende Informatisierung verändern? Am Ende wagt das Buch einige Vorhersagen.

Kapitel 12

Die Matrix – Instrument der Entflechtung

»Unsere Mission ist nicht Arbeitsteilung,
sondern Arbeitsverteilung.«

William Fung, Geschäftsführer von Li & Fung

Hongkong hat keinen Hafen, Hongkong ist ein Hafen. Containerschiffe, Frachtkähne, Kreuzfahrtriesen, Dschunken, Fähren, Ruderboote, sogar Flöße – Hunderte von schwimmenden Vehikeln in allen erdenklichen Formen tummeln sich in der Wasserstraße zwischen Kowloon und Hong Kong Island, der Hauptverkehrsader der ehemaligen britischen Kronkolonie. Schifffahrtsregeln gibt es hier offenbar keine, aber es herrscht auch kein Chaos. Fast scheint es, als ob ein unsichtbarer Dirigent den Tanz der Boote und Schiffe leitet. Er könnte in den oberen Stockwerken des Li & Fung Tower in Kowloon stehen, von wo aus sich das maritime Treiben gut beobachten lässt.

Es wäre das passende Bild für das Geschäft des Unternehmens, das hier seinen Sitz hat. Li & Fung besitzt keine einzige eigene Fabrik, ist aber eine Großmacht in der globalen Textilbranche mit einem Umsatz von 12 Milliarden Dollar, ungefähr so viel wie der von SAP. Statt selbst Kleider, Hosen oder Jacken zu produzieren, koordiniert der Konzern eine weltweite Armada von fast 10 000 Zulieferern mit über 2 Millionen Beschäftigten. Wie die Schiffe im Hafen von Hongkong kommen die Firmen in immer neuen Konstellationen zusammen. »Unsere Mission ist nicht Arbeitsteilung, sondern Arbeitsverteilung«, erklärt William Fung, der das Unternehmen gemeinsam mit seinem Bruder Victor leitet.

Bestellt beispielsweise eins der großen amerikanischen Modehäuser wie Gap, Saks Fifth Avenue oder Macy's bei Li & Fung 300 000 Cargoshorts, dann läuft eine gut geschmierte globale Maschine an. In 40 Ländern ist der Konzern vertreten, und die Zentrale weiß genau, dass

Reißverschlüsse derzeit am besten in Japan, Knöpfe und Stoff in China sowie Garn in Pakistan zu bekommen sind und die Hose dann idealerweise in Bangladesch genäht wird. Fällt ein Glied der Produktionskette aus, springt schnell ein anderes ein. Denn viel Zeit bleibt nicht: Vier Wochen später müssen die Hosen, in Asien schon fertig ausgezeichnet, an die Läden des Auftraggebers in den Vereinigten Staaten ausgeliefert werden.

Anfangs arbeitete Li & Fung vor allem für den amerikanischen Markt. Doch längst hat der flexible Just-in-Time-Dienstleister zahlreiche Kunden in Europa gewonnen, etwa den deutschen Kaufhauskonzern Arcandor (früher KarstadtQuelle). Seit 2006 organisieren die Chinesen den Import für das deutsche Unternehmen. Der Grund: niedrige Einkaufspreise, aber auch mehr Flexibilität. Nur so kann Karstadt sein Sortiment schnell genug erneuern, um Kunden immer wieder in die Kaufhäuser zu locken. Früher mussten selbst kurzlebige Modeartikel schon Monate im Voraus bestellt werden und hinkten dann aktuellen Trends oft hinterher.

Wer jetzt allerdings annimmt, Li & Fungs Wolkenkratzer in Hongkong beherberge ein riesiges Rechenzentrum, in dem auch noch jede Menge SAP-Software steckt, der liegt falsch: Über Jahrzehnte aufgebautes Branchenwissen und persönliche Kontakte halten die Produktionsnetze zusammen. Doch Li & Fung dürfte zu einem Modell für viele Unternehmen werden, die mit modernster Informationstechnologie ausgerüstet sind. Denn sie erleichtert es wesentlich, solche weltweiten Produktionsnetze zu knüpfen oder sich ihnen anzuschließen, gerade auch bei Dienstleistungen.

Li & Fung verkörpert damit eine Antwort auf die zentralen Fragen dieses Schlusskapitels, die an jene des ersten anknüpfen: Wenn doppelte Buchführung und Kapitalismus Hand in Hand gehen, wenn auch betriebswirtschaftliche Software wie SAPs R/3-System die Infrastruktur für die Globalisierung 2.0 lieferte – wie wird dann Cloud Computing und vor allem die serviceorientierte Architektur der Informationstechnologie die Wirtschaft von morgen prägen? Wie werden sich Unternehmen organisieren, und wie werden sie funktionieren, wenn sie die neue Technik einsetzen? Und wie wird diese Technik Branchen und ihre Strukturen verändern?

»Vorhersagen sind schwierig, besonders wenn sie die Zukunft betreffen«, soll Mark Twain einmal gesagt haben. Wir wagen hier dennoch einige Voraussagen, wohl wissend, dass sie schwierig sind, erst recht, wenn es um digitale Technik geht. Doch auch, wenn diese Überlegungen nie Wirklichkeit werden oder völlig übertrieben sind, können sie trotzdem helfen, den Wandel besser zu verstehen – vielleicht sogar zu gestalten. Es geht darum, Tendenzen, die in der Technologie angelegt sind, aufzuspüren und weiterzuentwickeln. Darum haben diese Überlegungen weniger den Charakter – und schon gar nicht den Anspruch – konkreter Vorhersagen. Sie sind vielmehr theoretische Exkursionen und Fortschreibungen, die Möglichkeiten aufzeigen, wie die Technologie die Zukunft der Wirtschaft formen könnte. Technik und Organisation, argumentiert dieses Kapitel, gehen in der *cloud*, der Rechenwolke, immer mehr ineinander auf. Sie bilden eine unternehmensübergreifende und flexible Matrix, die sich auf Dauer eine Wirtschaft nach ihrem Antlitz schafft.

Zudem wird diese Matrix beschleunigen, was Ökonomen als »Globalisierung 3.0« oder »the next great unbundling« bezeichnen, die nächste große Entflechtung. Längst geht es in der Weltwirtschaft nicht mehr nur um Warenhandel, den weltweiten Einkauf von Vorprodukten oder die Auslagerung von Teilen der Produktion allein unter Kostengesichtspunkten. Heute geht es um global integrierte Unternehmen, um sich ständig wandelnde Produktionsnetze von spezialisierten Diensten und kleinteiligen Zwischenprodukten.

Am Anfang war der Betrieb »beseelt«. So behauptet es zumindest der schon eingangs zitierte deutsche Soziologe Werner Sombart in seinem Hauptwerk *Der moderne Kapitalismus*. Alle wesentlichen geschäftlichen Informationen steckten im Kopf einer Person: dem jeweiligen Geschäftsführer. Er kannte die Abläufe in seinem Unternehmen, er hatte den Überblick über die Produktion, und er wusste, wer ihm wie viel schuldete. Vieles davon mag er sich notiert haben, doch verstehen konnte seine Zettelwirtschaft meist nur er selbst.

Mit der doppelten Buchführung begann, so Sombart, die »Vergeistung« der Wirtschaft. Aus der losen Informationssammlung des Geschäftsführers wurde ein systematisches Informationssystem, eine professionelle Technik, die auch von anderen gelernt und verwendet werden konnte. »Was ich erstreben will«, zitiert Sombart Alfred Krupp, der den gleichnamigen Konzern zur Blüte führte, »dass nichts abhängig sein soll von dem Leben oder Dasein einer bestimmten Person, dass mit derselben kein Wissen und keine Funktion entweiche, dass nichts geschehe, nichts geschehen sei (von eingreifender Bedeutung), das nicht im Zentrum der Prokura bekannt sei oder mit Vorwissen und Genehmigung derselben geschehe, dass man die Vergangenheit der Fabrik sowie die wahrscheinliche Zukunft derselben im Büro der Hauptverwaltung studieren und übersehen kann, ohne einen Sterblichen zu fragen.«

Wie im ersten Kapitel beschrieben, war die betriebswirtschaftliche Software von SAP und anderen Firmen die Fortsetzung dieser, um den heute gängigen Begriff zu verwenden, »Informatisierung« von Unternehmen – allerdings mit digitalen Mitteln. In ihrer neuen Gestalt, der *cloud*, kann die Informationstechnologie jetzt in immer neue, immer feinere Bereiche der Geschäftswelt eindringen und eben mit ihr verschmelzen.

Wie Wasser in den Kapillaren eines Baumes zog sich die Vergeistung in den vergangenen Jahrzehnten durch Unternehmen. Sie begann beim Stamm, den grundlegenden geschäftlichen Vorgängen: Finanzen, Warenströme, das Personalwesen. Dann folgten die größeren Äste: die Beziehungen zu Kunden und Zulieferern etwa. Danach die kleineren: Marketing, das Management von Risiken, die Umsetzung von Gesetzen. Mittlerweile ist die Vergeistung bei den äußeren Verästelungen angekommen. Soziale Netzwerke sollen nicht nur den Austausch unter den Mitarbeitern erleichtern, sondern in einer Art Rückkoppelung auch deren Kommunikationsstrukturen offenlegen und steuern. »Bisher haben wir viel darüber gesprochen, wie man Geschäftsprozesse automatisiert«, sagt Allen Blue, Mitgründer des Sozialen Netzwerks LinkedIn, »jetzt sind die Beziehungen zwischen Menschen dran.« Mit Diensten für die kundenbezogene Innovation beginnt schließlich auch die Vergeistung der Verbraucher, von denen immer mehr Daten in den Wirtschaftskreislauf eingespeist werden, um die scheinbar chaotisch wechselnden Bedürfnisse der Lebenswelt berechenbar zu machen.

Die Informatisierung wird sich weiter ausbreiten, immer tiefere dingliche und immer kürzere zeitliche Dimensionen der Wirklichkeit durchdringen und sie schon allein dadurch auf neue Weise für die Ökonomisierung erschließen. Die neue, serviceorientierte Architektur von Software spielt dabei eine nicht unwichtige Rolle. Wenn Programme zu einer Kombination von wiederverwendbaren elektronischen Diensten werden, dann lassen sie sich leichter für neue Aufgaben individuell zusammenbauen und zurechtschneidern. Genau das versuchte Shai Agassi bei SAP zu zeigen: In den Jahren vor seinem Abgang ließ er neue Anwendungen im Dutzend programmieren. In Unternehmen werden sich solche kleinen Programme schnell vermehren. Mit den neuesten digitalen Werkzeugen können Manager zumindest einfache Anwendungen sogar selbst an ihren Computern schreiben, um neue Geschäftsprozesse zu kreieren, neue Analysen zu erstellen oder automatisierte Steuerungsmechanismen zu definieren.

Die neue Natur von Software verändert auch das Gewebe des geschäftlichen Baumes. Die ersten betriebswirtschaftlichen Programmpakete verdammten Unternehmen oft zur Bewegungslosigkeit. Geschäftsprozesse umzubauen, war ein schwieriges Unterfangen, bei dem oft das ERP-System – in unserem Bild der eher unbewegliche dicke Stamm – umprogrammiert werden musste; häufig nur, um anschließend noch regloser dazustehen. In Zukunft dürfte das weit schmerzloser sein: Wie Anwendungen lassen sich unternehmerische Abläufe schneller neu entwerfen und umbauen – im Extremfall per Mausklick am Bildschirm.

Software-Anwendungen und Geschäftsprozesse werden sich in diesem Prozess immer ähnlicher, die Organisation eines Unternehmens unterscheidet sich damit immer weniger von seiner Informationstechnologie. Eine Bank, meinen Experten, ist schon heute nur noch ein großer Computer mit einer Marketingabteilung – mit manchen negativen Auswirkungen, wie die hoch komplexen und selbst für Branchenexperten kaum noch transparenten Produkte der Investmentbanker während der jüngsten Finanzkrise gezeigt haben. Trotzdem: Genauso wie Software werden Unternehmen auf Dauer modularer, lassen sich leichter umbauen und mit anderen Firmen vernetzen.

Gleichzeitig dringt die Vergeistung immer mehr von außen in die Unternehmen ein. Drahtlose Sensoren in Fabriken, Funketiketten auf Produkten, ebenfalls voll verdrahtete Geschäftspartner: Firmen können auf immer mehr Informationsquellen aus ihrem Innern, aber auch aus ihrer wirtschaftlichen oder realen Umgebung zugreifen und verfügen damit über ein immer genaueres Abbild ihrer geschäftlichen Realität. Und diese Daten, die von detaillierten Umsatzzahlen in einzelnen Supermärkten über Kaufgewohnheiten, Verkehrslagen und alternative Angebote auf dem globalen Marktplatz bis hin zur Wettervorhersage und dem Kohlendioxidverbrauch reichen können, werden zunehmend in Echtzeit ausgewertet.

Mit diesen Daten lassen sich auch immer mehr Reaktionsmuster eines Unternehmens automatisieren. Weitläufig bekannt sind solche Prozesse mit einer vergleichsweise kleinen – angesichts der Krisenanfälligkeit vielleicht noch deutlich zu kleinen – Zahl von Variablen bereits in der Finanzbranche. Dort werden etwa vorprogrammierte Transaktionen ausgelöst, wenn eine bestimmte Preisentwicklung eintritt. Künftig werden Manager nach einem ähnlichen Muster sofort erfahren, wo Handlungsbedarf besteht und was sie besser machen können. Immer häufiger wird der Computer sie dabei beraten und führen.

Ein solches Real-Time-Unternehmen markiert das Ende des Projekts von Pacioli, jenem im ersten Kapitel vorgestellten italienischen Universalgelehrten der Frührenaissance, dessen Werk die doppelte Buchführung in Europa verbreitete. Er wollte Unternehmen vor allem transparenter und damit steuerbarer machen. Doch über Jahrhunderte steuerten Firmenchefs ihre Betriebe, indem sie in den Rückspiegel schauten: Die Bilanz des Vorjahres wurde zur Grundlage von Geschäftsentscheidungen des nächsten. Auch die Daten in den SAP-Systemen beschrieben immer nur die Vergangenheit. Erst jetzt können Manager endlich damit anfangen, durch die Windschutzscheibe nach vorn zu blicken.

Die Zukunft, prophezeien SAP und andere Firmen der Branche, gehört solchen Chefs, die ihr Unternehmen steuern wie Piloten einen hochmodernen Jet. Ihr Bildschirm ist ein Cockpit, das ihnen alle wesentlichen Informationen anzeigt. Im Normalfall greifen sie nicht ein: Der Rechner lenkt das Geschäft, so wie der Autopilot ein Flugzeug. Nur wenn die Warnlampen aufleuchten, werden sie aktiv. »Management-by-Exception« heißt das Schlagwort in der IT-Branche – frei übersetzt: Störfallmanagement.

Wie wird der Alltag eines solchen Störfallmanagers aussehen? Software-Firmen beantworten solche Fragen auf ihren Kundenmessen mit aufwändig produzierten Videos, in denen gut aussehende Menschen künstlich wirkende Szenarien durchspielen. Es käme nicht überraschend, sollte SAP auf einer Kundenmesse in den kommenden Jahren einen Clip zeigen, der sich an folgendes Szenario anlehnt:

Klaus Frankenberg sah das Unheil auf dem Bildschirm kommen. Die Trockenheit der vergangenen Tage sollte sich mit neuen Temperaturrekorden noch verschlimmern. In seiner Lebensmittelkette waren die Vorräte an Mineralwasser längst knapp geworden. Noch hatte er sich allerdings damit behelfen können, dass er Lieferungen aus dem weniger von der Hitzewelle betroffenen Norden in den schwitzenden Süden umleitete. Doch jetzt sagte ihm der Rechner, dass die Zulieferer der Supermarktkette nicht mehr zulegen konnten, das Angebot werde in den kommenden Tagen die Nachfrage nicht mehr decken können. Jedes Grad mehr bedeutete rund 100 Paletten Sprudel, bei über 30 Grad verdoppelte sich der Faktor sogar. Auf der digitalen Landkarte vor ihm leuchteten überall rote Punkte, jeder Punkt eine Filiale, der das Wasser ausgehen würde, wenn er jetzt nicht handelte.

Mithilfe des neuen Analysedienstes, den er erst kürzlich von einem Online-Dienstleister abonniert hatte, spielte Frankenberg verschiedene Szenarien durch. Zuerst erhöhte er die Preise für Mineralwasser, aber nur wenige Kunden griffen nun als preiswerte Alternative zu

Softdrinks. Sein Bildschirm sah immer noch aus, als hätte er Masern. Also senkte er gleichzeitig die Preise für Säfte und Bier. Damit verschwanden zwar viele Punkte, doch am Samstag sah das Bild noch verheerender aus. Die Bundesligaentscheidung stand bevor und schon bei kaltem Regenwetter schnellt die Nachfrage an solchen Tagen nicht nur nach Bier, sondern auch nach Mineralwasser erfahrungsgemäß um 50 Prozent in die Höhe, warnte der Analysedienst.

Leere Sprudelregale, das konnte und wollte Frankenberg sich nicht leisten. Schließlich warb seine Kette mit dem Slogan »Wir wissen schon heute, was sie morgen kaufen«. Damit hatte er vor allem die gut verdienenden und viel beschäftigten Kunden gewonnen, die bei seinem Unternehmen ein Lebensmittelabo gezeichnet hatten. Sie bekamen fertig gepackte Kisten, deren Inhalt nach komplizierten Formeln zusammengestellt wurde, in die zahlreiche Parameter eingingen: frühere Bestellungen, das Kaufverhalten anderer Kunden mit ähnlichem Profil, das Produkt-Placement in den neuesten Kinofilmen und schließlich auch das Wetter. Da Stammkunden aber auch bis eine Stunde vor Auslieferung die Bestellung im Internet ändern konnten, brauchte Frankenfeld zumindest eine Notreserve. Nichts wäre peinlicher als fehlende Sprudelkisten an heißen Tagen.

Zunehmend beunruhigt klinkte sich Frankenberg in das soziale Netzwerk ein, das er gemeinsam mit befreundeten Einkäufern aus ganz Europa gegründet hatte. Ein Kollege wies ihn darauf hin, dass in Oberitalien Regen vorausgesagt worden sei. Vielleicht gäbe es dort noch freie Kapazitäten. Auf einem global operierenden elektronischen Marktplatz für Getränke fand Frankenberg einen Mineralwasserlieferanten, der noch nicht zu einem der großen Konzerne gehörte, aber sein Produkt zunehmend ins Ausland verkaufte. Frankenberg bat um Einblick in die Produktionsdaten und die prognostizierten Lieferverpflichtungen des kleinen Brunnens. Die Zahlen sahen gut aus, denn der gut ausgelastete Abfüller konnte wegen des vorhergesagten schlechten Wetters sogar mehr als genug Sprudel abgeben. Und sein Qualitätsrating lag im oberen Viertel, meldete der auf Kundenzufriedenheit spezialisierte Online-Dienst – eine unabdingbare Voraussetzung für jeden Zulieferer Frankenbergs.

Frankenberg kaufte von der Produktion alles, was er bekommen konnte. Den Überschuss bot er sofort seinen Geschäftspartnern an, die gegen eine Gebühr seine Zulieferkette nutzen konnten. Seinen eigenen Kunden wollte er den neuen Sprudel mit einem speziellen Marketing als hochwertiges neues Produkt im Sortiment schmackhaft machen, das man probeweise einführe. Mit dem Marketing beauftragte er eine Agentur in den USA, die dazu mit der Werbefirma der Sprudelfirma in Oberitalien zusammenarbeiten sollte.

Für einen Teil der Lieferung wollte er auch die neue Webseite nutzen, die er zusammen mit einem Kollegen vor kurzem entwickelt hatten. Verbraucher können hier eigene Etiketten entwerfen, welche dann in Indonesien gedruckt und direkt an den jeweiligen Produzenten geschickt werden. Vielleicht könnte er ja auch wieder einen besonders gelungenen Entwurf prämieren und für andere Produkte nutzen, wie kürzlich bei einem französischen Wein.

Wird es unseren Sprudelhändler Klaus Frankenberg in Zukunft geben? Das bleibt Zukunftsmusik, werden Skeptiker einwenden. Sie haben gute Argumente: IT-Firmen haben schon oft das digitale Nirwana versprochen, doch nie geliefert. Virtuelle Produktionsnetze sind unendlich komplex und werden deswegen wohl nie richtig funktionieren. Und falls doch, dann bleiben als Unsicherheitsfaktor die Mitarbeiter, die sich kaum auf Mausklick herumdirigieren lassen.

Das ist alles richtig, aber nicht neu. SAPs erste Programmpakete stießen auf ähnliche Vorbehalte. Verglichen mit der anfänglichen Euphorie haben die serviceorientierte Architektur (SOA) und das Business-Process-Management (BPM) bisher auch ähnlich enttäuscht. Aber solche Hürden konnten die weitere Informatisierung von Unternehmen und Lebenswelt nie lange aufhalten. Die Zukunft ist zudem schon da, wenn auch nicht gleichmäßig verteilt, um mit dem amerikanischen Science-Fiction-Autor William Gibson zu sprechen.

Langsam aber sicher setzt sich SOA und BPM durch, gerade auch in Deutschland. Neben SAP ist auch die zweitgrößte deutsche Programmschmiede, die Software AG, ein Verfechter dieser Ansätze. Der Pionier in der praktischen Anwendung ist die Deutsche Post. Der weltgrößte Logistikkonzern setzte schon seit 1999 auf die neue Technologie, um mithilfe von serviceorientierter Architektur Ordnung in ihr damaliges informationstechnisches Chaos zu bringen. Heute nutzt die Post intern Dutzende solcher IT-Dienste. Nachsendeanträge verwaltet sie jetzt beispielsweise einheitlich, Sortiermaschinen für Briefe werden zentral gesteuert und die Kreditwürdigkeit von Kunden lässt sich in einer Datenbank abrufen.

Während es der Post ursprünglich darum ging, im eigenen Haus aufzuräumen, wollte Burdas Digital Systems seine Geschäftsprozesse für das Verlagsgeschäft von Anfang an auch anderen Firmen anbieten. Mit dieser Vision baute die Burda-Tochter das eigene Vertriebsinformationssystem grundlegend um. Heute können sich auch andere Verlage dort einklinken, um ihren Vertrieb zu organisieren – und damit weit unkomplizierter als bisher das Geschäft des Medienkonzerns mehren, der bereits mehr als eine halbe Milliarde Zeitschriften an über 100 000 Händler weltweit ausliefert.

Der Stromanbieter Watt geht noch weiter. Im Jahre 2008 durchforstete er jeden seiner Geschäftsprozesse und setzt die neu geordneten Abläufe jetzt technisch um. »Wir schaffen damit die Überwachung und Analyse unseres Geschäfts in Echtzeit«, erklärt IT-Leiter Marcus Felsmann, »wir können Aktivitäten identifizieren und verändern, die nicht effizient laufen, und zwar in Stunden und nicht erst in Tagen oder Wochen.«

Daimler, Deutsche Bank, Telekom, Volkswagen – es gibt mittlerweile kaum ein großes deutsches Unternehmen, das nicht zumindest mit SOA und BPM experimentiert. Im Frühjahr 2008 gründeten einige ihrer Computerchefs das »SOA Innovation Lab«, um die Verbreitung der Technik voranzutreiben. »In den nächsten Jahren werden hierzulande die technischen Grundlagen dafür gelegt, um auch viele Verwaltungstätigkeiten automatisieren zu können«, prophezeit Rüdiger Spiess, Analyst beim Marktforscher IDC und einer der führenden SOA-Experten in Deutschland.

Bei SOA liegen Deutschland und die Vereinigten Staaten noch ungefähr gleichauf. Doch bei der Analyse von Daten sind die Unternehmen jenseits des Atlantiks schon viel weiter – ein Ergebnis laxerer

Datenschutzbestimmungen, aber auch des Trommelns von Managementratgebern, die darin eine wesentliche Quelle von Wettbewerbsfähigkeit sehen. »Unternehmen müssen den letzten Tropfen von Wert aus ihren Geschäftsprozessen quetschen«, meint Jeanne Harris, Forscherin beim Beratungsunternehmen Accenture, in ihrem Buch *Competing on Analytics*.

Als einen der führenden »analytischen Wettbewerber« zitiert Harris Harrah's Entertainment, einen der größten Kasinobetreiber des Landes. Per Kundenkarten werden die Gäste genau dabei beobachtet, was sie in den Spielhöllen und Hotels des Konzerns treiben. Ihre Daten werden sofort ausgewertet und bestimmen beispielsweise Zimmerpreise oder Gewinnchancen. Verliert ein Tourist in Las Vegas zu viel, bekommt er schon einmal einen Gutschein auf sein Handy geschickt, um ihn in ein Restaurant zu locken.

Ein anderes Beispiel ist Netflix, der führende DVD-Verleih in den Vereinigten Staaten, dem Abonnenten monatlich knapp 17 Dollar überweisen und dafür bis zu drei Filme gleichzeitig ausleihen können. Netflix nutzt die Ausleihdaten, um abzuschätzen, wie viel das Unternehmen den Studios für die Vertriebsrechte vorab zahlen sollte. Wenn ein Film zu einem bestimmten Thema erfolgreich war, kann man getrost tiefer in die Tasche greifen. Umstritten ist ein anderes Ergebnis der Rechenkünste von Netflix: Kunden, die eher wenige Filme ausleihen, bekommen diese schneller zugeschickt. Denn sie sind profitabler als die Vielausleiher.

Weiter südlich, in Mexiko, lässt Cemex, einer der größten Zementkonzerne der Welt, von komplizierten Formeln die Zeit berechnen, die seine Lastwagen voraussichtlich brauchen, um sich durch den oft chaotischen Verkehr des Landes zu den Baustellen zu quälen. Pünktlichkeit ist in dem Geschäft wichtiger, als man annimmt: Zement setzt sich schnell und kann dann nicht mehr verwendet werden, und dank der Technik kann Cemex seine Transporter auch noch kurzfristig umdirigieren.

Die Liste ließe sich schon heute schnell verlängern. Täglich gibt es mehr Beispiele für die beiden Innovationstrends der Gegenwart: die

Flexibilität und die Reaktionsgeschwindigkeit im Innern eines Unternehmens zu steigern und die Kooperationsmöglichkeiten mit anderen zu erweitern. Die Tendenz scheint eindeutig: Über kurz oder lang werden Wirtschaft und Informationstechnologie zu jener genannten Matrix verschmelzen, in der Unternehmensorganisation und Computersystem kaum noch zu unterscheiden sind. Schon heute, erklärt George Colony, Chef des Marktforschers Forrester Research, hat sich Informationstechnologie weitgehend in Geschäftstechnologie verwandelt: »Unternehmen können nicht mehr zwischen beiden unterscheiden: Man kann heute kein Produkt mehr entwickeln, vertreiben oder warten ohne IT. Aus Geschäft ist Technologie geworden und aus Technologie Geschäft.«

Aber welche Regeln werden in dieser neuen Wirtschaft herrschen? Reinrassige Akademiker lassen sich zu solchen Spekulationen kaum hinreißen, zumindest nicht öffentlich. Deswegen lohnt sich am Ende dieses Buches noch ein letzter Abstecher ins Silicon Valley. Dort gedeihen nicht nur Start-ups, sondern auch Denker, die sich darauf verstehen, Theorie und Praxis kräftig zu mischen und auch nicht vor steilen Thesen zurückschrecken. Nach vier Besuchen wird deutlich, wohin die digitale Reise geht.

Der erste führt zur berühmten Stanford University. Hier lehrt Lawrence Lessig. Erst ist kein Ökonom, sondern Verfassungsrechtler. Und man tut ihm kein Unrecht, wenn man ihn als halben Politiker bezeichnet. Jahrelang kämpfte er gegen ein zu restriktives Urheberrecht, zog deswegen sogar vor das Oberste Gericht der Vereinigten Staaten. Weil er mit der Kampagne zwar viel Zuspruch, aber nur wenig Erfolg erntete, entschied er sich 2007, gegen die Macht der Lobbyisten – die »politische Korruption«, wie er es nennt – zu Felde zu ziehen. Anfang 2008 überlegte er sich sogar kurzfristig, für das amerikanische Repräsentantenhaus zu kandidieren.

International wurde Lessig 1999 durch sein erstes Buch bekannt: *Code and other Laws of Cyberspace* (deutsche Ausgabe: *Code und andere Gesetze des Cyberspace*). In dem Titel steckt, branchentypisch kodiert, schon die Hauptthese des Werks: In der virtuellen Welt ist der *code* – ein anderes Wort für Software – das Gesetz (was oft ebenfalls mit *code* benannt wird). Die Architektur von Software und von Informationstechnologie ist für Lessig dessen Verfassung. Sie legt die Grundregeln für das fest, was geht und was nicht. Das Internet ist vor allem deswegen ein Hort der Freiheit, sagt Lessig, weil seine Architektur Regulierung erschwert.

Dieser Ansatz lässt sich auch auf betriebswirtschaftliche Software übertragen. Lange Zeit war sie bestenfalls das Abbild eines Unternehmens und seiner Prozesse: Die Technik konnte zwar einige Grenzen zwischen Abteilungen aufbrechen, aber sie musste sich eher an die Organisation anpassen als umgekehrt. Je wichtiger die Informationstechnologie wird, desto mehr dreht sich dieses Verhältnis jedoch um. Heute bestimmt bereits in vielen Fällen die Architektur des IT-Systems, welche neuen Geschäftsprozesse ein Unternehmen ausprobieren, welche neuen Produkte es auf den Markt bringen und ob es mit einer anderen Firma fusionieren kann. Nicht zuletzt deswegen gibt es in vielen amerikanischen Unternehmen eine neue Zunft, die in der Informationstechnologie und im Management in gleicher Weise zu Hause ist (oder zumindest sein sollte): *enterprise architects* – Unternehmensarchitekten.

Hal Varians Büro im Hauptquartier von Google in Mountain View liegt gleich neben dem von Eric Schmidt, dem Chef des Online-Konzerns. Die Nähe ist kein Zufall: Für Google ist Ökonomisches mindestens genauso wichtig wie Technisches. Wie gestalte ich die Auktionen von Werbeplätzen neben den für die Kunden besonders attraktiven Suchergebnissen? Wo setze ich auf offene Standards, und wo schotte ich mich eher ab? Wie reagiere ich auf Beschwerden von Kartellwächtern? Für solche Fragen ist Varian zuständig. Bevor er 2002 zu Google stieß und mit dessen Börsengang reicher wurde als wahrscheinlich jeder andere Mikroökonom, lehrte er an der Universität in Berkeley und galt als einer der weltweit führenden Experten in Sachen Informationsökonomie. Für dieses Feld ist sein zusammen mit Carl Shapiro verfasstes Buch *Information Rules* auch zehn Jahre nach dem Erscheinen noch Pflichtlektüre.

Collaboration, Kooperation, ist das erste Stichwort, das Varian im Gespräch nennt. Cloud Computing würde zum Beispiel die Kosten für die Zusammenarbeit von Menschen senken. Sie könnten Texte oder andere Dateien, die in der »Wolke« existieren, viel einfacher gemeinsam bearbeiten. Und sie müssten sich keine Gedanken mehr darüber machen, welchen Computer mit welchem Betriebssystem und welcher Software sie gerade nutzen: Online-Dienste beruhen meist auf offenen Standards, die fast alle Rechner und Programme verstehen. Die Folge, so Varian: schnellere Innovation.

Einen ähnlichen Effekt habe der »kombinatorische Wettbewerb«, sagt Googles Chefökonom. Ob Dampfmaschine, Telefon oder Mikroprozessoren – immer wieder tauchten Technologien auf, deren Komponenten sich vielfältig miteinander verbinden lassen, um neue Produkte zu schaffen. Die Folge sei meist ein Technologieboom, weil Erfinder die Kombinationsmöglichkeiten durchdeklinieren, bis sie ausgeschöpft sind. Der Verbrennungsmotor etwa wurde nicht nur in Autos eingesetzt, sondern auch in Maschinen, Kraftwerken, Motorrädern und Flugzeugen. »Der Unterschied heute ist, dass diese Möglichkeiten praktisch unbegrenzt sind«, meint Varian, denn »es gibt keine physischen Grenzen«.

Vor allem Technologieplattformen wie Amazon Web Services treiben derzeit Innovationen voran – und das nicht nur für Start-ups. Längst nutzen auch etablierte Unternehmen die Rechenwolke des weltgrößten Online-Ladens. Forscherteams in Pharmakonzernen warten nicht mehr, bis ihr Antrag auf neue Server von der Verwaltung genehmigt ist und die IT-Abteilung sie endlich aufgestellt hat. Virtuelle Maschinen in Amazons Rechenzentren kalkulieren für sie jetzt Proteinfaltung und ähnlich rechenaufwändige Simulationen. Manche Organisationen betreiben bereits interne Rechenwolken. Sogeti, ein französisches Beratungsunternehmen, nutzt sie etwa, um schnell neue Produktideen für seine Kunden auszuprobieren.

Mit dem Konzept des kombinatorischen Wettbewerbs liefert Varian auch ein gutes theoretisches Werkzeug, um zu verstehen, welche Folgen serviceorientierte Software-Architekturen und das Management von Geschäftsprozessen in Unternehmen haben werden. Mit herkömmlichen betriebswirtschaftlichen Programmen sind der Experimentierfreude enge Grenzen gesetzt. Mit der neuen Technik kann man neue Kombinationen viel leichter testen und entscheiden, welche Geschäftsprozesse am besten ausgelagert werden. Die Matrix ist also keine Zwangsjacke, sie ist ein Instrument der Entflechtung.

Geoffrey Moore empfängt, wie es sich für einen Technologiepaten des Silicon Valley gehört, an der Sand Hill Road. Auf dem waldigen Hügel unweit der Stanford University sind selbst nach der jüngsten Finanzkrise einige der größten Vermögen der Erde zu Hause. Sequoia, Mayfield, Kleiner Perkins: Die weltweit erfolgreichsten Venture-Capital-Firmen haben hier ihren Sitz. Dazu gehört auch Mohr Davidow, bei der Moore als Partner in Start-ups investiert und sie dann an die Hand nimmt, um gemeinsam viel Geld zu verdienen.

Doch Moore ist mehr als nur ein steinreicher Finanzier. Als Buchautor und Berater hat er die Vokabeln und Konzepte geliefert, um das oft frenetische Treiben der Start-ups und ihrer Gründer im Valley zu beschreiben und zu verstehen. *Crossing the Chasm* (frei übersetzt: »Den Abgrund überwinden«) war 1991 sein erster Bestseller. Darin versucht Moore, die Schlüsselfrage aller High-Tech-Unternehmer zu beantworten: Wie mache ich aus einem Spielzeug für Technikfreaks ein Gut für die Massen – ohne dass es von jenem schwer überwindbaren Abgrund, der zwischen beiden Gruppen liegt, verschluckt wird?

Mittlerweile ist Moore auch außerhalb des Valley ein gefragter Berater. Die zentrale These seiner jüngsten Bücher *Living on the Fault Line* (»Leben auf der Spannungslinie«) und *Dealing with Darwin* (»Mit Darwin fertig werden«, deutsche Ausgabe: *Darwins Erben*) betrifft vor allem etablierte Firmen. Ihre Aktivitäten ließen sich grob gesprochen in zwei Kategorien einteilen: *core* und *context*. Das eine ist der Kern eines Unternehmens – all das, was es einzigartig macht und von Konkurrenten nicht leicht kopiert werden kann. Das andere ist das Beiwerk, welches Spezialanbieter viel besser anbieten können.

Dass Moore Unternehmen dazu rät, sich auf ihren *core* zu konzentrieren und den *context* auszulagern, ist nicht gerade neu. Aber für ihn ist dies ein pausenlos andauernder, ständig von neuem beginnender Prozess: Was einmal zentral für die Wettbewerbsfähigkeit einer Firma war, wird immer schneller zum Beiwerk. Firmen sollten daher ihren *core* ständig neu erfinden und sich die zu *context* gewordenen Teile ihres Geschäfts von außerhalb besorgen. Wie das funktioniert, würde ihnen die Computerindustrie vormachen: Neue Produkte und Komponenten werden dort in wenigen Monaten zur *commodity* – zur Allerweltsware, die zum Standardangebot und daher ausgelagert gehört.

Ohne Informationstechnologie wäre dieser ständige Verdauungsprozess nicht möglich, erklärt Moore. Besonders nützlich sei dabei das Business-Process-Management. Überhaupt würden sich Unternehmen in Zukunft vor allem durch den Einfallsreichtum bei Geschäftsprozessen unterscheiden. Die alten Quellen von Wettbewerbsvorteilen wie geringe Lohnkosten, guter Zugang zu Kapital oder die Existenz von qualifizierten Arbeitskräften würden langsam versiegen. »In einer globalisierten Wirtschaft sind die geschäftlichen Zutaten zunehmend gleich«, sagt Moore, »es kommt immer mehr darauf an, wie man sie kombiniert.«

John Hagel arbeitet in San José, doch er ist auf dem Sprung. Bald wird er von der Stadt am südlichen Rand des Silicon Valley ins Zentrum der High-Tech-Region nach Palo Alto ziehen. Dort richtet ihm sein Arbeitgeber, das internationale Wirtschaftsprüfungs- und Beratungsunternehmen Deloitte, ein Forschungsinstitut ein. Seine Hauptaufgabe: auszukundschaften, wie sich Geschäftsstrategien und Informationstechnologie bedingen und beeinflussen. Deswegen reist er derzeit vor allem nach Asien, um dort Manager von Unternehmen wie Li & Fung zu befragen.

Wie Moore ist Hagel in den Vereinigten Staaten ein bekannter Buchautor. Ähnlich der Werke seines Beraterkollegen aus der Sandhill Road triefen auch seine Bücher von Business-Jargon, oft schon im Titel – wie etwa sein letztes, im Jahre 2005 erschienenes Buch »The Only Sustainable Edge«, was ungefähr soviel bedeutet wie »Der einzig nachhaltige Vorteil«. Doch wie Moore hat Hagel einen hervorragenden Überblick darüber, wie Technologie nicht nur sich selbst, sondern auch die Wirtschaft verändert.

Anders als Moore geht es Hagel aber nicht hauptsächlich um einzelne Unternehmen und ihre Produkte, ihn interessiert eher die Gesamtsicht. Dass sich Firmen stärker spezialisieren können, ist für Ha-

gel darum auch nur eine Seite der Medaille der neuen Informations-
und Kommunikationstechnologien. Die andere ist, dass sich diese
spezialisierten Unternehmen zu Netzen zusammenschließen, zu *»process networks«*, wie Hagel sie nennt. »Denken Sie an einen Geschäftsprozess innerhalb eines Unternehmens«, erklärt er, »und jetzt stellen
Sie sich den gleichen Vorgang verteilt über viele Firmen vor.«

Solche Produktionsnetze kommen freilich nicht von allein zustande,
betont Hagel. Sie brauchen Dirigenten, wie eben Li & Fung. Ein anderes Beispiel ist ein Unternehmen nur wenige Kilometer entfernt von
Hagels Büro: Cisco, der weltgrößte Hersteller von Geräten zum Aufbau von Datennetzen wie etwa Router, die elektronischen Verkehrs-
ampeln des Internet. In gewisser Weise ist das Unternehmen bereits
solch ein riesiges Produktionsnetz. Nachdem es seine Geräte entworfen hat, lagert es die Herstellung aus. Kaum eines seiner Produkte
kommt je mit einem Mitarbeiter der Firma in direkten Kontakt, sondern wird geradewegs vom Subunternehmer an den Kunden geschickt. Zudem hat Cisco für seine Kunden ein Netz von Partnern geknüpft, die ihnen bei der Installation und Wartung der Geräte helfen.

Die interessantesten Beispiele finden sich jedoch in Asien, auch
wenn diese Unternehmen oft nicht die modernste Informationstechnologie verwenden, sagt Hagel. In Indien hat die Versicherungstoch-
ter von ICICI, einem der am schnellsten wachsenden Finanzkonzerne
des Landes, ein Netz von elektronischen und analogen Unterdiensten
geknüpft. Es ermöglicht der Firma, eine personalisierte Versicherung
anzubieten, die im Fall von Diabetes einspringt, ein in Indien recht
hohes Risiko. Fitness-Clubs, Ärzte, Apotheken und andere Dienstleister geben Informationen über die Versicherungskunden an ICICI weiter; damit wird die Prämie berechnet. Wer sein Medikamente regelmäßig einnimmt oder oft auf dem Crosstrainer steht, muss weniger
Beiträge zahlen.

Die großen Elektronikhersteller in Taiwan, *»original design manufacturers«* genannt, sind meist keine integrierten Firmen, sondern
bestehen aus einem Netz von Dutzenden Produzenten einzelner
Komponenten wie etwa Festplatten, Speicherchips, Displays und Tastaturen. Und diese Zulieferer sind wiederum oft nur Dirigenten von

eigenen, noch kleinteiligeren Produktionsnetzen. Auf ganz ähnliche Weise werden in Südchina Motorräder hergestellt.

Gerade die beiden letzten Beispiele führen allerdings etwas in die Irre, glaubt Hagel. Produktions- oder Prozessnetze werden nämlich nur in seltenen Fällen aus vielen kleinen, mehr oder weniger gleichberechtigten Anbietern bestehen. Sie werden sich stark differenzieren, ganz verschiedene Aufgaben erfüllen und unterschiedliche Dimensionen annehmen. Hagel hat vor allem drei Gruppen ausgemacht: Anbieter, die spezialisiert sind auf die Produktion von Massenware, auf Logistik oder sonstige Routinetätigkeiten; Unternehmen, die sich im umfassenden Sinn um Marketing und die Beziehung zum Kunden kümmern; und schließlich Firmen, die neue Produkte erfinden und sie auf den Markt bringen.

Nur letztere werden wohl immer vergleichsweise klein bleiben: Solche auf Wissen, Kreativität und Freiräume angewiesenen Dienste gedeihen schlecht in großen Organisationen. Unternehmen in den beiden anderen Gruppen werden dagegen voraussichtlich zu riesigen globalen Konzernen heranwachsen. »Ich gehe davon aus«, sagt Hagel, »dass wir in einigen Teilen der Wirtschaft eine Konsolidierung und Konzentration von bisher nicht gekannten Ausmaßen sehen werden.«

Bei den Infrastrukturdiensten lässt sich diese Entwicklung schon seit einigen Jahren erkennen. Viele Unternehmen haben beispielsweise ihre Lohn- und Gehaltsabrechnung ausgelagert, und die meisten von ihnen beauftragen damit den amerikanischen IT-Dienstleister Automatic Data Processing (ADP). Mehr als 585 000 Firmen schicken ihm Ende 2008 jeden Monat die nötigen Daten und das dazugehörige Geld, und ADP berechnet Löhne sowie Abzüge, veranlasst Überweisungen oder stellt Schecks aus. Über 33 Millionen Beschäftigte bekommen so weltweit ihr Geld.

Früher war die komplette Auslagerung der Produktion wie bei Cisco die Ausnahme. Inzwischen ist diese Praxis in der Elektronikbranche die Regel. Die meisten Computer, Kameras und Telefone werden längst von so genannten »*contract manufacturers*« hergestellt, die zwar weithin unbekannt, aber mittlerweile größer als ihre Auftraggeber mit den berühmten Markennamen sind. Marktführer Foxconn aus

Taiwan machte 2007 fast 52 Milliarden Dollar Umsatz und beschäftigte 550 000 Mitarbeiter weltweit. Zum Vergleich: Die Computerfirma Apple, deren Rechner unter anderem von Foxconn produziert werden, kam im Geschäftsjahr 2008 nur auf 32 Milliarden Dollar Umsatz und 32 000 Beschäftigte.

Andere Branchen erinnern schon an IT-Systeme, etwa der amerikanische Kreditkartensektor. Die Abrechnung übernehmen dort längst spezialisierte Dienstleister. Vor allem Banken, aber auch andere Firmen wie Fluggesellschaften, Online-Dienste oder sogar Universitäten entwickeln ständig neue Kreditkartenprodukte und vermarkten sie. Ähnlich ist es in der Pharmaindustrie: Dort werden immer mehr Medikamente von Start-ups entwickelt und dann von den traditionellen Pharmakonzernen produziert und vertrieben.

Vielleicht werden in Zukunft viele Wirtschaftszweige so aussehen wie die Software-Industrie heute. Vielleicht werden große Plattformkonzerne wie Computerbetriebssysteme ganze Branchen mit den wichtigsten geschäftlichen Grunddiensten versorgen. Kleinere Firmen würden dann – um in diesem Bild zu bleiben – so wie Anwendungsprogramme auf diesen Angeboten aufbauen und sie mit eigenen spezialisierten Diensten kombinieren. Dann hätte sich die Informationstechnologie tatsächlich eine Wirtschaft nach ihrem Antlitz geschaffen.

Über all das würde Stafford Beer wahrscheinlich wissend lächeln, denn vieles hat der 2002 verstorbene Brite schon in den fünfziger und sechziger Jahren des vergangenen Jahrhunderts vorgedacht. Beer war Begründer der Managementkybernetik, die Betriebswirtschaft mit Erkenntnissen über die Funktion komplexer Systeme zusammenbringen will. Doch er wartete damals noch mit viel wilderen Thesen auf: Informations- und Kommunikationstechnologien, argumentierte er, seien der Schlüssel zur Auflösung des Widerspruchs zwischen Plan- und Marktwirtschaft.

Die Steuerung von Wirtschaft war für ihn zunächst vor allem ein Zeitproblem. »Papierbasierte Erhebungs- und Verwaltungsformen des Wissens, so das Argument des Statistikersohns Beer, seien als Interventionsgrundlage viel zu langsam«, schreibt Claus Pias, Professor für Erkenntnistheorie und Philosophie der Digitalen Medien an der Universität Wien in einem Aufsatz über den Managementguru. Wenn Wirtschaftsdaten mit mindestens einem halben Jahr Verzögerung erhoben werden, »dann verhält sich die Statistik zur Wirklichkeit so wie der Kosinus zum Sinus«.

Mit Computern und Fernmeldenetzen, glaubte Beer, bekäme der Staat Instrumente in die Hand, um diese Zeitverschiebung so weit zu minimieren, dass er zum Echtzeitregulator werden könnte – ganz ähnlich wie der oben beschriebene Störfallmanager. Würden Informationen nur schnell genug fließen, könnten Ungleichgewichte in einem Teil des Systems durch Gegensteuerung in anderen Teilen ausgeglichen werden. Die elektronische Revolution, so Pias, sollte zur letzten Revolution werden. Anders ausgedrückt: Aus Adam Smiths unsichtbarer Hand, die im wirtschaftlichen Wettbewerb das individuelle gleichzeitig mit dem gesellschaftlichen Glück erhöht, sollte eine sichtbare werden.

Arbeit und Kapital durch Technik zu versöhnen – mit diesem Traum stand Beer nicht allein, obwohl er für sich in Anspruch nehmen konnte, ihn am weitesten geträumt zu haben. Auch die Planer in kommunistischen Ländern verfolgten ähnliche Ideen. Schon bevor die SAP-Gründer bei ICI in Östringen anfingen, ihr erstes Programmpaket zu schreiben, tüftelten etwa Entwickler beim ostdeutschen Elektronikkombinat Robotron an Planungs-Software für sozialistische Betriebe (was SAP vor ein paar Jahren den recht weit hergeholten Vorwurf einbrachte, es hätte bei der DDR-Konkurrenz abgeschrieben).

Was Beer zu einer historischen Figur macht, ist die Tatsache, dass er seine Ideen in einem Land praktisch umsetzen durfte. Weil Chiles Wirtschaft aufgrund einer verfehlten Politik und amerikanischer Sanktionen immer mehr in die Krise rutschte, bat die sozialistische Regierung von Präsident Salvador Allende den Kybernetiker 1971 um Hilfe. Die Idee: Beer sollte helfen, ein Real-Time-System zu entwickeln, um die Wirtschaft des südamerikanischen Landes effektiver zu steuern. Beer, der trotz seiner Beratertätigkeit für kapitalistische Unternehmen linke Sympathien hegte, sagte sofort zu, allerdings zum stolzen Tagessatz von 500 Dollar sowie einem ausreichenden Vorrat an Schokolade, Wein und Zigarren. Ob das Geld gut angelegt war, sei dahingestellt. Jedenfalls bauten Beer und seine Mitarbeiter ein für damalige Verhältnisse erstaunliches System – und das auch noch unter Revolutionsbedingungen. In einem Lagerhaus des nationalen Fernmeldeunternehmens fanden sie 500 neue Telexmaschinen, die noch von der vorherigen Regierung bestellt worden waren. Diese wurden in vielen Fabriken und Minen des mehr als 4 600 Kilometer langen Landes installiert und mit zwei Kontrollzentren in der Hauptstadt Santiago verbunden. Jeden Nachmittag meldeten die Unternehmen Daten wie Produktion und Energieverbrauch, die dann ein IBM-Großrechner zu einem landesweiten Gesamtbild zusammenfasste – die Entscheidungsgrundlage für einen wirtschaftlichen Expertenrat.

Cybersyn, wie Beer das System getauft hatte, erwies sich vor allem als wirkungsvolle Waffe gegen die von der CIA unterstützten Streiks der Einzelhändler und Lastwagenfahrer. Über die Telexmaschinen wurden Informationen über die Versorgungslage gesammelt und regierungstreue Lastwagenfahrer entsprechend umdirigiert. Ohne Cybersyn, meint der damalige chilenische Wirtschaftsminister Fernando Flores heute, wäre Allendes Regierung wahrscheinlich schon viel früher gestürzt.

Als das chilenische Militär schließlich im September 1973 putschte und Allende sich in seinem Regierungspalast in Santiago das Leben nahm, war Cybersyn allerdings nicht mehr als ein Torso, und das Kontrollzentrum wurde später zerstört. Doch das System hätte höchstwahrscheinlich ohnehin enttäuscht, hatte es doch schon zuvor nur mehr schlecht als recht funktioniert. Manager der staatseigenen Unternehmen beispielsweise dazu zu bewegen, Daten regelmäßig und korrekt zu übermitteln, sei eine Sisyphusarbeit gewesen, berichten ehemalige Mitarbeiter Beers. Zudem kam es unter den Beteiligten des Projekts, die nicht alle an Allendes sozialistisches Experiment glaubten, zu ständigen Konflikten.

Aber würde ein solches System unter weniger chaotischen Umständen und mit der heutigen, hochgezüchteten Technik funktionieren? Oder anders gefragt: Bedeutet der erfolgreiche Abschluss des Projekts von Pacioli auch das Ende des Kapitalismus? Wohl kaum, lautet die knappe Antwort. Die Vorstellung, eine allwissende und allmächtige Maschine könnte das wirtschaftliche Paradies auf Erden erschaffen, gehört ins Reich des Glaubens und der Metaphysik. Wie weit man davon entfernt ist, hat die Finanzkrise 2008 gezeigt. Kaum eine Branche setzt mehr Informationstechnologie ein als Banken und andere Finanzinstitutionen. Doch geholfen hat das wenig. Im Gegenteil: Die Technik mit ihren automatisch ausgelösten Transaktionen dürfte das Auf und Ab der Märkte noch verschlimmert haben.

Eine ausführliche Beantwortung der Frage würde den Rahmen dieses Buches sprengen. Deswegen zum Schluss nur einige Thesen: Je mehr sich Wirtschaft in die *cloud* verlegt, desto durchsichtiger wird sie. Angenommen, SAP bietet seine Software einmal vollständig als Dienst im Netz an, und Kunden, gleichgültig ob Konzerne oder Kleinstunternehmen, legen ihre Unternehmensinformationen auf den Computern der Walldorfer ab. Dann hätte SAP – oder gar der Staat – Zugang zu einem riesigen Datenschatz, aus dem sich die wirtschaftliche Entwicklung in Echtzeit herauslesen lassen könnte. Was noch utopisch anmutet, ist heute bereits in Ansätzen Realität, denn Anbieter von Online-Diensten wie Salesforce.com sehen bereits früher als Wirtschaftsforscher, ob die Konjunktur abflaut oder wieder anzieht.

Damit wird Wirtschaft sicher nicht planbarer. Mithilfe der Technik und der Daten könnten Risiken und Fehlentwicklungen aber besser zu erkennen sein, und es ließe sich gezielter gegensteuern. In jedem Fall werden sich Finanzkrisen wie im Herbst 2008 nur durch mehr Transparenz und damit letztlich mehr Informationstechnologie verhindern lassen. Das gilt in gleicher Weise für Umweltprobleme: Ob Mobilität, Energieverbrauch, Kohlendioxidausstoß – all das ist nur mit mehr Information und mehr Technologie in den Griff zu bekommen.

Große Teile der Wirtschaft werden allerdings »nach Plan« funktionieren. Von den oben beschriebenen Anbietern von Infrastrukturdiensten wird es weltweit wohl nur wenige geben, und sie werden vor allem davon leben, dass es keine Überraschungen gibt. Kreativität, Innovation, Wettbewerb – all das, was Marktwirtschaft im besten Sinne ausmacht, wird sich dagegen bei jenen Unternehmen konzentrieren, die neue Produkte schaffen und vermarkten. Ein zunehmend planwirtschaftlicher Kern könnte umgeben sein von einer umso lebhafteren Konkurrenz.

Ist das wichtigste Ergebnis der Matrix vielleicht, dass sie den Menschen eben nicht versklavt, wie das (fast) allmächtige System in dem gleichnamigen Film, sondern ihm mehr Freiraum schafft, kreativ und innovativ zu sein? Dann könnte die fortschreitende Vergeistung der Wirtschaft am Ende möglicherweise wieder zu ihrer Beseelung führen.

Epilog

Deutschland – eine Plattform

»Heute findet Wettbewerb vor allem entlang einer Achse statt: der Fähigkeit einer Nation, kreative Menschen auszubilden, anzulocken und zu behalten.«

Richard Florida, Wirtschaftsprofessor an der Universität von Toronto

Was den Fußball angeht, habe Deutschland lange Zeit im eigenen Saft geschmort, meinte Ralf Rangnick, Trainer der TSG 1899 Hoffenheim, im Prolog dieses Buches. Sein treffliches Beispiel: Noch Ende der siebziger Jahre hätten viele Trainer geglaubt, dass nur ein ausgetrockneter Körper ein fitter Körper sei. »Wir mussten bei vierzig Grad im Schatten spielen und durften uns nach dem Training zu zweit eine Flasche Apollinaris teilen«, berichtet er über seine Erfahrungen als Spieler in der A-Jugend, »da waren Trainer, die das überwacht haben. Du musstest heimlich trinken, sonst hättest du das nicht überlebt.«

Solche Praktiken sind glücklicherweise längst außer Mode. Vor allem in den vergangenen Jahren hat sich der deutsche Fußball modernisiert, ist weltoffener geworden – nicht zuletzt dank solcher Trainer wie Rangnick, aber auch Jürgen Klinsmann, der erst den Deutschen Fußballbund und jetzt den FC Bayern München zu Reformen verleitete. Auch Deutschland hat sich in den vergangenen Jahren verändert, ist weltoffener und wettbewerbsfähiger geworden. Aber ist das Land weltoffen und wettbewerbsfähig genug, um im neuen globalen Kapitalismus zu bestehen? Ist Deutschland vorbereitet auf die Globalisierung 3.0, die geprägt sein wird von ständig wechselnder Arbeitsverteilung und sich permanent wandelnden Netzwerken von Unternehmen?

Antworten auf diese weit reichenden Fragen würden (und werden) weitere Bücher füllen. Um einem möglichen Missverständnis vorzubeugen: Wir wollen hier keinem technologischen Determinismus huldigen, der Wirtschaft zu einem unmittelbaren Ausdruck von Software machen würde – oder umgekehrt. Aber wenn es gegenseitige Abhängigkeiten zwischen Wirtschaftsweise und Technologie gibt, dann müssen sich die von uns beschriebenen Entwicklungstendenzen auch politisch interpretieren lassen. Deswegen wollen wir zum Schluss ein vielleicht etwas überraschendes Gedankenexperiment wagen. Was, fragen wir uns, können Deutschland und die deutsche Politik von den Herausforderungen lernen, vor denen SAP und die Software-Industrie stehen? Die Antwort lässt sich in einem Wort zusammenfassen: Offenheit.

Man sollte den Vergleich nicht zu weit treiben, aber Software-Plattformen wie Microsofts Windows und SAPs NetWeaver können als digitale Nationen in einer virtuellen Welt verstanden werden. Sie sind bevölkert von Entwicklern und anderen Softwarefirmen, die Programme für die jeweilige Plattform schreiben und sich oft in Gruppen organisieren. Die Regierungen sind in der Regel Plattformbetreiber wie eben Microsoft oder SAP, die innerhalb eines verfassungsähnlichen Regelwerks handeln. Dabei gibt es ganz unterschiedliche Regierungsformen, vom Absolutismus (Microsoft) bis zur Basisdemokratie (Open-Source-Software).

Ein großer Unterschied zwischen beiden Welten ist allerdings nicht zu übersehen: In virtuellen Nationen wird nicht gewählt, sondern mit den Füßen (oder den Fingern auf der Tastatur) abgestimmt. Zumindest anfangs können es sich Entwickler und Softwarefirmen aussuchen, auf welcher Plattform sie heimisch werden, also für sie Programme schreiben. Später wird ein Wechsel kostspieliger: Programme müssen dann meist umständlich für eine neue Plattform umgeschrieben werden. Doch im Prinzip können Programmierer immer auswandern, wenn etwa die Misswirtschaft in einer digitalen Nation zu groß wird oder eine neue, viel bessere entsteht.

Plattformpolitiker sind daher immer bemüht, ihr Software-Territorium so attraktiv wie möglich zu gestalten. Microsoft hat der Welt vorgemacht, wie man Entwickler auf die eigene Plattform lockt. Die digitalen Werkzeuge, die diese Multiplikatoren brauchen, um ihre Programme für die Windows-Plattform von Microsoft zu schreiben, waren immer die besten Produkte des weltgrößten Software-Konzerns. SAP ist dagegen noch heute ein Modell dafür, wie man Unternehmen in die Entwicklung einbindet: Die Firma hat Arbeitskreise für die wichtigsten Branchen eingerichtet. Dort werden gemeinsam mit ausgewählten Kunden Branchentrends beraten, Wünsche besprochen und neue Funktionen der SAP-Software geplant.

Je »offener« Plattformen sind, je mehr Freiheiten sie Entwicklern einräumen, desto erfolgreicher können sie sein – zumindest theoretisch, denn Quasi-Monopolisten wie Microsoft begrenzen den Wettbewerb der Systeme. Trotzdem, Windows wurde anfangs auch deswegen zum dominanten Betriebssystem für Personalcomputer, weil es im Vergleich zu Apple mit seiner Macintosh-Plattform Programmierern mehr technische Möglichkeiten bot. Das Open-Source-Betriebssystem Linux ist wiederum vor allem in vielen Rechenzentren so beliebt, weil Entwickler und Unternehmen es selbst verändern können, große Freizügigkeit genießen und, nicht zuletzt, keine Lizenzgebühren an Microsoft abführen müssen, also praktisch im Steuerparadies arbeiten.

Virtuelle und reale Nationen haben sich schon immer geähnelt, aber durch die Informatisierung rücken sie noch näher zusammen. Regierungen stehen zunehmend vor vergleichbaren Herausforderungen wie Plattformbetreiber. Wie wir in diesem Buch zu zeigen versucht haben, verweben SAP und andere IT-Konzerne Technik und Wirtschaft zu einem flexibleren Ganzen. Der Software gleich werden Unternehmen und Branchen modularer, können Geschäftsprozesse und Zulieferketten leichter verändert, Arbeit kann schneller um den Erdball verschoben werden.

Aber auch viele Arbeitnehmer haben in der globalisierten Welt mehr Optionen, vor allem jene, die der amerikanische Ökonom Richard Florida die »Kreative Klasse« nennt. Es sind die hoch Qualifizierten, die schon heute besonders wichtig für Unternehmen und Wirtschaft sind und zukünftig größere Bedeutung für Unternehmen und Staaten gewinnen werden. Gerade ihnen fällt es am leichtesten, den Arbeitgeber, den Ort oder gar das Land zu wechseln. Für sie büßt die »natürliche« Zugehörigkeit zu einer Nation immer mehr an Bindungskraft ein: Je mehr internationale Erfahrung sie besitzen, je leichter sie zwischen Ländern, Kulturen und Sprachen wechseln können, desto größer sind ihre Freiheiten und Chancen auf dem globalen Arbeitsmarkt.

Diese Knowledge-Nomaden, zeigt Florida in seinem Buch *The Flight of the Creative Class* (»Die Flucht der Kreativen Klasse«), sind äußerst wählerisch. Sie wohnen meist nicht dort, wo sie geboren sind, es zieht sie auch nicht nur dort hin, wo sie einen besonders attraktiven Job finden, sondern vor allem in die Städte, in denen auch die anderen Bedingungen stimmen: Transportinfrastruktur, Umwelt, kulturelles Angebot, Schulen, Sicherheit. Floridas Buch ist vor allem eine Warnung an die Vereinigten Staaten, die immer mehr an Attraktivität verlieren. Aber die Gefahr besteht auch für Deutschland: Im Jahre 2007 wanderten über 160 000 Menschen aus – ein Nachkriegsrekord. Genaue Zahlen sind nicht bekannt, aber Experten gehen davon aus, dass darunter auch viele hoch Qualifizierte waren.

Wie steht es also um die Plattform Deutschland? Nicht schlecht, wenn man den internationalen Hitlisten zur Wettbewerbsfähigkeit von Ländern glaubt. Im Global Competitiveness Report 2008–2009 des World Economic Forums beispielsweise liegt Deutschland auf dem siebten Platz unter 131 Ländern – vor Japan, Frankreich oder Großbritannien. Der Grund dafür ist nicht zuletzt die exzellente Infrastruktur, bei der Deutschland weltweit auf Platz eins liegt.

Doch auf anderen Feldern lässt die Attraktivität der Plattform Deutschland trotz aller Reformen der vergangenen Jahre zu wünschen übrig. Die Politik erinnert eher an die früheren monolithischen Anwendungen von SAP. Sie ist strukturell mit dem Softwarepaket R/3 oder sogar noch mit der weniger flexiblen Vorgängerversion R/2 vergleichbar: eine perfekte Verwaltungsmaschine, die aber durch ihre Komplexität Anpassungen an veränderte Rahmenbedingungen außerordentlich schwierig macht. Hinzu kommen die föderalen Entscheidungsmechanismen, mit denen sich zwar regionale Eitelkeiten pflegen lassen, die aber häufig in eine »Politikverflechtungsfalle« führen, wie der Soziologe Wolfgang Streeck es genannt hat.

Das ist auch ein wichtiger Grund, warum die Plattform Deutschland im Vergleich zu anderen weit weniger offen ist. Den wenigen hoch Qualifizierten, die sich hierzulande niederlassen wollen, wird die Einwanderung immer noch weit schwerer gemacht als in anderen Industrieländern, weil sich Bund und Länder nicht auf eine vernünftige Lösung einigen können. Ein Gesetzentwurf, der den Zuzug ausländischer Fachkräfte neu regelt, ist vom Bundeskabinett im Sommer 2008 verabschiedet worden. Doch auch ein halbes Jahr später ist das Gesetzgebungsverfahren nicht weiter gekommen.

Statt mit Anreizen operiert die Politik immer noch mit Zugangsschranken und Abwehr. Im Jahr 2007 zählten die Statistiker für Deutschland den Zuzug von ausländischen Fachkräften. Viel zu zählen hatten sie nicht, und das allein drückt schon die Misere aus: 466 ausländische Fachkräfte haben im Jahr 2007 in Deutschland Arbeit gesucht und gefunden. Was von Politikern als Schutz des heimischen Arbeitsmarktes missverstanden wird, ist in Wahrheit die Isolation von der wichtigsten Ressource für ein entwickeltes Land. Gerade ein Land, das als Exportweltmeister wie kein zweites von der Globalisierung profitiert hat, gefährdet durch diese Isolation die Grundlage für eine auch künftig prosperierende Wirtschaft.

Eine Studie der Bertelsmann Stiftung lieferte 2007 ein weiteres beunruhigendes Ergebnis: Deutsche Unternehmen beschäftigen im internationalen Vergleich prozentual am wenigsten ausländische Mitarbeiter. Nur elf Prozent der Beschäftigten in Deutschland haben keinen deutschen Pass. Und die deutschen Unternehmen pflegen dieses Ressentiment auch im Ausland. Dort arbeiten nämlich ebenfalls nur elf Prozent einheimische Mitarbeiter bei den Deutschen, wiederum ein Negativrekord. Und in keinem Land nimmt das Thema kulturelle Vielfalt einen so geringen Stellenwert ein wie in deutschen Unternehmen.

Auch sonst ist es in Deutschland nicht weit her mit der inneren Offenheit. Rund 14 Millionen Menschen in Deutschland sind Migranten oder haben einen Migrationshintergrund. Doch Lehrstühle und Chefsessel beispielsweise sind noch weitgehend von deutschen Hochschullehrern und Managern besetzt. Eine Studie des Hochschulmagazins duz kam zu dem Ergebnis, dass nur sechs Prozent der Professoren in Deutschland aus dem Ausland, davon ein Drittel aus Österreich und der Schweiz stammen. Und nach Berechnungen der Unternehmensberatung Simon-Kucher & Partners liegt der Ausländeranteil in den Vorständen von DAX-Unternehmen im Schnitt bei 25 Prozent. Auch in den Führungsebenen darunter sieht es nicht viel besser aus: »Unsere 600 Spitzenmanager sind vorwiegend weiße deutsche Männer. Wir sind zu eindimensional«, konstatierte Mitte 2008 Peter Löscher, der Chef des Elektrokonzerns Siemens.

Offenheit ist nicht die einzige Dimension, bei der die Plattform Deutschland im internationalen Vergleich zurückliegt. Ähnlich groß ist der Nachholbedarf etwa beim Bildungssystem oder beim eGovernment. Wäre Deutschland also ein Softwarekonzern, müsste man seine Aktien wohl langfristig *shorten* – darauf wetten, dass der Kurs fällt. Zum Glück ist ein Land viel mehr als eine Programmplattform. Doch der Blick in die virtuelle Welt der Technik zeigt, worauf es in Zukunft in der realen Politik ankommen wird. Diejenigen Staaten, die attraktiv und gleichzeitig leicht zugänglich sind für die Nomaden des Wissens, die aus dem Reservoir unterschiedlicher kultureller Erfahrungen am besten schöpfen, werden die größten Chancen haben, im globalen Wettbewerb zu bestehen.

Danksagung

Ein Buch wie dieses ist ein kollektives Produkt, es lebt von denjenigen, die uns geholfen haben mit Rat, Unterstützung, Zeit und Geduld. Deswegen danken wir allen, die in den vergangenen drei Jahren dazu beigetragen haben, unsere lang gehegte Idee in die nun vorliegende Form zu bringen. Auch wenn sie uns geholfen haben, tragen sie natürlich keine Verantwortung für unsere Interpretationen und mögliche Fehler.

Ohne die Aufgeschlossenheit des Vorstands von SAP – insbesondere dessen Sprecher Henning Kagermann und Léo Apotheker – wäre dieses Buch nie zustande gekommen. Obwohl ihnen klar war, dass sie keinen Hofbericht zu erwarten hatten, nahmen sie sich viel Zeit, teilten ihre Überlegungen mit uns und öffneten uns viele Türen. Einzige Bedingung für diesen offenen Zugang war, dass direkte Zitate von SAP-Mitarbeitern vor Drucklegung abgestimmt werden sollten. Dank gebührt auch den Vorstandsmitgliedern Claus Heinrich, Peter Zencke, John Schwarz, Jim Hagemann Snabe sowie Ex-Vorstand Shai Agassi. SAP-Gründer Dietmar Hopp vermittelte uns tiefe Einblicke in die Geschichte von SAP und verschaffte uns Zugang zur TSG 1899 Hoffenheim. Mitgründer Claus Wellenreuther erklärte uns die Anfänge der Verschmelzung von Betriebswirtschaft und Informationstechnologie.

Dass die Zusammenarbeit mit SAP für uns so reibungslos verlief, ist das Verdienst der Pressestelle des Unternehmens. Zu nennen sind insbesondere Herbert Heitmann (Head SAP Global Communications), Christoph Liedtke (Head of Media Relations) und Achim Bahnen (Head of Corporate Executive Communications) sowie ihre Mitarbeiter Alicia Lenze, Astrid Pölchen, Gerhard Rickes, Angelika Pfahler, Stefan Gruber, Monika Michel, Birte Hasselbusch und Umer Mir. Die gleiche zuvorkommende Hilfsbereitschaft fanden wir bei ihren Kollegen an den SAP-Standorten im Silicon Valley und in Bangalore: Lindsey Held Bolton, Geoff Kerr, Debbie Walery, Lopamudra Bhattacharya und Vivek Gupta.

Viele gegenwärtige und ehemalige SAP-Mitarbeiter haben uns mit Geduld geholfen, die komplizierte Welt ihres Unternehmens und seiner Produkte zu entwirren: Alistar Barros, Markus Berner, Pascal Brosset, Denis Browne, Michael Berchtold, Rami Branitzky, Helga Classen, Kush Desai, Peter Graf, Stefan Hack, Lutz Heuser, Matthew Holloway, Martin Homlish, Hansjörg Jäckel, Wolfgang Kalthoff, Hans-Peter Klaey, Prasad Kompalli, Klaus Kreplin, Ralf Kronig, Alice Leong, Doug Merritt, Dennis Moore, Riju Mukhopadhyay, Clas Neumann, Yoginder Parmar, Aliza Peleg, Richard Probst, Georg Rau, Johannes Reich, Eberhard Schick, Vishal Sikka, Rahul Sood, Mickey Steiner, Ferose V. R., Paul Wahl, Ramkrishna Yarlapati, Zia Yusuf und Rainer Zainow.

Im Laufe unserer Recherchen sind wir Branchenkennern begegnet, die zu Dialogpartnern wurden und von denen wesentliche Ideen dieses Buches stammen: Tom Berquist (Ingres Corporation), Brian Behlendorf (CollabNet), Andreas Boes (Institut für Sozialwissenschaftliche Forschung München, ISF), George Gilbert (Tech Strategy Partners), Joshua Greenbaum (Enterprise Applications Consulting), John Hagel (Deloitte Center for Edge Innovation), Robert Hodges (Continuent), Geoff Moore (TCG Advisors), Bruce Richardson (AMR Research), Walter Rothermel (ehemaliger ICI-Mitarbeiter), Jim Shepherd (AMR Research), Hal Varian (Google) und Irving Wladawsky-Berger (IBM).

Wir waren erstaunt, auf welches Interesse unser Projekt stieß und wie bereitwillig viele Experten uns Interviews gewährten: Marc Andreessen (Ning), Sudin Apte (Forrester Research), Guru Banavar (IBM), Marc Benioff (Salesforce.com), Tom Bittman (Gartner Research), Marge Breya (Business Objects), Barbara Brickmeier (IBM), Frank Briel (TSG 1899 Hoffenheim), Nicholas Carr, Jeby Cherian (IBM), Clayton Christensen (Harvard Business School), Simon Crosby (Citrix), Michael Cusumano (Massachusetts Institute of Technology), Russ Daniels (Hewlett-Packard), Steve Fisher (Salesforce.com), Marc Geall (früher Citigroup, jetzt Autonomy), Dave Girouard (Google), S (Kris) Gopalakrishnan (Infosys), Diane Greene (ehemals VMWare), Jeanne Harris (Accenture Institute for High Performance Business), Randy Heffner (Forrester Research), Zeev Holtzman (Giza Venture Capital), Partha Iyengar (Gartner Research), Kiran Karnik (NASSCOM), Kristof Kloeckner (IBM), Ray Lane (Kleiner Perkins Caufield & Byers), Michael Liebow (früher IBM, jetzt Dexterra), Tom Manning (Indachin), Don Michie (Intel), Steve Mills (IBM), Andy Mulholland (Capgemini), Rajesh Nambiar (IBM), Tim O'Reilly (O'Reilly Media), Ray Ozzie (Microsoft), Greg Papadopoulos (Sun Microsystems), Kim Polese (Spike Source), Derek Prior (AMR Research), Padman Ramankutty (Intrigosys), M. R. Rangaswami (Sand Hill Group), Ralf Rangnick (TSG 1899 Hoffenheim), Tom Rosamilia (IBM), Jochen Rotthaus (TSG 1899 Hoffenheim), August-Wilhelm Scheer (IDS Scheer), Dieter Schneider (Universität Bochum), Adam Selipsky (Amazon Web Services), Rüdiger Spies (IDC), James Staten (Forrester Research), Karl-Heinz Streibich (Software AG), Kirill Tatarinov (Microsoft), Colin Teubner (Forrester Research), Brent Thill (Citi Investment Research), Inderpreet Thukral (IBM), Yossi Vardi, Shridar Vembu (AdventNet/Zoho), Ken Vollmer (Forrester Research), Lance Walker (IBM), Knut Woller (Unicredit) und Zohar Zisapel (RAD Group).

Wir haben von den gründlichen und instruktiven Vorarbeiten profitiert, die Gerd Meissner in seinem SAP-Buch *Die heimliche Software-Macht* (1997) und Timo Leimbach (Fraunhofer Institut System- und Innovationsforschung) in seinen wirtschaftsgeschichtlichen Forschungsarbeiten geleistet haben. Weitere wichtige Quellen waren Hasso Plattners Interview-Band *Dem Wandel voraus* (2000) und die Fallstudie »Nestlé Pieces Together Its Global Supply Chain« über das GLOBE-Projekt in dem amerikanischen IT-Magazin *Baseline* (Januar 2006).

Dank gebührt auch unserem Literaturagenten Matthias Landwehr für sein Vertrauen und seinen Rat; unserem Lektor beim Campus Verlag, Olaf Meier, für seine Geduld und die Idee, auch SAPs eigene Globalisierung zum Thema zu machen. René Gribnitz, Thomas Hanke,

Marie-Luise Hoffmann, Hans-Helmut Kotz, Christoph Müller, Michael Schwemmle, Michaela Schießl und Barbara Schwittmann-Schmidt haben Teile des Manuskripts gelesen und verbessert.

Ohne das Entgegenkommen von der *Financial Times Deutschland* und *The Economist*, die uns zeitweise für dieses Buch freistellten, wäre es heute noch nicht fertig. Eine große Hilfe waren die Kollegen Ines Zöttl, Cornelia Rudat, Steffi Kiepsen. Dank auch an Thomas Ramge für sein kollegiales Verhalten.

Register[*]

---

[*] Fett gesetzte Seitenzahlen verweisen auf nähere Erläuterungen wichtiger Begriffe.